大学史研究　第27号　　　　　　目　次

特集1

大学史と研究者・偲び受け継ぐ考究の地平
——物故会員の研究の検証・顕彰——

[趣　旨]……………………………………………………………………………… 2
皆川卓三先生とラテンアメリカ大学史研究の仕事………斉藤　泰雄　3
〈追想〉大学史セミナーにおける皆川卓三先生…………寺﨑　昌男　23
故田中征男氏の業績と活動について………………………羽田　貴史　28
〈追想〉田中征男氏の訃報に接して…………………………寺﨑　昌男　44
児玉善仁先生の歩まれた道
　——学者として、そして教師として——…………………赤羽　良一　47
〈追想〉児玉善仁先生の思い出………………………………山辺　規子　78

特集2

私の大学史研究・半世紀を振り返って
——追い続けたもの・更に先へ——

[趣　旨]……………………………………………………………………………… 82
自著を語る……………………………………………………別府　昭郎　83
大学史研究をめぐる私の旅…………………………………安原　義仁　109

研究ノート

旧制高等学校入学者の志望動向に見る学校間格差の実相
　——総合選抜制期の第五高等学校入学者の志望動向——………吉野　剛弘　136
大学学年暦の歴史的考察
　——入学時期と学年開始期をめぐって——…………………羽田　貴史　165

セミナーの記録

第40回大学史研究セミナー
「近代日本の学校システムによる学生の包摂と排除」
[趣　旨]……………………………………………………………………………… 192

ピラミッド型学校階梯の機能
　——包摂が生み出す「排除」、排除が生み出す「包摂」——　………和崎光太郎　194
雄弁青年と右傾学生
　——順応と逸脱の逆説から考える——　……………………井上　義和　205

　『大学史研究』の投稿・編集の基本方針… 224
　『大学史研究』投稿・執筆要領… 225
　大学史研究会への入会のお勧め… 227
　『大学史研究』バックナンバー販売のご案内… 228

編集後記………………………………………………………………… 229

特集 1

大学史と研究者・偲び受け継ぐ考究の地平
―― 物故会員の研究の検証・顕彰 ――

［趣　旨］

皆川卓三先生とラテンアメリカ大学史研究の仕事　　　　斉藤　泰雄

〈追想〉大学史セミナーにおける皆川卓三先生　　　　　寺﨑　昌男

故田中征男氏の業績と活動について　　　　　　　　　　羽田　貴史

〈追想〉田中征男氏の訃報に接して　　　　　　　　　　寺﨑　昌男

児玉善仁先生の歩まれた道
　　――学者として、そして教師として――　　　　　　赤羽　良一

〈追想〉児玉善仁先生の思い出　　　　　　　　　　　　山辺　規子

■特集1　大学史と研究者・偲び受け継ぐ考究の地平――物故会員の研究の検証・顕彰――

［趣　旨］

　この「特集1」は、本誌の前号（26号、2017年12月刊）の編集後記でも触れた、ここ数年の間に物故された、皆川卓三・田中征男・児玉善仁の3氏に関して、それぞれの、大学史を主とする彼らのひたむきな考究が切り拓いた地平を引き継ぐべく検証し、結果的にそれらが、我が国の教育史・大学史研究に、かけがえのない知見をもたらしたことを顕彰する企画である。

　この、「検証・顕彰」に取り組んだ執筆者と故人の関係は、あるいは、同じ研究領域の先達として長期にわたり親しく交流したケースもあれば、生前の個人的交流は殆どないものの、故人の著作に触れて、その考究の軌跡の意義の確認を意図したケースなど、濃淡は様々であり、したがって個々の論述のスタイルも、編集委員会として特に統一を図っていない。

　ただ、それぞれの文面から、研究という営みの楽しさ、苦しさ、そして誠意ある研究の継続・蓄積が、一時の脚光や流行に関係なく、社会的・文化的に深い意義を提起し得ることが、読者諸氏にも強い説得力で伝わるであろうことは確信できる。　そして、3氏と交遊のあった会員は誰もが、それぞれの記述を通して、故人の、あるいは、人懐こい笑顔や、ユーモアに満ちた語り声を懐かしみ、あるいは、厳しい指摘に思わず襟を正した場面を思い出すことであろう。

　また我々としては、これから歴史関係の考究の対象を選択しようとする、そしてそのことで迷い悩んでいる院生や学生諸君にぜひ読んで欲しいと強く願うものである。

　なお、故人3氏それぞれについて、生前同志として、あるいは師とあおいで交流された会員による、故人を偲ぶ追想も収録した。

（古屋野　素材）

■特集1　大学史と研究者・偲び受け継ぐ考究の地平——物故会員の研究の検証・顕彰——

皆川卓三先生と
ラテンアメリカ大学史研究の仕事

斉藤　泰雄
（国立教育政策研究所名誉所員）

はじめに

　2017年6月17日、皆川卓三先生が逝去された。1923（大正12）年生まれ、享年94歳であった。東京文理科大学を卒業後、山形大学教育学部、神奈川県立衛生短期大学、文化女子大学等で教鞭をとりながら、この間、文字通りのライフ・ワークとしてラテンアメリカ教育史研究に生涯をささげた人生であった。大学史研究の脈絡でみるなら、大学史研究会の中興の祖ともいうべき横尾壮英、寺﨑昌男、中山茂各氏とならんでいわゆる四人組の一人と称された。しかしながら、専門領域がラテンアメリカ大学という注目度のひくい世界であり、先生ご自身のひかえめな性格もあり、その研究業績は、ほかの三人にくらべて知られることが少なかったことも事実である。筆者みずからも研究者として晩年をむかえつつ、あらためて自分よりも一世代も前にラテンアメリカ教育研究に関心をよせ、その草分け、先駆者としての皆川卓三先生の仕事をおもうとき、そこには、みごとな生き方への共感の念が浮かび上がる。それは、ひとことでいうなら、「孤高のラテンアメリカ教育史研究者」として「孤独と自由」をつらぬきとおしながら、じつに楽しげに研究者人生をまっとうしたひとりの先輩の姿がある。なによりも、包みこむようなあの人なつっこい笑顔が印象的な魅力あふれる人物像が目にうかぶ。ここでは、まず、あまり知られることがなかったラテンアメリカ教育史研究者としての足跡をたどりながら、やがてかけがいのない研究者仲間を得ながら、ラテンアメリカ大学史研究に情熱をかたむけた皆川先生のあゆんだ道をふりかって

みたい。

1．ラテンアメリカ世界との遭遇

　まず、はじめに、皆川先生との出会いを含めて、いささか個人的な事情にふれることをお許しいただきたい。筆者がラテンアメリカ世界と遭遇したのは、いまから38年前、1980年のことであった。当時私は国立教育研究所に入所したての若手研究員であり、比較教育研究室でおもに米国教育の最新事情を調査することを期待されていた。そんな私に、ある日突然、上司から、「メキシコに行かないかという話があるのだが、どうか」という話がまいこんできたのである。外務省から文部省を通じてきた話らしいが、上司自身もよく事情がわからないという様子であった。後で明らかになった事情によると、当時、日本とメキシコとの間には、学生・青年等を毎年相互に100人規模で交換する政府間プログラムがあり、そこには文部省への割当枠が1〜2人分あったという。だが、ここ数年間希望者がいないということで派遣がとだえており、今年出さないと枠そのものが召しあげられるおそれがあり、ともかく誰か適当な者がいないかという話しが研究所に回ってきたらしい。それがイレギュラーバウンドして最年少の研究員であった私のところにころがりこんで来たのである。上司も無理には勧めないといった雰囲気であった。とにかく早急に返事してほしいということであった[1]。

　メキシコといえば思いつくのはどう考えても皆川先生だけである。なにはともかく先生に相談を持ちかけることとした。それまでラテンアメリカになどまったく縁がなかったし、当面の研究課題ともまったく関係がない。スペイン語など習ったこともない。だいたい外国旅行さえ、ほとんどしたことがなかったのである。皆川先生は、いつものごとくおだやかな口調で、「なにか研究成果を持ち帰ることを期待されるようなものではないようだし、若いうちに外国生活を経験できることなどめったにないことなので、ぜひともお受けなさい、スペイン語などなんとかなりますよ」と背中を押してくれた。20代の最後の年、まあやってみるかということになった。そんな事情で、

予備知識も準備もほとんどないままに、未知の国に出かけて、10か月ほどのサバイバル生活をすることが唯一の目的ともいえるようなメキシコ行きが決まったのである。

　私に指定された滞在先は、メキシコシティから北に長距離バスで6時間ほどの距離にある人口数万人という小さな町であった。航空便でも日本との往復に20日間ほどかかり、国際電話もほとんど不通、日本情報は早朝にかろうじて聞きとれるNHKの国際短波放送のニュースが唯一の情報源という環境であった。メキシコ人家庭に下宿して、とりあえずスペイン語の学習をはじめた。そこでの体験は、カルチャー・ショックの連続であった。といっても、私は高度成長期以前に日本の東北地方で育ったので、メキシコの生活水準や不便さにそれほど違和感を持つことはなかった。むしろなつかしさすら感じた。それよりも私の印象につよく残ったものは、むしろメキシコの文化的基層を形成するスペイン文化の遺産であった。スペイン植民地時代に世界的な銀の鉱山町として栄えた歴史を持ち、現在では世界遺産に指定されているこの古い大学町には、メキシコの歴史の痕跡が街中いたるところに濃厚に蓄積されており、そこでの生活は、ほとんどなにも知らなかったメキシコの歴史に目を開かせてくれるものとなったからである[2]。

　在籍した大学も、開発途上国の一地方大学という想定されたイメージをくつがえされるものであった。この町の大学は、もともとは1732年にイエズス会のコレヒオとして設立されたものという中世ヨーロッパ風の重厚かつ華麗な建物を受け継ぐものであった。ある時、足をふみ入れた大学図書館の奥のほうには、ホコリにまみれているとはいえ、革張りのラテン語のものと思われる文献がならんでいるのである。町の郊外にあった文学部の建物は、古い修道院をほとんど改装もなく使用したものであった。週末の夜には、中世風のマントをまとった学生グループが、ギターやマンドリン風の楽器をひき、学生歌を唄いながら石畳の道を練り歩く「エストゥディアンティーナ」と呼ばれるイベントまで開催されるのをみた。「なんじゃ一体これは」、「メキシコの大学ってそもそも何者なの」、という驚きは強烈であった。皆川先生が私に見てこいといったのは、この風景なのではないかという思いがしたので

あった。

2．開発途上国の教育研究者としての「孤独と自由」

　なんとか無事帰国したのち、私は本来の研究にもどった。強い印象が残ったとはいえ、自分がラテンアメリカ教育の研究をすることなど考えもしなかった。研究所には、当時としてはめずらしく東南アジア、インド、韓国などを専門とする研究者も在籍していたが、私自身、この人たちは何をめざして研究をしているのか、その研究が日本の教育の改善向上になにか役に立つことがあるのかと疑問に思っていたことも事実であった。日本比較教育学会などにおいても、開発途上国を対象とした研究発表には参加者も関心も少なく悲哀をかこっているという印象をぬぐいきれなかった。かけ出しの米国教育の研究者としてなんとか研究所の同僚や先輩諸氏に追いつくことをめざしていた。ただ、私のメキシコ滞在をどこかで聞いて、メキシコ教育についてなにか書いてほしいといった要請がときどきあり、雑誌などに簡単な紹介記事を書くことはあった。皆川先生もその後、とくに私にラテンアメリカ研究を勧めることはなかったように思われる。

　変化は数年後に生じた。新刊書や専門ジャーナルなどを通じてたえまなく入ってくる米国教育の新しいトレンドを追いかける日々が続いていた。こうするうちに、メキシコのことが夢に出てきたり、メキシコの時間の流れ、街の匂い、ひとびとの表情などが懐かしく思い出されてきたのである。それは心いやされるものであった。そんななかで、研究とは意識せずに、メキシコから持ち帰ってきた数冊の本を少しずつ読みかえしたり、日本のラテンアメリカ史関係の本を読みはじめた。理解と興味は深まった。自分がメキシコでなにげなく目にしていたものの背後には、これほど奥の深い世界があったのだということを思い知らされたのである。しかしながら、それでもラテンアメリカの教育を自分の主要な研究対象とすることに関しては、逡巡とためらいは続いていた。

　かりに自分がラテンアメリカ教育の研究者になると想定したときに、失わ

れる可能性があるもの、逆に得られるかもしれないものについて考えてみた。開発途上国を対象とする研究者に特有のデメリット、メリットであった。まずは不利、デメリットである。それは容易にあげられる。すなわち、①研究成果に対する注目度、期待度の低さ、②日本の教育改革のために何の役に立つのかという問いや功利的期待への応えにくさ、③学会のメイン・ストリームからはずれという脱落感、④関心や研究意欲を共有しうる研究者仲間が少ないという疎外感、⑤個人的趣味にはしる好事家、変わり者とみなされるという懸念、⑥郵便事情、出版・流通の不備から、現地の文献やドキュメントを迅速・安定的に入手することの困難、などである。ひとことでいうなら肩身のせまいおもいを覚悟することを求められる。

　逆に利点はないのであろうか。これは考えてみた。①時事論的対応、緊急的応答を求められないので、自分で設定したペースでの研究遂行が可能、②英・独・仏語など主要言語以外の言語を使用しての研究が不可欠であり、これらを習得すればかえって欧米諸国の研究者に対する言語的ハンディキャップは少ない、③学術的評価の高い先行研究が少ないので、先行研究の重荷やしばりをのがれた自由なアプローチが可能、④数はまだ多くないが意欲的な現地の研究者との個人的交流や人脈づくりも比較的容易、⑤政治的利害関係を持つことが少ないので、日本人研究者として相手国の協力や支援をえやすい、⑥なによりも好きなことを自由に研究するという解放感、であろう。

　H・シェルスキーの著作『大学の孤独と自由』のタイトルにあやかるなら、「開発途上国研究者の孤独と自由」とでも呼べるものである。自由は魅力的だが、孤独は覚悟できるのか、迷いのなかにいた。皆川先生の姿があらためて意識されるようになったのである。

3．代表作『ラテン・アメリカ教育史』

　ここからは敬称を略す。正直にいえば、こうした迷いのなかで、皆川の著作『ラテン・アメリカ教育史』[3]もこの時になってはじめてきちんと読み通したのである。それはまさしく皆川卓三というラテンアメリカ教育史研究者

の長きにわたる「孤独と自由」の作業が凝縮された堂々たる仕事であった。もともとこの著作は、当時の代表的教育学者の梅根悟が総合監修した世界教育史大系（各国別、課題別教育史の全40巻）の一環として刊行されたものである。当時としては名が知られた教育学者を多数動員して長期の構想のもとで完成された壮大な企画であった。各巻は、通常5〜8名の研究者が章ごとに分担執筆にあたっている。この中で、ラテンアメリカ教育史は異彩をはなっていた。それには、欧米先進諸国の教育史とおなじくⅠ、Ⅱ、の二巻がわり当てられたのである。これはおそらく梅根悟の世界観と見識のなせる業であったのだろう。この大部の二巻（332頁と404頁）を皆川はたった一人で書き上げたのである。なんという力業であろう。だがそのことは逆に、皆川がこの分野では日本で唯一無二の研究者であったことを示している。目次は次のような構成であった。

第一編（スペイン系ラテンアメリカ教育史）
　第一章　マヤ、アステカ、インカ帝国の教育
　第二章　植民地時代の教育
　第三章　独立革命と教育
　第四章　安定への努力とナショナリズムの教育──メキシコ、中米、カリブ海諸国
　第五章　安定への努力とナショナリズムの教育──南米大陸諸国
　第六章　現代のラテン・アメリカ教育
第二編　ブラジル教育史
　第一章　植民地時代の教育
　第二章　独立後の教育
　第三章　現代の教育

対象とする地域の広大さだけでなく、植民地時代から数えても500年ちかくにおよぶ歴史をカバーする壮大な歴史記述の試みであった。さらには、しばしばロマンティックに、あるいは悲劇風に語られる先スペイン期のイン

ディオ古代文明を教育史研究の対象として紹介する興味深い章までつけくわえている。巻末には、ラテンアメリカ通史、国別通史、ラテンアメリカの社会・経済・宗教・文化・思想史関連の著作、そして当然のことながらラテンアメリカ教育史に関係する通史的研究、各国・地域の教育史に関連する英語・スペイン語・ポルトガル語文献など150点をこえる文献を網羅した「文献解題」がつく。おそらく個人の努力で収集されたと見なされるこれらのラテンアメリカ関係文献のコレクションは、1960年代の洋書の購入・取次事情、さらには価格を推測するなら驚異的な水準といえるであろう。しかもこれらすべての文献には簡潔ながら解題をつけて紹介されているのである。これは世界教育史大系の他の巻にはみられないものであった。苦心して収集したこれらの文献を、おそらくなめるように読み込んだであろう皆川の姿が目に浮かぶようである。入手可能な文献はくまなく集めて、確かに読み込んだ、というひそかな自負と自信のあらわれであろう。また、いつの日にか現れるかもしれない後継者にむけた研究ガイドとしたかったのかもしれない。

「あとがき」の最後で、皆川は次のように述べている。「原稿は8年前（したがって1967年ころか）脱稿した……20年前（1955年）、先行研究皆無の状態から出発したラテンアメリカ教育史研究も、現在では過多とも言うべき資料の豊かさである。もし現在はじめからラテンアメリカ教育史を書くとするならば、それは本書とはかなりちがったものになるような気がする。したがって本書は、ひとつのラテンアメリカ教育史であるに過ぎないのかも知れない」[4]。本書は、20年来の研究の取り組みの蓄積の成果であり、すくなくとも1960年代までのラテンアメリカ教育史に関しては世界的な研究水準にけっして引けをとらないものであることをひそかに自負するものであった。

皆川のラテンアメリカ教育史研究の軌跡をさかのぼってみよう。1960年代はじめにはすでに、「ラテン・アメリカ植民地時代における教育」（山形大学紀要 教育科学2（3）1960年）、「スペイン領ラテン・アメリカ、植民地時代前期おけるローマ・カトリック教会の教化と教育」（同2（4）1961年）がみられる。1961年には、日本教育学会紀要に「ラテン・アメリカ、植民地時代後期における啓蒙主義と教育」（『教育学研究』第28巻4号）が報告されている。

さらに1969年、教育史学会紀要に「ラテンアメリカ、独立革命期における教育――とくにランカスター・システムの普及について」(『日本の教育史学』第12巻)を発表している。最後の論文は、19世紀初頭の独立期にラテンアメリカ各国で試みられたランカスター・システムによる一般国民大衆教育普及の試みとその挫折の過程を分析したものである。啓蒙主義的な独立指導者たちの民衆教育推進論、長らく教育を支配してきたカトリック教会の抵抗、さらにまた、ラテンアメリカへの影響力行使を企てる英国ランカスター協会の外交的意図、さらにはフリーメーソン組織まで登場し、錯綜したスリリングな動きを分析したきわめて独創性の高い論文であった。こうした企図が挫折したことに関して、皆川は、「ラテンアメリカの民衆教育にとって重大な問題は、ランカスター・システムの排除とともに、国民一般に教育を与えようとする考え方や努力までが投げすてられてしまったことである。これが現代のラテン・アメリカ諸国の文盲率の高さ、国民教育のレベルの低さ、いわゆる教育的後進性の一原因となったのだと言うことができる」[5]と指摘する鋭い考察を展開している。また、神奈川県立衛生短期大学に移って以降も、同大学紀要に、メキシコ、キューバ、中米教育史の論稿を執筆している。

　本書はそうして蓄積された基礎に裏づけられたものであった。また、ラテンアメリカのドラスティックな教育史の現実を記述しながら、その行間には、円熟期をむかえつつあった皆川個人の「つぶやき」とも言えるような感慨がちりばめられていることも魅力のひとつといえるだろう。たとえば、インディオ文明の教育習俗にふれて次のように述べる。

「アステカ帝国は、その頃、周辺の征服した部族と絶えざる緊張関係にあり、また征服のための戦いの連続の中にあった。このような軍国主義・戦時体制下にあっては、全体とか国家、支配者の信ずる神の名において、個人の生活の犠牲が要求されるのはいつの時代にもどんな社会にも、しばしば見られるところのものである。アステカといえども例外ではありえなかった。かれらの間では、子どもは誕生のときから親のものではなく、神々のもの、なかんずく戦いの神、ユイツィロポチトリ神の

ものであった。子どもは生まれたときから神に捧げられ、その命令に服従して荒野にその生命をかけることになる。……アステカ人といえども人の親であった。かれらは皇帝や神に召されて戦場に赴くわが子のために、あえて親の愛情を犠牲にしてかれらを鍛練したのではないだろうか。そうとすれば、アステカ人の家庭に愛情がなかったのではなく、恐ろしいほどにまで国家意志に変形を余儀なくされた、別の形の愛情がやはりそこにあったと考えてよいのである」[6]

スペイン人のインディオ文明への対抗意識と大学設立要求を次のように揶揄する。

「征服者たちは武力をもってアステカやインカを征服したが、そのときかれらが見たのは、アステカのカルメカクやインカのヤチャユワシにおけるインディオ支配層の教育状況であり、その文化の高さである。かれら征服者たちが内心安らかならぬものを覚えたのもあり得ることなのである。その反動がいっそう、インディオをして無知の下に抑圧しようという行為に転じたとも考えられるが、他方、自分たちにも高い教育が欲しくなるのも当然である。支配階級者が教育を独占し、特権の象徴として教育を誇示するのは、歴史上でそうめずらしいことではないが、まして、にわかに、地主・金持ちに成り上がった植民地人が、次に金を使うとすれば、息子に教育を与えようとすることより他に何があるだろうか」[7]

ラテンアメリカに根強いカトリック教会の教育的影響力について次のように語る。

「十九世紀の初頭、独立革命指導者たちの大半に抱かれていた反教権主義思想は、独立後の諸国において、するどい国内対立問題のひとつとなって残りつづけた。植民地時代からこのかた、中等・高等教育を支配

し、上層支配階級者たちの教育を独占的に掌握してきた、カトリック教会の教育支配力はなお強固たるものがある。したがって、開明的自由主義的教育政策をかかげる政治家があらわれて、国民一般に開放する公教育制度を樹立し、公立学校の普及をはかっても、保守的支配層のためのカトリック系私立学校は隠然たる力をもって、公立学校の存在に対抗している。それはあたかも、公立学校は貧困な国民一般大衆の貧乏人学校というが如きのものであるとの、一般的通念を作り上げさせるほどであった。したがってわれわれはなお、カトリック教会の教育的影響力のすがたを、考察の視野から消し去るわけにはいかない」[8]

独立後のラテンアメリカの後進性を運命づけた政治的混乱に関しては、皆川自身のため息が聞こえるような調子ながら、つぎのようにわかりすく整理して提示している。

「ある国々では政治形態として、中央集権主義かそれとも連邦主義かという議論が、白熱化したあげくのはてに武力闘争にまで発展する。またある国々では、教会と国家との分離をいかにすべきかの問題が、反教権主義者と教権主義者の二分裂をもたらす。反教権主義の立場にあっても、その中に、思想と深い心情において反教会の立場にたつものもあれば、また、教会の保有する財産を没収し、その経済活動を制限することによって、自分の私腹を肥やそうとする連中もいる。封建的地主制度や特権を擁護する保守主義者と、進歩的民主的原理を主張する自由主義者との対立も表面化する。教権主義者と保守主義者とが手をむすび、反教権主義者と自由主義者とが手をにぎる。対立は二重、三重の組合せを結果して複雑となる。対立が武力闘争にまで発展すれば、軍事力の多寡がものを言う。武力を背景にして政治発言をするという悪しき習性が根づいた。……これがその後のラテン・アメリカ諸共和国の発展にとって癌となった」[9]

ラテンアメリカ教育研究への転身に逡巡していた筆者であったが、1983年ごろにおこなわれた中島直忠先生（当時大学入試センター教授）を代表とする科研費研究「世界の大学入試」プロジェクトへの参加を求められたとき、当初配置されていた「米国班」から「ラテンアメリカ班」への移動をみずから申しでて、了承された。それは皆川と私の二人から構成される最小の班であった。いよいよ後もどりできない道に私も踏み込んだ瞬間であった。

4．皆川の大学史研究のあゆみ

1992年、大学史研究会が創設25周年の記念シンポジウム「大学史研究の回顧と展望」を開催したとき、皆川は、大学研究会およびラテンアメリカ大学史研究との出会いを次のように証言している。

「それは1968年の1月頃だったんですが、私のところへ突然山形大学から一通の文書が回送されてきました。それを開き見たとき、どうしておれにそんな声がかかって来たのかという驚きとともに、うれしさ一杯でございました。発信人はヨコオタケヒデ・広島大学。私は山形大学にその前の年の3月まで10年勤務いたしまして、1年前に横浜へ帰ってきた。もう転任したことは御存じなかったと見えて、山形のほうへ科研費のおさそいがありました。それが大学史とのおつきあいの発端になりました」。「当時、私は中南米教育史を完成することに夢中でございまして、なんとかまとめてみたいとと思っておりました。……ところがこの中南米教育史をやっておりまして、初等中等教育のことは読んでいますと分かり、なんとか資料もあるのですが、大学に関しては資料も少なく断片的なのです。そのころメキシコ大学をはじめ、ペルーのサンマルコス大学とかアルゼンチンのブエノスアイレス大学の記述が、一般史を書く人々の記述にちょっちょっと入っていたわけですが、ちょっと読み込んでみますとチンプンカンプンなのでございます。何を言っているのかさっぱりわからない。……そこはごまかして中南米教育史を書いてしまえばいいと

思っていたところに、今のお誘いがあったわけで、それから私は大学史研究会に参加することになったのです」[10]

孤高の研究者をつらぬいてきた皆川にとっては、それはなんとうれしい誘いであったことだろうか。時あたかも、全国的に大学紛争の全盛時、大学全体が騒然とした雰囲気につつまれるなか、あえて原点にたちかえって基礎的な大学史研究をめざそうという研究者仲間の出現は、皆川にとって気分の落ち着く、かけがえのない場所となったのではないだろうか。大学史研究という未踏の分野にも積極的に足を踏み入れることとなる。同研究会の「大学史研究通信」にラテンアメリカ大学史関連の小論を発表しはじめる[11]。ちなみに、皆川は、さきの世界教育史大系シリーズの『大学史Ⅱ』(1976年) においても「ラテンアメリカ諸国の政治と大学」という一節を担当し、20世紀初頭から1950年代にかけてのラテンアメリカ社会における大学と政治との関係、大衆化の段階を迎える直前の大学の変革の動きを概観する小論を執筆していた。

本格的なラテンアメリカ大学史研究も発表されはじめた。横尾先生が所長をつとめていた広島大学・大学教育研究センターの紀要に発表された「ラテンアメリカ大学成立に関する一考察 (1)」(『大学論集』第4集 1976年)、「ラテンアメリカ大学成立に関する一考察 (2)」(同 第5集 1977年) である。前者は、ラテンアメリカの植民地大学が、たとえば「メキシコ国王と教皇の大学 (La Real y Pontificia Universidad de México)」と命名されていたように、スペイン国王とローマ教皇の双方から設立と学位授与の認可を得るという慣行を有していたことに関連して、その意味とどちらがより重要であったかという問いに提示し、「ラテンアメリカ植民地時代とくに初期16世紀において、大学設立の権限は、スペイン国王が保有していた"エル・パトロナト・レアル"に根拠があり、この根拠にもとづいて、設立認可の優先は教皇よりも国王にあったと理解することができる」[12]と結論づけている。いっぽう、後者は、スペイン大学のラテンアメリカ移植に関して、そのモデルとなったものがサラマンカ大学であったのかそれともアルカラ大学（マドリード大学の前身のひとつ）で

あったのかを問いながら、「従来に通説の（法学中心の）サラマンカ大学がモデルであったという説に対し、むしろ（神学主導型の）アルカラ大学こそ実質的にラテンアメリカ大学の原型であった」[13]と結論づけている。いずれも、先鋭的かつ学術的色彩の濃い論文であった。

1979年にはラテンアメリカ研究者の専門学会誌に「ラテン・アメリカの大学——歴史と現在——」（『ラテン・アメリカ論集』第13号）を寄稿している。やや間をおいて1991年、68歳をむかえてなお「ラテンアメリカ大学史研究序説　その（1）」（筑波大学『西洋教育史研究』第20号）を書いて再び大学史研究への意欲をみせている。あえて「その（1）」と記しているように、この主題での連載を予告するものであった。しかしながら、この後、その（2）以降のものに関しては存在を確認できていない。また、1980年代後半には県立衛生短期大学の学長に就任し、みずから大学運営の業務にもあたっていた。

皆川はまた、ラテンアメリカ研究者に向けられてきた冷たいまなざしについても率直に語っている。「当時、中南米教育史をやっておりましたら、ドイツ教育史の現在大物と自称してらっしゃる方が、お前の中南米教育史は日本にとってどんな意味をもっているかって質問するんですよ。で私何とも答えようがありませんでした。今だったら、ドイツ教育史研究が日本にとってどんな意味があるかって逆に聞いてみたいと、そんなふうに思います。じゃあ今なら答えられるのかと申しますと、中南米教育史がどのような意味をもっているかということは、実はいまだに自分でも答えができておりません。中南米教育史の日本にとっての意味が答えられない以上、中南米大学史がどれだけの意味をもっているかということについて、いっそう答えられないのでございます。答えられませんけれど、もうここにまで来てしまいますと、いまさら引き返すわけにはいかないし、別の道を歩むわけには行きません」[14]。

5．「忘れられた大学史」への関心

このシンポジウムの時、私は皆川報告への指定討論者とて何か発言するこ

とを求められていた。ラテンアメリカ教育研究のバトンを皆川から託された次の世代としてなんとかしなければと私自身考えていた時期でもあった。記録によると、私は生意気にも次のようなコメントを発していた。

「ラテンアメリカ大学史というのは非常に長い歴史をもっていますし、それから直接的にヨーロッパ中世大学の伝統につながるような、一種の名門の系譜にあるわけですけど、でも最近のラテンアメリカの大学史、現在の大学といいますと、正直に言いまして、それほどパッとしたものじゃありませんし、それほど注目される大学でもないわけです。さきほど皆川先生も、なぜラテンアメリカ大学史研究なんかをするんだ、それに一体どんな意味があるんだということを聞かれて、答えに窮したと申しておりましたが、確かに私の場合もそのとおりであります。……なにしろ名門から落ちぶれたような大学なもんですから、そんな落ちぶれた大学の歴史をやって何になるんだということを言われると、確かになかなか気のきいた答えが出せないということはあります。ただ最近、私はちょっと居直りぎみに言っているんですけど、ちょっと見方を変えれば、そのかつての名門がなぜ落ちぶれたかという事を歴史的に探るということも、これはこれで非常に大きな意義があるんじゃないかと思うんですね。裏の見方です。ふつう大学史というのは、ヨーロッパ大学史にしてもアメリカ大学史にしても、いわゆる発展史、近代化史、変革の歴史ということなんでしょうけど、逆の見方をすると、変化しなかった大学の歴史、あるいは変化しそこねた大学の歴史、近代化への脱皮がかくも遅延した大学の歴史というものも、それはそれで大学史として面白いんじゃないかというようなことを最近思っています。……こういうことは意外とラテンアメリカの人たち自身の視点の中には、入ってこないんじゃないかという感じがするんですね」[15]

当時の私の感覚からすると、ラテンアメリカの大学史は、同時に「忘れられた大学史」であるというものであった。どうみてもあまりパッとしない

ラテンアメリカ大学の現状からは、一見したところでは四世紀以上にもおよぶというその歴史の厚みを感じえないし、たとえラテンアメリカ大学史を書き上げるといった困難な作業をなしとげたところで、それはしょせんヨーロッパ大学史の亜流をなすにすぎないという予感がないでもなかった。ラテンアメリカの研究者自身にとっては、まず大学の現状をどうするかという目の前の課題に追われており、アカデミックとはいえ比較的地味な大学史研究にまで手が回らないといった様子であった。

ちなみに、私自身はこの時、その仮説らしきものを次のように述べていた。

「近代化への脱皮が遅れた理由ですけど、植民地時代の250年というのが、やっぱり一番大きな原因だったんじゃないかと思えます。逆説的な言い方になりますが、そもそもラテンアメリカに大学を入れた時にモデルが良すぎたといいますか、あまりにもいいモデルを持ってきてそこに据えつけたものですから、たぶんその植民地の人々にとってみれば、それがものすごい自慢の種であったと思えるんですね。われわれは今一番輝いている最先端の大学を導入した、という自信あるいは自負といったものが、その導入の時点でいわば凍結保存されてしまって、そのモデル自体からの変更を自分たちが許さなかったのではないか。ご本家であるヨーロッパでは、スペイン大学をのぞいて、その後のいろいろな社会的政治的歴史事情の中で、どんどん大学というのは自己変革をとげてくるわけですが、なにしろアメリカ植民地という地理的空間は、ヨーロッパとの接触と言いましても、本国スペイン以外とは事実上、鎖国状態とされていたわけでして、知的交流というものも、17、18世紀になってもスペイン以外とは閉ざされたままにされてしまうわけです。一番いいモデルを導入したという自負心と、そこからほとんど250年にもわたる地理的な孤立、知的な孤立。大学はこの間に、変革へのインセンティブを欠いて、徹底的に保守化、形骸化、儀式化してしまったということが、たぶんラテンアメリカの大学が過去の栄光にすがりついたまま落ちぶれてしまった原因じゃないかと思うのです」[16]

私は、比較教育研究という立場から、メキシコを中心にこの地域の高等教育の現状や改革動向を分析することを主要な研究テーマとしていた。むろん歴史的なアプローチも必要となろうが、それは教育史研究そのものというより、現在この地域の高等教育にみられる制度的な特色や諸問題がどのような歴史的背景をもっているのかというような見方、つまり現状を起点としてそれに影響を及ぼしていると思われるところまで歴史を遡るという方法を考えていた。この意味では、皆川の純粋に教育史的研究のアプローチとは異なるものであった。途上国の最新の情報・資料の入手が困難であり、現地調査もままならず、むしろ歴史研究に特化せねばならなかった皆川の世代と比較すれば、現状分析や将来展望といった課題を研究しうる条件もしだいに整備されつつあったからである。私と同世代では、さいわいなことにラテンアメリカ教育研究をめざす研究者も徐々に増えてきたが、かれらの関心も、識字・成人教育論、先住民教育、バイリンガル教育、女子教育、初等教育の完全普及などのテーマに広がりをみせていた。この傾向は、この数年後にラテンアメリカにおいてもインターネットが普及するにともなって研究環境が激変したことでますます促進された。研究者仲間は増えたが、高等教育とりわけ大学史に関心をもつ者はほとんどなく、ラテンアメリカ大学史研究は、私がほそぼそと作業を続けることとなった。
　話はすこしかわるが、1990年代半ば以降、開発途上国の研究者をめぐる孤独感、疎外感に関しては、状況がおおきく転換する事態が生じた。それは日本の対外援助大国化という現象であった。経済成長や国際的地位の向上につれて、日本の対外経済協力はその規模を拡大してきたが、1990年代にはいると、日本のODA（政府開発援助）支出額は世界で第一位となり、開発途上国向け援助事業は飛躍的な拡大をみせていた。援助の効果と効率を高めるためには、対象国に関する正確な情報や問題状況についての把握が不可欠である。こうして、地道に研究に取り組んでいた開発途上国関係の研究者にも急にスポットが当たりはじめたのである。国際協力事業には、教育援助も含まれていた。私などのところにも、これまでつき合いのなかったJICA（国際

協力事業団）などから途上国の教育事情に関する問い合わせや、情報提供要請が増えた。さらには、外国人研修生への日本教育事情の講義や教育援助プロジェクト調査団への参加を打診されるまでになった。

これは途上国研究者にとっては、突然に舞いおりてきた天佑のようなものであった。前述のように、途上国教育研究者は、「（欧米先進国が対象ならまだしも）そんなことして日本の教育に何が役に立つの」という功利主義的な研究観に対して、自分の研究を正当化する理由を提示するのに苦労してきた。「途上国を援助するために必要だから」という理由は、きわめて分かりやすい。科研費の申請などでも意義や効用を説得しやすい。これは実にありがたかった。実際に、日本比較教育学会などでの変化も顕著であった。若手研究者が続々と開発途上国の教育研究に参入し、まもなく、学会の発表件数においても、欧州諸国や米国関係の発表を凌駕する数となったのである。この時期、ほぼ同時に進行していたインターネットの途上国への普及、科学研究費による外国調査の認可、調査旅費の低価格化などがこうした傾向にいっそう拍車をかけた。こうした変化は、私の世代にとっても隔世の感があるものだが、はたして皆川先生などはこうした状況をどのような気持ちでながめていたのであろうか。ちなみに、先生の手書き原稿をワープロで打ち直した記憶はあるが、先生からメールをいただいた記憶はない。

6．オマージュ

大学史研究会25周年シンポからさらに四半世紀がすぎた今日、自分のコメントにどれだけの答えを出しえたかとふりかえってみれば内心忸怩たるものがある。近年は、グローバリゼーションの進展がラテンアメリカの教育におよぼした影響や、新自由主義政策に立脚する教育制度改革など現在進行中の現象に関心をうばわれ、大学史研究からは遠ざかっていた。最後に、まことに恐縮ながら、皆川先生からラテンアメリカ大学史研究のバトンを託され、もがきながら駆け抜けてきた筆者のささやかな高等教育関係の仕事をひろいだし、皆川先生へのオマージュとして捧げたい。「斉藤さん、そんなもので

すよ」と笑顔で許していただけることを願って。

注

1 1970年代初頭、当時の田中角栄首相の時代、メキシコと日本政府との間に締結された相互人的交流プログラム。毎年100人の若者（日本側はスペイン語専攻などの学生が半数、日本の主要企業・官庁等の若手職員半数）を約10か月間メキシコに派遣していた。派遣人数の枠はかなり縮小されたかプログラムは今日まで継続されている。

2 グアナファト州グアナファト市、植民地時代に銀鉱脈が発見され、世界的な銀の生産地となり栄えたコロニアル都市。鉱山業で財をなした裕福なスペイン人たちが広壮なアシエンダ（荘園）、華麗な教会・修道院、大学、豪華な劇場や公共施設を建設した。1810年にはじまる独立闘争では、ミゲル・イダルゴに率いられた武装蜂起の発祥の地となった。街全体が世界遺産に指定されている。最初の滞在が首都ではなく、この歴史的な都市となったことは、筆者のラテンアメリカ認識において僥倖なことであった。

3 皆川卓三『ラテンアメリカ教育史Ⅰ』1975年 および『ラテンアメリカ教育史Ⅱ』講談社、1976年。

4 同上Ⅱ、404頁。

5 皆川卓三「ラテンアメリカ、独立革命期における教育」『日本の教育史学』第12巻、1969年、76-100頁、95頁。

6 皆川卓三『ラテンアメリカ教育史Ⅰ』1975年、32-33頁。

7 同上、96頁。

8 同上、235頁。

9 同上、191-192頁。

10 皆川卓三「25周年記念シンポジウム 大学史研究の回顧と展望 中南米の大学を中心にして」『大学史研究』第9号、1993年、10-16頁、10頁。

11 『大学史研究通信』時代の皆川の記事には次のようなものがある。
「大学史研究の視点」（第1号 1969年）、「スペイン諸大学史の基本文献紹介」（第3号 1970年）、「ラテン・アメリカにおけるスペイン系諸大学の成立」（第4号 1971年）、「ベネズエラ・カラカス大学の19世紀における変容過程」（同上）、「アルゼンチン・ブエノスアイレス大学の19世紀における変容過程」（第5号 1972年）、「チリ大学の19世紀における学部学科構成」（第6号 1973年）、「大学史研究と私の出会い」（第7号 1973年）、「大学モデルの国際交流―ラテンアメリカの場合」（第8号 1974年）、「メキシコ国立自治大学の学位授与規定」（第9号 1975年）。

12 皆川卓三「ラテンアメリカ大学成立に関する一考察（1）」『大学論集』第4集、

1976年、88-96頁、95頁。
13 皆川卓三「ラテンアメリカ大学成立に関する一考察（2）」『大学論集』第5集、1977年、157-175頁、171頁。
14 皆川卓三「25周年記念シンポジウム」12頁。
15 斉藤泰雄「コメント：ラテンアメリカの大学はなぜ近代化しそこねたのか」『大学史研究』第9号、1993年、16-19頁、17-18頁。
16 同上、18-19頁。

文献

「1918年『コルドバ宣言』―ラテンアメリカの大学改革運動の原点」『国立教育研究所研究集録』第11号、1985年8月、187-196頁。
「16世紀スペイン領メキシコのサンタ・クルス・デ・トラテロルコ学院―新大陸最初の高等教育の実験」『国立教育研究所研究集録』第10号、1985年、53-66頁。
「メキシコ―伝統的進学方式と高等教育の調和的発展」中島直忠編『世界の大学入試』時事通信、1986年、164-182頁。
「メキシコにおける大学危機の構図」『大学史研究』第4号、1988年5月、49-55頁。
「ラテンアメリカ大学史研究への関心」『大学史研究』第5号、1989年、44-45頁。
「メキシコにおける大学と政治」『比較教育研究』第15号、1989年、147-56頁。
「経済危機下メキシコにおけるエリート形成ルートの変容―メキシコ国立自治大学の窮状と改革構想」『国立教育研究所研究集録』第18号、1989年、43-54頁。
「田中耕太郎とラテンアメリカ大学」『大学史研究』第6号、1990年、46-53頁。
「ラテンアメリカにおける大学教授職―大学教授職の専門職化へのためらいと障害」『国立教育研究所研究集録』第20号、1990年3月、34-48頁。
「ラテンアメリカ大学史研究ノート：ヨーロッパ中世大学の遺産」『明治大学史紀要』第9号、1991年、19-34頁。
「メキシコ国立自治大学の紛争：1986-87年―その巨大化と改革の挫折をめぐって」『ラテンアメリカ研究年報』第11号、1991年、99-124頁。
「メキシコにおける高等教育マス化の異相」『大学史研究』第8号、1992年、17-25頁。
「1910年メキシコ国立大学の創設式典」『大学史研究』第10号、1994年、31-45頁。
「ラテンアメリカ教育史の原像」『国立教育研究所研究集録』第28号、1994年、33-45頁。
「メキシコ革命と大学―1945年『メキシコ国立自治大学組織法』の成立過程」『大学史研究』第12号、1996年、78-98頁。
「メキシコの政治エリートの学歴構成」『大学論集』第25集、1996年、189-205頁。
「開発途上国におけるアカデミック・プロフェッション支援政策―メキシコの国家

研究者システム（SNI）」『大学史研究』第17号、2001年、1-18頁。
「メキシコ国立自治大学の『黄金時代』— 1950年代の国家と大学」『大学史研究』第19号、2003年、46-59頁。
「チリにおける高等教育の民営化の先駆的実践とその後」『比較教育学研究』第30号、2004年、43-54頁。
「新自由主義による高等教育改革—チリの先駆的経験」塚原修一編『高等教育市場の国際化』玉川大学出版部、2008年、45-68頁。
「ラテンアメリカの高等教育—その変貌と改革課題」『大学論集』（広島大学）第42集、2011年、179-193頁。
「ラテンアメリカの大学」『大学事典』平凡社、2018年、148-151頁。

■特集1　大学史と研究者・偲び受け継ぐ考究の地平——物故会員の研究の検証・顕彰——

〈追想〉大学史セミナーにおける皆川卓三先生

寺﨑　昌男
（元・立教学院本部調査役、東京大学・桜美林大学名誉教授）

　いつも笑顔でお元気だった。セミナーのときにはラテンアメリカ諸国のうちどれかの国を選んで、その個別大学史を必ず発表された。ユーモアや諧謔がお好きで、若い人との交わりを好まれた。セミナーを始めた3人を評して、「横尾先生は優秀なドライバー、中山先生はパワフルなエンジン、寺﨑先生は上質のガソリンですよ」などとおっしゃっていた。その先生自身もセミナーの途中から科研費の研究代表者になられ、めでたく「ガソリン2代目」が生まれた。横尾壮英さんの電話で代表者を引き受けられた時の台詞は「先生方のおっしゃることなら人殺し以外は何でもします」というものだったそうである。そのころからセミナーでは「会長！」というニックネームがついたが、気にされる風もなく、「会長と呼ばれる皆川です」などと自称しておられた。

＊　　　　　　　　　＊

　皆川先生を「発見」されたのは横尾さんである。
　1967年に寺﨑が科研を申請しようと横尾さん・中山さんと話し合っているうちに「いったい大学史をやっている人は全国にどれくらいいるのか」という話になった。西洋教育史を受け持った横尾さんの見つけ出した1人が「山形大学にいてラテンアメリカ教育史をやっている皆川卓三という人」だった。顔も名前も知らないままに、私は研究代表者として手紙を書き、1968年10月の第1回目の鎌倉セミナーにお呼びした。
　全くの初対面である。わりに無口な方だと思ったが、場の雰囲気に誰よりも感動しておられたのは先生だった。直後に教育史学会大会でお会いすると

「いいですねえ、科学史の方たちって本当に頭の回転が速いですねえ、目が回りましたよ。でも大変な勉強になりました。ぜひ次も呼んで下さいよ」と切に頼まれた。単なる社交辞令ではなかった。

ときは大学紛争ピークの時期である。「大学問題」に関心を持たない人はなかったが、「大学史をご一緒に」などというと、多くの人が引いた。その中でこういう年配の先生が感動して下さる。主催した側の一人として、大いに安堵したのを憶えている。

ちなみにセミナーが騒がしかったのは確かで、科学史では板倉聖宣、中川米造、八木江里、それに何と言っても中山茂、教育史では平野一郎、麻生誠、といったいずれ劣らぬ論客たちの歯に衣を着せない論争が続いた。先生が目を回されたのも無理はない。もっとも、当時の皆川先生のことを「年配の」というのは失礼かもしれない。当時私は36歳、先生はまだ44、5歳ではなかったか。

＊　　　　　　　　　＊

長いお付き合いが始まった。

先生は1969年にはもう神奈川県立衛生短期大学に移っておられたが、毎回のセミナーの実に勤勉な出席者だった。その勤勉さが招いたのが、セミナーのテープ起こしの作業である。

「この種の研究会の弱点はいつ何をやったか忘れてしまうことだ」と思っていた私は、科研費で、ともかくテープレコーダーとテープ（両方とも当時は決して安くない「備品」だった）を買い入れ、録音したテープをため込んでいたが、その処置に困っていた。そこで登場したのが横尾さんである。

皆川先生の記録では、1969年12月の宮島セミナーの二日目の朝食後の席であったという。

　　横尾さんが突然"今回のものもあわせて3回のセミナーの、報告や討論をすべてテープに録音してある。このテープから、日時・場所・参加者の記録を最低必須内容にした〈セミナーの記録〉をおこしたいと思う。この仕事を皆川さんにまかせたらどうだろうか"と参加者諸氏に相談を

した。このような指名の相談に他の人々が反対するはずもなく、その場で全員一致で私が引き受けることにきまった。

不意の抜き打ち、いわば謀殺である。横尾さんならではの所業だが、当時の大学史研究会はこんなものだった。このときから70年代後半まで皆川先生の営々たる努力が続いた。鎌倉セミナー以来「大学史研究通信」終刊の1978年（第11号）までにセミナーは13回開催されたが、そのうち11回分の記録は先生一人の努力によるものである。発言者名こそ記されていないが論点はまことに正確で、当事者として読むと、議論の推移も混乱も昨日のことのように思い出される。

先生は「研究通信」11号に「『大学史研究セミナーの記録』の回顧」という長い文章を書いておられる。記録作業は実時間の4、5倍はかかり、「傍聴」していたご子息など、声で誰かわかるようになっておられたという。先生はこの裏労働について周囲に恩を着せたり恨んだりされたことは一度もなかった。セミナーでは、楽しい任務であるかのように語っておられた。

*　　　　　　　*

先生がよく洩らされたのは、「どうして日本の西洋教育史は「ドイツ」ばかりなんでしょうか」ということだった。外から見ていても、先生の学ばれた東京文理科大学の教育史研究室の動向はそれに近かった。先生はその雰囲気にどうしてもなじめなかったようである。先生はそこから距離を置いてラテンアメリカ教育史に専念され、学閥にこだわらない大学史研究会に立ち寄られたことになる。

その先生の発表を通じて、例えばチリにおける国立大学の創立事情と宗主国スペインとの関係など、それこそ「もう一つの西洋」の話を聞くように興味深く知ることができた。また中山さんが指摘したことだったと思うが、「ラテンアメリカ大学史はベルリン大学モデルにはまらないもう一つの大学史だ」ということも、刺激的に認識することができた。

浜名湖セミナーのときだったか、ラテンアメリカの多くの国の大学統計資料で学生数がはっきり出ない、弱っている、ということを皆川先生が洩らさ

れるので、数人が思わず笑った。すると先生は「いま笑っている方たちなど、日本の大学統計がいかにも正確だと思っておられるのでしょう。でも、実際に目の前にいる学生数と学期末の学生数は同じではない。その間に退学したり入学を取り消したりする学生が実に多いからですよね。皆さんもよくご存知のはずです。どの国だって統計が一分一厘正しいということはないのです」と笑いながらも辛辣に返された。私を含め、笑った側は首をすくめたものである。ちなみに、このやり取りのときもそうだったが、発表されるときの先生の口調は「話芸」と言ってよいほど味があった。

　大学史以外の教育史一般についても先生の関心は深かった。セミナーの途上、1976年に、先生はラテンアメリカ教育史を展望した文字通り未曾有の大著を出された。現在の若い会員の方たちにはあまり知られていない業績かも知れないので、当時私が朝日新聞の「閲覧室」というコラムに書いた紹介記事を再録しておこう。

ラテンアメリカ教育史　Ⅰ・Ⅱ　　皆川卓三著

　　これまでのわが国の外国教育史研究には対象地域に重大な偏りがあった。ドイツ、イギリス、アメリカなど「先進国」については専門家に事欠かないが、東欧・北欧諸国やラテン系諸国を手がける人は少ない。中国を中心とする東アジア地域についてはかなりの蓄積があるが、インド、東南アジア諸国については極めて乏しい。まして、アフリカ、ラテンアメリカ諸国などの教育史は、ほとんど未開拓に近かった。

　　本書はそのラテンアメリカにはじめてクワを入れた通史である。研究史上の開拓的意味をもつだけでなく、私たち日本人の世界教育史像の形成にとって、画期的な意味を持つ労作だと思われる。

　　著者は、古代マヤ、アスティカ、インカ帝国の教育状態の叙述からはじめて、スペインによる植民政策の展開、啓蒙思想と近代教育制度の移入、さらに第二次世界大戦後1960年代にいたるナショナリズムの展開と教育の自立過程とを、克明に展望している。対象国も、メキシコ、ブラジル、チリ、アルゼンチンから、ボリビア、ベネズエラ、革命後の

キューバなどほとんどすべての国におよんでいる。参照文献は単行本だけで約400種、スペイン語による史料も駆使され、Ⅱの巻末には文献解題と詳細な年表がのせられている。

　著者の分析視角については、よりラジカルな立場からの批判もありえよう。しかし本書によって厳正着実なかたちで明らかにされた史実や素材が、今後の研究に確実な基礎をあたえるものであることは間違いあるまい。梅根悟氏監修「世界教育史大系」の第19、20巻にあたる。(講談社、各3,200円)。　　　　　　　　　　　　〈1976年5月10日朝刊〉

あの当時、大学史などに足を踏み入れるには、既成のディシプリン・グループへの不満やグループからの疎外感、そしてその基礎には、大学史への欲得を離れた好奇心や執着が必要だった。

　セミナー発足の翌年、宮島セミナーから出席された上山安敏さんは、後年、要旨次のように語られた。

「セミナーに出て見て、実は『この人たちは何なのだろう』と思いました。でもだんだん専攻を聞いたり所属を聞いたりしているうちに、『ああ、ここは浪人の集まりなのだ』ということが分かりました。そして自分が京大法学部教授などというものであることが急に恥ずかしくなりました」（「大学史研究通信」復刻版、附録座談会、2004年、日本図書センター）

皆川先生は、まさに「自分は路地裏で暮らしてきた浪人だ」と思っておられたにちがいない。しかしこの浪人は、めげず、明るかった。黙って張り続けた傘が、貴重な著作や、セミナー記録の山になった。

　昇天を惜しむとともに、ご一緒に意味ある仕事が出来たことに深く感謝する。

　　　　　　　　　　　　　　　　　　　　　　　　　　　追　悼
　　　　　　　　　　　　〔大学史研究通信第91号より一部修訂の上転載〕

故田中征男氏の業績と活動について

羽田　貴史
（広島大学名誉教授、東北大学名誉教授）

1．田中征男氏について

　田中征男氏については、すでに寺﨑昌男先生が『大学史研究通信』第78号（2014年4月30日）で人となりを紹介している（「田中征男氏の訃報に接して」）。私は田中氏とは、出身大学も所属大学も異なり、研究その他でご一緒したこともない。年代もほぼ一回り近く下で、特にかかわりが強いわけではなく、本来なら寺﨑先生がこの文章を書くのにふさわしいが、自分より若い世代を悼む文章を書かせるのもいかがなものかという配慮で私に回ってきたものであろう。中野実氏が亡くなった際の寺﨑先生の追悼文は、心痛が滲み出て読むのが切なかった。研究者は、還暦を過ぎたら自分で追悼文を書いておくべきだ（私は、誰も追悼してくれそうもないので、早めに書いておくことにする）。

　氏についての私の記憶は、今から40年近く前、就職後、はじめての日本教育学会大会参加（北海道大学）で、長老の鈴木朝英先生とコンビで分科会の司会を組まされ、鈴木先生が、「羽田君頼むよ」ひとこと言った後、居眠りしている横で、新米教員として冷や汗を流して進行しているときに、質問にいただいたことが初めである。
　その時の生真面目な印象はその後も変わらず、二度目は、私が、福島大学に就職して間もないのに、大学史研究セミナーを引き受け、地理がよくわからず、勘違いで裏磐梯のひなびた民宿温泉に設営してしまったときのことである。全員が大きなテーブルを囲んで、中山茂先生が寝そべって放談すると

いう「昔の」大学研究セミナースタイルに氏も参加していた。その時は、亡くなった中野氏が、寺﨑先生に「先生は最近研究していない」と絡むかじゃれるかしていた時に、「中野さんは、オルガナイザーとしての役割を忘れている」と諭していたのが、思い起こされる。元気のよい若手の大学史学会員の中で、つるみはせず穏やかだが、この人は観察力があるのだと思った。

2．「国民の大学づくり」としての大学史研究・大学論について

　田中征男氏が研究者として育ったのは、東京大学大学院教育学研究科の教育哲学・教育史講座であり、海後宗臣、勝田守一、太田堯、堀尾輝久、宮澤康人の各教授、そして寺﨑昌男（以下敬称略）が在籍し、戦後教育学において、民主的教育と教育運動を推進した研究室である。もっとも、教育学者の間では、「史哲」とひとくくりにされるものの、厳密な史料分析に基づく近代日本教育史研究を確立していった海後教授ら教育史系列の研究者群と、3M（若い読者はぜひ調べられたい）の一人として教育運動を牽引した勝田教授らの教育思想・哲学系列の研究者群とでは、歴史的手法にしても、ぴたりと方法論が重なるわけではない。田中氏が、大学院に進学した時点では、海後教授の後任の仲新教授が退職しており、1979年に寺﨑昌男が着任するまで、10年間、日本教育史プロパーの教員はいなかった。直接の指導教員は堀尾輝久教授である。しかし、寺﨑が野間教育研究所から立教大学に転出した後のポストに田中氏が着任しているのだから、氏が大学研究者ないし大学史研究者として大きな期待を寄せられていたことは確かである。

　氏の修士論文テーマが示すように、その関心は、戦前大学人の思想であり、大学と学問観そのものであった。職業研究者として歩みだした1970年代後半は、今のような高等教育関係の学会もなく、大学史については大学史研究会があったが、余りにも多様な研究者の集まりであった。研究会の刊行物は、タイプ印刷の『大学史研究通信』だけで、学術雑誌ではない。

　70年代の著作リストが示すように、氏の研究活動は、アカデミックな研究環境の中でというより、教育科学研究会道徳と教育部会、科学者の自主的

団体である日本科学者会議、日教組大学部など教育運動へのかかわりとそこに参加した教育学者・大学教員・学校教師との交流や共同作業の中で、大学政策への批判とオルタナティブを構想し、実践としての「国民のための大学づくり」運動、認識としての戦前における学問の自由・大学論研究とが進められた。この点では、教育社会学の新堀通也、西洋教育史の横尾壮英など大学史研究の先覚者によって育てられた広島大学出身の大学史研究者とも、寺﨑によって育てられた立教大学出身の「団塊後世代」の研究者とも異なる。大学史研究会に参集したメンバーで、政策と歴史認識という視角ではなく、運動と歴史認識という視角を持っていたのは、寺﨑以後の世代では田中氏だけだったのではないだろうか。

　その視線は私立大学に向く。1975年から79年にかけ、氏は、「雑誌『改造』誌上の大学・学生論の諸相－創刊（1919年4月号）から昭和初期までを対象に－」（1975年9月）、『近代日本大学史研究論集〈1〉近代日本の私立大学における大学自治の一齣――早稲田大学改革運動（1916 - 1917年）について』（1978年6月）、「大正デモクラシーと大学――研究計画覚書――」（8月）、『近代日本大学史研究論集〈2〉「理化学」振興と「宗教科」設置構想――第一次世界大戦と大学問題の一側面――』（12月）を矢継ぎ早に発表し、世代交代した大学史研究会のジャーナル第1号にも、「近代日本と私学問題についての一試論」（1979年12月）を執筆している。

　なかでもこの時期の成果は、『大学拡張運動の歴史的研究――明治・大正期の「開かれた大学」の思想と実践』講談社（1978年11月）である。同書のはしがきは、「本書に寄せたわたくしの基本的な問題意識は、もともと、本当の意味で国民に『開かれた大学』とは一体どういう大学なのかを問うことであった」と述べ、「生活と文化と政治の主体へと自己を形成していく、そのような国民の自己形成、主体形成の課題に向かって『開かれた大学』という意味である」と宣言している。1973年に創設された筑波大学は、伝統的な大学像を批判し、教育と研究の分離などをうたい文句にして登場し、「国民のための大学づくり」運動の側からの批判を浴びていた。筑波大学の理念のひとつは、「開かれた大学」を目指すところにあった。田中氏の研究は、

産業界に「開かれた」と揶揄される筑波大学に対置して、「国民のための大学づくり」運動から見た「開かれた大学」像を、日本における大学拡張運動の歴史研究を通じて明らかにした先駆的なものであった。また、初めて大学教育を単著として著した『講座日本の学力　別巻1　大学教育』(1979年12月)は、実質、寺﨑との共編著であり、田中は、「Ⅴ『開かれた大学』の展望――その理念と歴史と現実――」を執筆している。

　運動としての大学論として、この時期、氏がかかわり、活字になったものとして、日本教職員組合によって設置された大学問題検討委員会を外してはならない。委員長は、梅根悟和光大学長、委員には、飯島宗一元広島大学長、岩井章元総評事務局長、一番ケ瀬康子日本女子大学教授、城戸幡太郎元北海道教育大学長ら大学研究者以外の錚々たる大学人が多く参加していた。事務局長は堀尾輝久教授が、事務局担当の委員には、寺﨑昌男が加わり、田中氏は太田政男大東文化大学助教授とともに専門調査委員を務めている。『日本の大学－その現状と改革への提言』日教組大学問題検討委員会最終報告(1979年11月)の改革提言中「七　開かれた大学へ」は、氏の研究を基礎にしている。研究と実践の統一の一つの形である。

3．「大学基準協会の形成と『大学基準』の成立」(1981－82年)について

　大学基準協会『会報』に3回に分けて掲載されたこの論文は、のちに『JUAA選書2　戦後改革と大学基準協会の形成』(1995年)として刊行された。大学史研究者の多くは、同書を氏の代表作と見ているのではないか。同書は、大学基準協会40年史編纂事業に編纂執筆委員として参加し、大学設置基準制定権や設置認可権が文部省に属する法制を、戦後大学改革の原理から見なおすという問題意識のもとに、1980年の春から夏にかけて、大学基準協会の原史料を読み解いて執筆されたものである。制度形成過程を一次史料をもとに検討する本格的研究は、氏にとって初めてと思われるが、この種の研究に不可欠な禁欲性が維持され、結論的には、氏の期待を裏切り、設置認可や基準制定に関する権限が文部省に属するのは、学校教育法の規定から整合的

であるという結論になっている。

　しかし、皮肉なことに、同書はその実証性において高く評価され、大学基準協会の創設そのものに否定的な評価を下す大崎仁『戦後大学改革1945-1999』(東大出版会、1999年)によっても活用されている。占領文書や文部関係者の資料『戦後教育資料』(国立教育研究所蔵)を利用していないという欠陥はあるものの、大筋の読みと評価は間違っていない。海後宗臣・寺﨑昌男『戦後日本の教育改革9　大学教育』(東大出版会、1969年)の「第6章　高等教育の水準向上行政」を土台に発展させた第一級の大学史研究であり、今後も参照され続けるであろう。

4．青年の自己形成と大学教育論について

　田中氏の仕事の中で、単著や学術論文としてまとまるまでには至らなかったが、追い求めて続けたテーマに、青年の自己形成がある。大学論が社会の主体形成論であれば、成人教育の領域だけでなく、青年教育としての大学論が対象になるのは当然のことであろう。行為と認識の関係を、エンゲルス的唯物論の必然性とは別に探求した乾孝『私の中の私たち――認識と行動の弁証法――』の書評をはじめ、エッセイや書評、教育科学研究会・道徳と教育部会の報告などに探索の足跡を見ることができる。「1930年代の『学生と教養』問題への序説」(1980年10月)は、大学史研究の領域で扱おうとした端緒である。

　だが、その結論は、戦前教養主義を社会変革の実践を伴わないとして批判するもので、言い換えれば、主体形成の政治的側面が自己形成の核として位置づいていた。しかし、田中氏は以後このアプローチを採用していない。政治的なるものから見る青年の自己形成を捉える視角は、個人としての自己形成を内面から捉えきれない。また、寺﨑追悼文にもあるように、うつ病の悩みを抱えていた田中氏にとって、内面形成の問題は、ひとごとではなかったはずである(ただし、1930年代教養論の課題は、その後、田中論文に触発されて渡辺かよ子『近現代日本の教養論――1930年代を中心に』〔行路社、1997年6月〕に結実

する。誰かが投げかけた問題を後の誰かが解く、学問の継承と発展とはこういうものだと思う）。

　1985年冬から1年半、発表の空白期を経て書かれたのは、「注釈『侏儒』の言葉──芥川龍之介における人間の考察──」(1987年3月) である。文学の読みを通じて青年期における自我の形成と他者との関係性を探る試みは、400字原稿用紙にして90枚を超える「補論　さまざまな出会い──青年と文学──」(1990年10月) としてまとまりを見せる。ここには、現実変革を通じての自己形成論ではなく、他者との関係と内面考察を通じて、人間として生きる価値と意義を見出していく青年像が提示されている。

　氏は、野間教育研究所を経て、梅根悟氏が創設し、人間形成としての大学教育を目指した和光大学に着任し、和光大学の授業研究グループで集団的な授業開発に取り組んでいく。しかし、実際の授業は、芥川龍之介と石川啄木の作品の読みと解釈を一方的に行うもので、代表なのにメンバーから座談会で批判を浴びている（『大学の授業研究のために──和光大学の場合──』あゆみ出版、和光大学「大学入門期教育の実践的研究」グループ、1990年10月）。これに対する氏の「付　大学教育研究をすすめるために──若干のコメント」には、政治的主体としての青年像や教養像ではなく、学生個々人の教養像が試論的に提示されている。それがどのように結実したかは、探ることができなかった。

　この項目は、大学史研究から離脱したあとの氏の足跡を私流に解釈したものにすぎない。しかし、人ひとりを理解するということは、学問上の区分で切り分けて関係ないものは投げ捨てるということではない。あえて書き綴るものである。

5．大学研究・大学史研究・大学史研究会と田中征男氏の位置

　大学史研究会に限らず、80年代までの大学研究は、専門分野や学閥に関係なく集い、「大学とは何か」という知的好奇心を満たすためのものであった。戦後の教育学は、国民の教育権に定式化される教育運動のための教育学

と、教育政策・教育政策を支える教育社会学との対抗という図式のもとで、この2つのセクターが交わることはほとんどなかった。大学史研究会は、このイデオロギー対立ともいうべき図式からはずれていた稀な集団である。この気分は、大学研究全般のものであろう。大沢勝・尾形憲・寺﨑昌男・山口正之編『講座　日本の大学改革』全5巻（青木書店、1982年）は、関正夫、舘昭など大学研究者も参加していたが、教育学・社会学・物理学・哲学・地学・法学など大学研究どころか教育学の範疇を超えた多数の研究者が名を連ね、飯島宗一、水田洋（社会思想史、日本学士院会員）、加藤晴久（フランス文学、フランス共和国芸術文芸勲章）、神立誠（農学、学士院賞）など日本を代表する大学人が執筆していた。田中氏ももちろん参加している。現在、このような企画は不可能であろう。

　しかし、大学（史）研究者が、まったく政治対立から自由であったわけではない。第1巻の「大学改革の文献・資料リスト」には、当時、国民教育研究所所員を務め、大学問題で日教組反主流派のスタンスから政策分析・批判を行っていた伊ヶ崎暁生『新版　大学の自治の歴史』（新日本出版社、1980年）がない。たまたまではなく、目録作成者は確信犯的に除外したのである。

　冒頭述べたように、「運動と歴史認識という視角」は、田中氏以外の研究会メンバーには、ほとんど共有されていなかった。筆者は、当時在職していた大学が、教職員組合の加入率が90％近いという稀な環境にあり、大学に関する情報交換の場がほとんどないこともあって、日教組大学部教研集会や教研集会に派遣され、教員養成学部の改組問題や教育実践の報告をし、また聞く機会を何回か持ったが、大学史研究会のメンバーに会うことはほとんどなかった。ある時、偶然、先輩会員である教育行政学者のS氏に、「大学に関する現代の問題がわかるのに、大学史研究会の人にあまり会いませんね」と尋ねると、温厚なS氏はにこにこしながら、「マインドが違いますからね」と笑っていた。

　「運動と歴史認識という視角」から大学を歴史的に見ようとすると、当時の教育学パラダイムからは、単に知識だけでなく、学生の全面発達、内面的価値の形成と教養、その空間としての大学と学問の自由・大学の自治という

アジェンダが、パッケージのごとく立ち現れてくるのは必然である。現在の大学教育を席巻しているのは、授業の出席回数や授業外の学習時間の確保であり、正課教育において教師の指導のもとでいかに活動するかという大学の学校化の究極の姿を質保証と呼び、それを疑わないメンタルモデルである。18歳選挙権が賦与され、政治主体としての青年・学生と教養が求められている時代は今なのに、それを課題とする研究は、制度化された高等教育研究者からは発信されていない。田中氏とともに、このアジェンダは消えてしまったのだろうか。

〈田中征男氏略歴・業績一覧〉
※一覧作成には、田中かよ子夫人に送っていただいた業績と履歴が助けになりました。厚く感謝申し上げます。

1944年7月14日	東京都大森区生まれ
1951年4月 1日	東京都大田区立大森第五小学校入学
1957年4月 1日	東京都大田区立大森第二中学校入学
1960年4月 1日	東京都立日比谷高校入学
1963年4月 1日	東京大学教養学部文科一類入学
1969年3月31日	東京大学文学部哲学科卒業
4月 1日	東京大学大学院教育学研究科入学
1975年3月31日	東京大学大学院教育学研究科博士課程修了
4月 1日	財団法人野間教育研究所専任所員
1982年9月 1日	和光大学人間関係学部助教授
1990年4月 1日	和光大学人間関係学部教授
2013年9月18日	逝去（急性大動脈解離）

〈著作〉
1．（修士論文）「戦前日本の民主的大学知識人の思想形成と教育・大学論――大山郁夫研究――」1972年。
2．（田中孝彦と共著）「実践に根差した発達理論の確立のために」『教育』1973年11月増刊号。

3．(内島貞雄と共著)「能力・発達・学習分科会まとめ」『教育』1973年11月増刊号。
4．(単著)「大山郁夫の大学・学生論」『東京大学教育学部紀要』第14巻、1974年3月。
5．(単著)「教育に対する自覚の形成——立命館教学改革の歴史的展開——」日本教育学会大学教育研究委員会『高等教育の大衆化と大学教育の問題並びに課題——研究委員会総会報告集 (3)』1974年8月。
6．(単著)「若い教育学研究者の課題(第5回)」『教育学研究』第41巻第3号、1974年9月。
7．(単著)「図書紹介 乾孝『私の中の私たち——認識と行動の弁証法——』」『教育』1974年9月号。
8．(単著)「道徳教育をめぐる最近の政策動向」教育科学研究会・道徳と教育部会会報『道徳と教育』No.40、1974年10月20日号。
9．(細井克彦と共著)「現代日本における大学一般教育観の分析」『教育学研究』第41巻第4号、1974年12月。
10．(単著)「今日の子ども・青年を捉える視点をめぐって」教育科学研究会・道徳と教育部会会報『道徳と教育』No.41、1975年1月19日号。
11．(単著)「図書紹介 松原治郎『日本青年の意識構造-「不安」と「不満」のメカニズム——』、真下真一『学問・思想・人間』」教育科学研究会・道徳と教育部会会報『道徳と教育』No.41、1975年1月19日号。
12．(単著)「教育情報 大学院改革の動向と東大総合大学院構想」『教育』1975年7月号。
13．(田中孝彦と共著)「最近の『道徳教育』強化の動向について」『教育』1975年8月号。
14．(単著)「学生の現状をどうとらえるべきか——学生の現状把握の視点と課題」教育科学研究会・道徳と教育部会『青年期教育研究』第4号、1975年8月。
15．(単著)「追憶——私のうけた学校教育の重み」『教育』1975年9月号。
16．(単著)「雑誌『改造』誌上の大学・学生論の諸相——創刊(1919年4月号)から昭和初期までを対象に——」『大学史研究通信』第9号、大学史研究会、1975年9月。
17．(単著)「全面発達の思想」『現代教育の基礎知識 (1)』有斐閣、1976年2月。
18．(単著)「教育情報 高等教育懇談会の最終報告について」『教育』1976年5月号。

19. （単著）「『道徳と教育』部会の研究経過と課題――教育的教授の問題を中心に――」『教育』1976年8月号。
20. （田中孝彦と共著）「自主的な子どもをどう育てるか」『教育』1976年11月増刊号。
21. （講演）「大学院政策と改革をめぐる動向」京都大学若手シンポ、1976年12月11日。
22. （単著、槇亮一のペンネーム）「大学格差問題の一側面――地方国立大学の学部構成を中心に――」日本科学者会議『日本の科学者』1976年12月号。
23. （単著）「図書紹介　1974．75．国民のための大学――日教組大学部教研第5・6回集会報告――」日本科学者会議『日本の科学者』1976年12月号。
24. （単著）「科学技術会議『6号答申』の問題点――『地域と大学』の問題視点から」日本科学者会議東北地方区編『東北地方における地域と大学』1977年7月号。
25. （単著）「『発達と教育』の視点から現代青年・学生論の構築を」日本科学者会議東北地方区編『東北地方における地域と大学』1977年7月号。
26. （単著）「編集後記」日本科学者会議大学問題委員会編『新しい大学像をめざして――「大学の大衆化」と学部教育改革の成果と課題』1977年8月。
27. （座談会、基調報告）「『大衆化』のなかの大学」日本科学者会議『日本の科学者』1977年9月号。
28. （単著）「教育情報　大学教育研究運動の前進のために――日教組大学部教研第8回集会――」『教育』1978年1月号。
29. （企画・執筆）「科学者のあゆんだ道――矢川徳光氏に聞く――」『日本の科学者』1978年1月号～4月号．※のち水曜社から出版。
30. （編集後記）『日本の科学者』1978年2月号。
31. （単著）「近代教育思想のあゆみ（日本編）　第9回　大山郁夫・山本宣治」『学生新聞』1978年2月8日号．※ペンネーム峯達夫。
32. （翻訳）「フランスの大学における研究の現状と課題」『日本の科学者』1978年3月号。
33. （翻訳）「イタリアにおける社会不安と大学の危機」『日本の科学者』1978年3月号。
34. （単著）「書評：大正期の教育史像に重要な礎石――中野光『大正デモクラシーと教育』――」『教育』1978年4月号。
35. （分担執筆）『世界教育史体系40　世界教育史事典』講談社、1978年4月。

36. （単著）『近代日本大学史研究論集〈1〉近代日本の私立大学における大学自治の一齣――早稲田大学改革運動（1916――1917年）について』財団法人野間教育研究所、1978年6月。
37. （田中孝彦と共著）「山本宣治の教育思想の研究（序説）」『山宣研究』第3号、1978年6月。
38. （単著）「大正デモクラシーと大学――研究計画覚書――」『大学史研究通信』第11号、評論社、1978年8月。
39. （単著）「文献紹介　大学における教育実践について」『教育』1978年10月号。
40. （単著）『大学拡張運動の歴史的研究』講談社、1978年11月。
41. （単著）『近代日本大学史研究論集〈2〉「理化学」振興と「宗教科」設置構想――第一次世界大戦と大学問題の一側面――』財団法人野間教育研究所、1978年12月。
42. （単著）「教育情報　日教組教研の大田講演と大学分科会について」『教育』1979年3月号。
43. （単著）「大正期の私立大学」『大学の歴史　第4巻　学校の歴史』第一法規、1979年5月。
44. （単著）「昭和戦前期の私立大学」『大学の歴史　第4巻　学校の歴史』第一法規、1979年5月。
45. （単著）「現代学生と教養」『「大学危機と大学教育を語る全大学人交流集会」の記録』1979年6月。
46. （編集・分担執筆）『大学白書』大学関係7団体大学白書編集委員会、1979年7月、編集委員長。
47. （単著）「高等教育」『子ども白書』日本子どもを守る会編、草土文化、1979年7月。
48. （単著）「東京弁護士会夏期合宿に参加して」『東京司法問題ニュース』No.98、東京弁護士会司法問題対策委員会、1979年9月。
49. （単著）「編集後記」『日本の科学者』1979年11月号。
50. （共著）『日本の大学――その現状と改革への提言』日教組大学問題検討委員会最終報告、勁草書房、1979年11月。
51. （単著）「近代日本と私学問題についての一試論」『大学史研究』第1号、大学史研究会、評論社、1979年12月。
52. （共編著）『講座日本の学力　別巻1　大学教育』日本標準、1979年12月。
53. （単著）「大学教育と学生論の課題に寄せて」『教育』1980年1月。

54. (単著)「学校制度の多様化（高等教育）」『子ども白書』日本子どもを守る会編、草土文化、1980年7月。
55. (編集・執筆)『新しい大学像をめざしてⅡ──大学改革の現状と課題──』日本科学者会議大学問題委員会編、1980年8月。
56. (単著)「大学における教育の仕事」、第19回教育科学研究会全国大会（蔵王）要項、第13分科会　大学教育特別分科会、1980年8月。
57. (企画・司会)「座談会　大学教育をどう進めるか」『日本の科学者』1980年10月号。
58. (単著)「資料紹介『新しい大学像をめざしてⅡ──大学改革の現状と課題──』『日本の科学者』1980年10月号。
59. (単著)「専門職能・教養・人間像」『法曹養成問題を考える』東京弁護士会司法問題対策委員会編、1980年10月。
60. (単著)「課題研究『私学の問題』」（日本教育学会第39回大会報告）『教育学研究』第47巻第3号、1980年9月。
61. (単著)「1930年代の『学生と教養』問題への序説」『松山商大論集』第31巻第4号、1980年10月。
62. (単著)「大学における教育の仕事」『教育』1980年11月増刊号。
63. (単著)「現代学生と教養をめぐる断章」『大学進学研究』No.14、大学進学研究会、1980年11月。
64. (単著)「教研集会雑感」『みんけん研究つうしん』No.128、国民教育研究所、1981年3月。
65. (単著)「教育学者の立場から（発言記録）」『研修所教育を問う──法曹養成を考える4月集会報告集──』青年法律家協会第33期同期会、1981年5月。
66. (単著)「特集にあたって──障害者問題と科学者──」『日本の科学者』1981年8月号。
67. (単著)「現代の学生と大学における教育の仕事」、第20回教育科学研究会全国大会（伊豆長岡）要項、第13分科会　大学教育特別分科会、1981年8月。
68. (単著)「大学基準協会の形成と「大学基準」の成立　上」『会報』第44号、大学基準協会、1981年9月。
69. (単著)「野間教育研究所（通称『野間研』のこと）」上、『日本教育史往来』No.5、日本教育史研究会、1981年10月。
70. (企画)「対談　自由民権百年（遠山茂樹・松島栄一）」『日本の科学者』1981年11月号。

71. （単著）「野間教育研究所（通称『野間研』のこと）」下、『日本教育史往来』No.6、日本教育史研究会、1981年12月。
72. （単著）「『開かれた大学』の理念についての歴史的考察」『研究ノート　大学と社会』第14号、東北大学教育学部附属大学教育開放センター、1981年12月。
73. （単著）「大学基準協会の形成と「大学基準」の成立　中」『会報』第45号、大学基準協会、1982年4月。
74. （単著）「戒壇院　広目天像と語る（1）」『道徳と教育』No.45、教育科学研究会道徳と教育部会、1982年4月。
75. （単著）「ひとたれかこれをしもあだ花といわんか——文化学院創立60周年記念展を見て——」『教育』1982年5月号。
76. （単著）「編集後記」『日本の科学者』1982年5月号。
77. （単著）「戒壇院　広目天像と語る（2）」『道徳と教育』No.46、教育科学研究会道徳と教育部会、1982年7月。
78. （単著）「現代の学生と大学における教育の仕事」、第21回教育科学研究会全国大会（湯河原市）要項、第13分科会　大学教育特別分科会、1982年8月。
79. （単著）「戦後大学改革の展開」「戦後大学改革の意味と限界——80年代を展望して——」『講座　日本の大学改革1　現代社会と大学』青木書店、1982年8月。
80. （共著）「大学の再生と学生の主体形成」『青年の選択と現代』大月書店、泉信三編、1982年9月、ペンネーム峯達夫。
81. （分担執筆）『教育小事典』学陽書房、平原春好、寺﨑昌男編、「学問の自由」、「教育的価値」、「教養」、「洋学」、「大学拡張」、「勝田守一」を執筆、1982年9月。
82. （単著）「大学基準協会の形成と「大学基準」の成立　下」『会報』第46号、大学基準協会、1982年9月。
83. （単著）「『講義・ゼミナール』雑感」『和光大学通信』第25号、1982年12月。
84. （単著）「15年戦争と大学（1）～（15）」『私大教連』第33号～第52号、東京大学私立大学教職員組合連合会編、1983年1月～1984年8月。
85. （単著）「大正デモクラシーの教育思想——大山郁夫の批評活動を対象に——」『講座　日本教育史3』第一法規、1984年4月。
86. （分担執筆）『新百科事典』平凡社、1984年9月、「短期大学」、「京都大学」、「北海道大学」など18項目執筆。
87. （単著）「現代に生きる教師とは——子ども・青年と共に未来を創り自分をつくる——」『教育実習のために』和光大学教職課程等委員会編、1985年11月。

88. (単著)「注釈『侏儒』の言葉——芥川龍之介における人間の考察——」『和光大学人文学部紀要別冊　エスキス87』1987年3月。
89. (単著)「くりかえし『希望』、そして『勇気』——自分に対して、そして青年諸君に——」『和光大学通信』第47号、1987年10月。
90. (単著)「注釈『侏儒』の言葉——芥川龍之介における人間の考察——（承前）」『和光大学人文学部紀要別冊　エスキス88』1988年3月。
91. (単著)「『聲をきくこと』と『繋ぐこと』と——私の講義から——」『大学入門期の教育実践』、和光大学「大学教育における入門課程の実践的研究」グループ、1988年4月。
92. (単著)「青年であるS君に——大学教育の思想性についての断想」『大学入門期の教育と実践』和光大学「大学教育における入門課程の実践的研究」グループ、1989年3月。
93. (単著)「断篇　精神の仕事」『和光大学人文学部紀要別冊　エスキス89』1989年3月。
94. (単著)「『とうちゃんまんま』と『パッパ』」『会報』第104号、都立日比谷高等学校PTA編、1989年3月。
95. (単著)「抱月島村瀧太郎の短文『大学程度の学生に注文』について」『日本教育史往来』No.62、日本教育史研究会、1989年12月。
96. (単著)『「大学及大学生」解説』大空社、1989年11月。
97. (単著)「1989年・夏　政治的教養について考える」『わだち』第29号、和光学園教職員組合中央執行委員会編、1989年12月。
98. (単著)「断篇　精神の仕事（続）」『和光大学人文学部紀要別冊　エスキス90』1990年3月。
99. (共編著)『大学の授業研究のために——和光大学の場合——』あゆみ出版、和光大学「大学入門期教育の実践的研究」グループ、グループ代表、1990年10月。
100. (堀尾輝久、乾彰夫、太田政男、汐見稔幸、田中孝彦、横湯園子と共編著)『中学生・高校生の発達と教育』全3巻、岩波書店、1990年10月、「補論　さまざまな出会い——青年と文学——」執筆（第2巻）．
101. (単著)「精神の仕事（尾）」『和光大学人文学部紀要別冊　エスキス91』1991年6月。
102. (単著)「『日露戦争』～『大逆事件』後の時代における国家と個人をめぐる問題（序）」『権威的秩序と価値意識——報告と討論集——』「和光大学権威的秩

序と価値意識」研究会、1993年3月。
103．（単著）「人間として（続）――人間学の思索のために――」『和光大学人文学部紀要別冊　エスキス93』1993年6月。
104．（単著）「人間として――人間学の思索のために――」『和光大学人文学部紀要別冊　エスキス92』1993年6月。
105．（単著）「人間として（尾）――人間学の思索のために――」『和光大学人文学部紀要別冊　エスキス94』1994年6月。
106．（単著）「書評　佐藤能丸『近代日本と早稲田大学』」『IDE　現代の高等教育』No.35、民主教育協会、1994年8月号。
107．（単著）「蔵書と研究室と」『和光学園報』No.193、1994年11月。
108．（単著）「ルビ文化のすすめ」季刊『人間と教育』No.5、労働旬報社、1995年3月。
109．（単著）「教養という生活の習慣」季刊『人間と教育』No.6、労働旬報社、1995年6月。
110．（単著）「川面の視線で――野田知佑の世界――」季刊『人間と教育』No.7、労働旬報社、1995年9月。
111．（単著）「モラリストの眼差し――高田宏の仕事――」季刊『人間と教育』No.8、労働旬報社、1995年12月。
112．（単著）「人間として（大尾）――人間学の思索のために――」『和光大学人文学部紀要別冊　エスキス95』1995年6月。
113．（単著）「公民科」「追補　子ども・青年と共に未来を創り自分をつくる――」『教育実習のために』和光大学教職課程等委員会編、1995年10月。
114．（単著）『JUAA選書2　大学基準協会の形成と「大学基準」の成立』エイデル研究所、1995年12月。
115．（単著）「教育情報　大学審議会、中間報告で教員の任期制導入を提言」『教育』1996年1月号。
116．（単著）「近代学校の出発」『都市川崎を読むⅢ――パイディア和光21』パイディア和光21運営委員会、発表年月不詳。
117．（単著）「人間として（新篇）――人間学の思索のために」『和光大学人文学部・人間関係学部紀要別冊　エスキス96』1997年3月。
118．（単著）「近代日本における国家と社会と個人の問題をめぐって（研究報告）」『東西南北』和光大学総合文化研究所、1997年3月。
119．（単著）「大学審議会答申を批判的に読む」『和光大学人間関係学部紀要』第3

号、1998年3月。
120．（単著）「人間として——人間学の思索のために」『和光大学人文学部・人間関係学部紀要別冊　エスキス97』1998年3月。
121．（共編著）『教育小事典』学陽書房、1998年7月。
122．（単著）「人間として——人間学の思索のために」『和光大学人文学部・人間関係学部紀要別冊　エスキス98』1999年3月。
123．（分担執筆）『教育名言辞典』東京書籍、寺﨑昌男編、1999年5月．
124．（単著）「人間として——人間学の思索のために」『和光大学人文学部・人間関係学部紀要別冊　エスキス99』2000年3月。
125．（単著）「これでお別れ」『和光大学人間関係学部紀要』2000年3月。
126．（単著）『在りて生きる日々』(私家本) 2000年8月。
127．（単著）「ノート　演習『教育的人間論——神谷美恵子を読む——』中間報告」『人間発達研究』創刊号、和光大学人間関係学部、2003年3月。
128．（単著）「河上肇研究ノート（その1）——『貧乏物語』に即して」『人間発達研究』第2号、和光大学人間関係学部、2004年3月。
129．（単著）「2003年度プロゼミ『言葉とこころ』の報告」『人間発達研究』第3号、和光大学人間関係学部、2004年3月。
120．（共編著）『大学基準協会55年史』大学基準協会、2005年4月。
131．（単著）「牧歌『原木園』時代のこと」『こもれび』原木私塾編、創立50周年記念特集号、2007年7月。

〈追想〉田中征男氏の訃報に接して

寺﨑　昌男
（元・立教学院本部調査役、東京大学・桜美林大学名誉教授）

　田中征男先生が亡くなられたそうです、それも去年のことだったと聞きました。──事務局の浅沼薫奈さんから知らされたとき、信じられなかった。
　訃報が真実だと知ってからは、「これからなのに、惜しい」という気持ちが沸き起こった。氏は1944年生まれだから享年70歳だったはずだ。「これから」とはおかしい、と思う人があるかもしれない。だがそう思わずにはいられないほど優秀な研究者だった。なのに、20年以上もの期間、うつの症状に悩まされ、雌伏を余儀なくされていた。病から解放され「全快を医師からも宣言されました」と明るい電話をくれたのは去年の8月である。その直後、9月18日に世を去ったという。循環器系の急病だったと聞いたが、元気でいたら今後10年ぐらいは大学史の現役研究者として活躍したに違いない。
　氏が第一期の大学史研究会で初めて発表したのは、1975年1月の厚木セミナーだった。テーマは「『改造』誌上の大学・学生論の諸相──創刊（1919年4月号）から昭和初期までを対象に──」で、東大の教育学研究科大学院生だった（ちなみに、舘昭、古屋野素材、中野実等の「大学院生」諸氏が参加され始めたのもこの時期だった）。田中さんの発表は当時のセミナーの空気の中ではどちらかというと堅い印象で、何となく畏まって聞いた記憶がある。だが着実な資料吟味と行き届いた整理に、若い出席者は大いに感嘆していた。その後、氏は（財）野間教育研究所日本教育史部門に入り、熱心に出席を続けた。
　研究活動を幾度一緒にやったことだろう。野間研を舞台にした洋学教育史や私学教育史研究もあれば『講座　日本の学力』の別巻1の「大学教育」の

〈追想〉田中征男氏の訃報に接して

共同編集もやった。それより先、1970年代初めに日本教育学会を舞台に行なった大学教育の実践研究は、今思えば大学の授業研究あるいはFD研究に相当する先駆的な活動だった。

氏の業績として忘れられないのは、『大学拡張運動の歴史的研究』（研究所紀要第30集、1978年、講談社）および『戦後改革と大学基準協会の形成』（大学基準協会JUAA叢書2、1995年、エイデル研究所刊）の2冊である。

前者は、野間研入所後3年で完成された研究であった。「大学開放」は、それまでの教育学では「社会教育」の分野で取り上げられるテーマで、しかも対象は民間の学習運動（たとえば上田自由大学）に限られていた。田中氏は、それを含みながら、明治期以降の私学が推進した通信教育・校外生制度の普及等を含む諸活動をダイナミックに取り上げ、重厚な筆致も幸いして、広く注目を集めた。

紛争後の大学史基礎研究は出始めたばかりだったから、この本は特に高く評価された。筆者は「すぐ博士学位論文にしたら」と勧めたが、彼のほんらいの指導教官の期待は他のテーマだということで、惜しくも実現しなかった。この研究を機に早稲田の橘静二の業績や「プロテスタンツ原案」の存在、雑誌『大学及大学生』の意義も明らかになった（のちに同誌の復刻版の解説を田中氏が書き、浅沼さんが研究論文にまとめた）。

後者は大学基準協会形成前史で、（財）大学基準協会沿革史編纂の渦中で副産物として著わされたものである。1946年に大学基準協会ができる前後の占領軍等当局、文部省、その周りに集まった指導的大学人たち、そして教育刷新委員会等の動向を、これほど広範精細に分析した研究はその後も出ていない。

氏の仕事を見ていて、改めて資料探求の徹底ぶりと文章化のスピードに驚嘆させられた。東大教養学部文科第Ⅰ類の学生800人中確か8番だとかの席次にあったという話があったが、それは嘘ではないと思ったものである。この文献は当初、大学基準協会会誌に分載されたものだったが、一冊にまとめて選書に入れるように協会にも勧めた。シリーズ中で、この巻だけがたちまち売り切れてしまったと聞く。『大学基準協会55年史』全2巻（2005年）に

対しても、石渡（当時は野坂）尊子氏と並んで田中氏の貢献は抜群だった。
　書けば書くほど思い出が湧いてくる。スタンフォード大学に二人で資料調査に行ったのは1980年代の初めだった。平原春好氏と筆者が編集代表になった『教育小辞典』(1982年、学陽書房刊)の精細な索引を作ってくれたのも田中氏だったし、別府昭郎、皆川卓三、田中、寺﨑が集まってドイツの「大学の自由」に関する講演録の講読会を開いたのも、楽しい思い出である。
　寺﨑があまり連れ歩くから田中は気疲れしたのだなどと悪い冗談をいう向きもあったようだが、彼は本当に嬉々として、一緒に仕事をしてくれた。

〔大学史研究通信第78号より転載〕

■特集1 大学史と研究者・偲び受け継ぐ考究の地平——物故会員の研究の検証・顕彰——

児玉善仁先生の歩まれた道
——学者として、そして教師として——

赤羽　良一
(群馬工業高等専門学校名誉教授)

はじめに

　2015年の5月のある日、長崎にいた私は一通のメールを受け取った。それは、児玉善仁先生がお亡くなりになられたという悲しいニュースであった。先生のご病気の様子は先生ご自身からも伺っていたので、大変不謹慎ではあるが、そうあって欲しくないが、いつかお別れしなくてはならない日が来るのではないかと、内心恐れていた。しかし、ついにその日がやって来てしまったのであった。先生に最後にお会いしたのは、同年の2月頃、東京においてであったろうか。その頃の先生は、体調が十分でおられない中、甲南大学教授としての本務のお仕事とともに、2018年6月に出版された『大学事典』[1]の編集代表をされており、多忙な毎日を送っておられたと思う。お亡くなりになる前年(2014年)11月の九州大学での大学史研究セミナーにもお見えになっておられ、最後にお会いした時もグリーンのベレー帽をかぶって、「これは暖かくていいんです」と言われ、お元気そうだったので、よかったと安心していたその数ヶ月後に訃報が届いたのであった。ここに私たちは、大学について生涯をかけて考え続けてきた稀有な学者(scholar)そして教師(teacher)を失ったのである。

　以下本稿では、私と児玉先生とのささやかな交流と先生のご著作に多少とも触れた経験から、先生の人と業績について論じる機会をいただければと思う。私は、物質を構成する分子を相手に実験をしてきただけの、一介の化学徒に過ぎない。そんな私が、大学史の権威であり、真摯な教育者であった先

生の学問や人柄を語るのは大変おこがましい気がする。しかし、児玉先生が「大学史研究」の編集委員長であったときに編集委員として少しお手伝いをし、先生の最後の編著書である「大学事典」の編集でも近くで接することができたので、それだけを理由に、ここに先生のお人柄を含め、そのお仕事について書かせていただくことをお許しいただければと願う次第である。

1．思い出──いくつかの言葉とともに──

　先生は普段はなかなか厳しい顔をされているが、その中にもどこか優しく、暖かい雰囲気を持った威厳のある方であった。一緒に話をしていると、その時々の話題について先生からどんな意見が出てくるのか、いつもとても楽しみであった。そして、お口をついて出てくる考えは、私にとっては意外性に満ち、それでいて、原点に返ってもう一度考えさせる、いわば、物事の本質をついたものであった。

　あるとき、議論のおりに、私は先生に「それはまだアルス（ars）の世界の話だ。スキエンティア（scientia）にはなっていないからだ。」と厳しく注意されたことを覚えている。中世時代の医師や医学の位置付けに関わることで何か発言し、それが先生から見れば的外れのものに見えたのであろう。先生のお顔は大変厳しいものであったが、不思議とこちらは全く嫌な気がしなかった。これは、「イタリアの中世大学──その成立と変容──」（以下「イタリアの中世大学」[2]で先生が論述されている大学への医学の制度化という大問題に関係したことなのだと、今から思えば深く納得できる。そのときも、私の拙い感性ではあっても、先生の言わんとすることを直ちに理解したと思う。児玉先生は、難しいことを簡潔に、「ああ、そういうことなのか」と、人に納得させる、つまり、教える名手であった。先生の授業に出る機会はついになかったが、教室でもそうであったに違いない。大学史の優れた学者はよい教師でもあった。

　以下では、先生との大学や大学史についての会話の中で印象に残った語句をあげながら、先生との思い出をもう少し辿ってみることにしたい。

1.1　おそらく弱者のそれとしての「言語」

　すぐに思い出すのは「大学事典」の大項目になっている「大学と言語」である。この項目は、先生が率先して取り上げるように提案されたと記憶する。大学と「言語」の問題は、複数の言語が話される国家あるいは地域の中で教育のための第一言語をどうするかという問題、そしてその背景には、国家とその公用言語に関わる歴史的、民族的な問題がある。先生は、中世大学で使われていたラテン語のことは勿論考えられていたと思うが、それ以上に、スペインやベルギーにおけるような、民族と国家、そして言語との関係が複雑な地域の大学において言語がどう捉えられ、また使用されているのかが大切な問題で、これは事典としてしっかり取り扱うべきであるとお考えになっていた。

　そんな話の中で、私は有機化学の国際会議に参加するためエストニアに出かけ、大学と言語について少しだけ考えたことを思い出していた。エストニアには1632年の創立とされるタルトゥ大学がある[3]。この大学は、スウェーデンのグスタフ2世アドルフの創立になり、それが立つ大地は長くバルトドイツ人に支配された地域であり、さらにその後、国家としては旧ソビエト連邦の一共和国であった、という数奇な運命を辿った。精神医学の開拓者クレペリンが19世紀後半に医学部教授を勤め、ユーリー・ロトマン率いる記号論のタルトゥ・モスクワ学派の本拠地でもあった由緒ある大学であり、大学史的にいえば領邦君主により後発的に設立された大学と言えようか。2011年秋、私はその大学博物館で、「タルトゥ大学は教育の第一言語はエストニア語とする」という旨の宣言をした展示を見る機会があったが、「大学と言語」という事典の項目の議論の中でそれを思い出したのである。エストニア語は、数字的には人口約90万人という少数派により維持されている言語であるが、それを教育言語とすることは、タルトゥ大学を国際性の獲得に不利な状況に導き得るものであろう。しかし、タルトゥ大学はエストニア語を教育の第一言語とするのである。児玉先生とはエストニアやタルトゥ大学については数回話しただけであったが、大学と、そこで学ぶ学生の生活や思考を

根本的に規定する言語と大学、そして学生との関係について深く考えていた先生の見識には敬意を表さずにはいられない。

1.2 講　座

　先生と話せば出てくるのは、今日においても大学制度の根幹に関わる概念的に重要な用語ばかりである。講座も「大学事典」に取り上げられているが、当初その原稿は先生が書かれる予定であった。実際には、先生が歴史的なことを踏まえて全体的なことを書き、私が実験室で研究実験を行なった経験があることから、理系に関わる部分についてお手伝いすることになっていた。先生は、「理系の講座についてはよくわからないこともあるので、この点については手伝っていただけないか」と丁重に私に言われたのである。先生はこうして、教育学や歴史学で訓練を受けたことがない異分野の私にもいつも敬意を払ってくださった。

　しかし、残念なことに、講座の原稿は「大学事典」のためには先生によって書かれることがなかった。先生が亡くなられてしまったからである。でも先生は後世の人間に素晴らしい原稿を残してくれた。「大学〈再考〉」[4]にある「II 日本における「大学」概念受容時の問題」の (5) 日本型「講座」と「VI Cathedraの概念」がそれである。日本の帝国大学の講座制については寺﨑昌男氏による先駆的研究があるが[5]、それを踏まえながらも、日本の大学が、西洋大学の伝統を踏まえた当初の一講座一教授（一人一講座）から階層制講座（一講座複数教員）にいかに転換して言ったか考究するべきであるとの先生の指摘（「日本型講座」）は、日本の大学の研究体制についてこれまでなされた最も重要な指摘の一つであろう。それは、この問題が、特に理系実験系の研究体制とそこでの教員や、さらには今の日本の大学でその位置付けが大きな課題になっている博士研究員のあり方にも大きく関わってくるからである。

　続く「VI Cathedraの概念」の項は、先生ならではと思わせる鋭い知性で書かれた小品となっている。わずか2ペイジ程度の文章で、講座の由来やその中世大学でのあり方を、あれだけの説得力を持って書ける大学人は、おそらく児玉先生をおいて他にないであろう。古代ローマでのカテドラ（Cathedra）

の意味から説き起こし、パリの司教座聖堂学校の「座」がそこでの教師の座や地位を示すときに使われ、よって、司教座聖堂学校から大学（パリ）が生まれたときには自然な形で座る椅子（講座）や地位にCathedraが使われたとする。それだけではない。初期ボローニャでは、「教令集のCathedra」、「学説彙纂のCathedra」のように、講義すべき書物の内容で、すなわち学問的内容で、「講座」を表記していたと書かれている。この学問内容と講座名との相関は、ついこの間まで講座制を取っていた日本の大学で普通に見られたものである。応用鉱物化学講座の教授は無機化学や鉱物化学を授業で担当し、工業分析化学の教授は分析化学の授業を担当したのである。この児玉先生の記述から、中世ボローニャの講座の概念が、時空を超えて、日本の講座制に入ってきていることさえ示唆されるのである。その過程を明らかにすることは容易ではないと思われるが、それは興味深い研究課題を提供するに違いない。

1.3　国家化

　もう一つ、「国家化」という言葉も思い出される。「大学は国家化していったわけです」という先生の発言を理解するためには、ヨーロッパ中世大学の成立と変遷について深い知識と理解を持っている必要がある。自由な大学に対立する概念としての「国家」という語句は、島田雄次郎氏が、ボローニャやパリと違って、後発のドイツ大学の歴史を考えるにあたって用いた「国家的原理と団体的原理」の中に現れるが[6]、大学はそのごく初期には学生や学生と教師の自由なコルポラチオ（自治的法人団体）として誕生したものの、教皇による教授免許の授与権への介入や、都市国家による教授への給与支払いを背景にした人事への干渉、簇生する大学との抗争などを経ながらその性格を変えていき、「次第に学生や教師も地域や国家の出身者に限られていき、組織そのものが国家的制度に位置付けられ」ていったと、先生はいう。（大学〈再考〉、p.47）。

　こうみてくると、ローマ法に由来する概念であるという「団体」[7]とは何か、ローマ法や教会法などの「法」とは何か、教皇や神聖ローマ皇帝などの「普

遍権力」とは、「都市国家」とは、など、ヨーロッパの歴史や社会などについての洞察が必要となってくる。そもそも、先生の研究は、大学の成立の理由とその変化の動的過程を真正面から問うものであったから、当然ながら、多くの分野の知識・知見がそれを行う上で必要になってくる。そのような問題への多角的なアプローチの必要性は何も大学史の研究に限ったことではないが、それを実践することは容易なことではない。しかし、先生はそのような制約を乗り越えるべく、哲学、法制史やヨーロッパ史、医学史、ギリシャ以来の自由学芸、イタリアの都市国家、ローマ教会、そしてラテン語やイタリア語、などについて研鑽を積まれ、その上で、教育学を主専攻とする学者として主にイタリアをモデルとして大学史の研究を進めていかれたのだと思われる。そうであったからこそ、先生との話は、こちらが知らなかった物事の関係性が見えてくる、そして、新たな発想が湧いてくる、とても刺激的なものだったのである。それでいて、いつも楽しかった。それは先生が、自ら得たものを人に惜しみなく与える人柄をお持ちであったからであろう。

では、児玉先生は、こうした分野を越えた研究手法や物事の全体を見渡す複合的な視点をいかに獲得していったのであろうか。それは先生の経歴が明らかにしてくれる。

2．修業と遍歴

2.1　修業時代

甲南大学の資料によれば[8]、先生は1949年（昭和24年）12月9日に広島県に生まれ、昭和45年4月に広島大学教育学部教育学科に入学、同49年3月に卒業、同年4月に広島大学大学院教育学研究科博士前期課程に進まれ、同51年3月に修了されている。修士論文題目は「イタリアルネッサンス期教育史研究序説──世俗学校の出現──」である。先生はこの時点で、研究課題の一つが、地域はイタリアであり、文化的現象と時期はルネサンス期であり、具体的には教育の歴史にあることを宣言された。そして、世俗の学校から成立・発展していったボローニャ大学の研究や、魅惑的なタイトルを持つ

「ヴェネツィアの放浪教師」[9]の執筆へと先生を導いた研究の萌芽が、この題目とその副題にある「世俗学校」という語句にすでに現れている気もする。

　先生はさらに昭和51年4月に広島大学大学院教育学研究科博士後期課程に進まれ、同54年3月に単位取得満期退学をされている。大学院時代は、横尾壮英先生、池端次郎先生の指導を受けられた。この間、博士後期課程在学中の昭和52年3月から53年3月までの約1年間、イタリアのペルージャ外国人大学（Università per Stranieri di Perugia、Perugia Foreigners' University）に留学されている。伝統あるこの大学で、先生はイタリア語にさらに磨きをかけられたであろう。また、いつ頃のことかわからず恐縮であるが、京都大学にしばらく滞在あるいは在学していたことがあると語っていたと記憶する。この京都大学での勉学は先生の経歴書には現れないが、それは先生の名訳になる「中世イタリアの大学生活」[10]の「おわりに」に、「〜一昨年逝去された故清水純一先生にも、先生のご厚意によって一年間京都大学で学んだ〜」と清水先生への感謝の言葉の中に書かれてある。また、「イタリアの中世大学」の「おわりに」に、広島大学の学生時代、「文学部に出向いてギリシャ哲学の授業を受け、プラトンなどを読んでいた」し、「ギリシャ語の手ほどきをしていただいた故飯尾都人先生からある書物とともにルネサンス研究を薦められた。」、さらに、「飯尾先生とガレンの書物によって筆者はイタリア研究に導かれた」とある。

　先生の領域横断的学習はこれにとどまらない。同じく「中世イタリアの大学生活」の上記箇所で、「一昨年五十歳を越えられて間もない若さで急逝された故清水廣一郎先生には、訳者がまだ大学院の学生であった頃から本格的なイタリア史研究のあり方を身をもって教えていただいた」と書く。飯尾都人氏はギリシャ哲学、ジョルダーノ・ブルーノの研究でも有名な清水純一氏はルネサンス哲学やヒューマニズムを中心とするイタリア学[11]、近藤恒一氏はルネサンス思想史・文化史[12]、そして清水廣一郎氏はイタリア都市国家・経済史[13]のいずれも著名な学者たちであったから、これらの諸先生からも指導を受け、学問的交流をする中で、もともと学際的ともいえる性格を持つ教育学・教育史における諸課題を、その基礎となるとも言える語学・哲学・思

想史・社会史等と関係づけて捉える視点と手法を児玉先生は獲得していったのだと思われる。そして、それはのちの著作にはっきりと現れることになる。

ここまでが修業時代である。ここから先生の学者そして教師としての遍歴時代が始まる。

2.2 遍歴時代

先生は博士後期課程満期退学後に直ちに広島大学教育学部助手に任用され、2年後に東京に移動、昭和56年4月に帝京大学文学部教育学科講師、同63年4月同学同学科助教授となられた。また、平成2年には再びイタリアに留学され、平成2年9月から同3年3月までアニエッリ研究財団招聘教授としてボローニャ大学で研究を行なった。中世大学発祥の地ボローニャに留学できて、先生はさぞ嬉しかったことであろう。学生を愛する先生は、街を逍遥し、図書館で古文書を探しながら、数百年の昔、海を渡り、アルプスを越えてヨーロッパ中からボローニャに集まった多くの無名の学生たちに思いを馳せたに違いない。その後、平成13年4月帝京大学理工学部教職課程教授に昇任、同年同月帝京大学大学院国際文化研究科教授（兼担）、平成24年4月に甲南大学文学部教授として神戸に移り、同時に帝京大学名誉教授となられた。この間、トキワ松女子短期大学、明治大学、京都大学、広島大学、東洋英和女学院大学、立教大学、星美学園短期大学で非常勤講師を勤められた。

このように、児玉先生は、広島、京都、ペルージャ、東京（八王子）、ボローニャ、宇都宮（帝京大学理工学部）、そして神戸と、「ヴェネツィアの放浪教師」よろしく、日本各地とイタリアを放浪して歩いた。日本とイタリアの4つの大学で学ばれ、非常勤講師をされた機関を含めると11の大学で学者そして教師として働かれた。長く勤められた帝京大学では、文学部と理工学部に奉職され、専攻分野の異なる学生の指導もされている。こうした学問的そして教育的経験は、先生の学者としての興味や視野を一層拡大し、教師としての素養をいよいよ豊かにしていったことであろう。

3．先生の遺されたもの ——学者として——

　先生は地域や大学を遍歴しながら、後掲目録にあるように数多くの論文や著書を世に残された[14]。在職中に著書7編、翻訳・教科書4編、学術論文37編、総説・解説記事1編、その他事典の執筆等8編、を刊行・発表されている。そして、ご逝去後、編集代表と執筆も担当された「大学事典」が出版された。ここでは、代表作と思われる (1)「ヴェネツィアの放浪教師——中世都市と学校の誕生——」(2)「〈病気〉の誕生——近代医療の起源——」[15] (3)「イタリアの中世大学——その成立と変容——」の中から、主に、放浪教師、契約、ソキエタス、ナチオ、ウニヴェルシタス、そして、学位とその普遍性、に注目して、先生のお仕事の私なりの解釈を試みる。

3．1　ヴェネツィアの放浪教師
放浪教師の誕生
　先生は、イタリアの大学は放浪教師から誕生したとする。興味深く鋭い指摘である。どうしてそう考えたのか。それを知るためには11世紀ごろから始まるイタリアでの「都市」の誕生を考えなくてはならない。「イタリアでは残存していた古代ローマの都市的伝統の上に、きわめて現実的な価値観や世界観を持った商人層を中核に中世都市が形成され、その中世都市に農村の余剰人口が流入する。そして彼らは、農村から都市へ、都市から都市へと流動した。」(「　」内は「ヴェネツィアの放浪教師」などからの引用を示す。以下同じ)。遍歴する人々の誕生である。ゴリアルデと呼ばれる遍歴学生は知識を求めて放浪し、都市から都市へ、また都市の中で良い条件、つまり、より高い収入を求めて教師は放浪した。では、これらの教師がどうして誕生したのか。それは「都市の空気は人間を自由にする」その都市では、教会学校による聖職者になるためのラテン文法などではなく、人々のもっと実生活に有用な知識を求める世俗的な教育要求が起こったからだという。

　さまざまな放浪教師がいたが、商業活動が活発になり、「ラテン語で書かれた商業文書の解読と作成は商人層にとって必要不可欠な知識となってい

た」から、文法教師の需要も大きかった。彼らは「知識を売ることによって生計を立てる商人教師」であった。ここに、それまでの中世社会には存在していなかった、「教職を真の意味での職業とする教師たちが誕生」したのである。

教会との対立と教授免許

　しかし、やがて問題が生じてくる。教会との対立である。都市の勃興によって放浪教師が誕生するまでは、中世社会での教育は教会によって行われていた。司教座聖堂学校や教区学校などの教会学校の「教師たちは聖職禄による安定した収入を教会から与えられた「聖職者教師」であった」。彼らは放浪しない教師であったが、その中から、司教区内の学校監督官の役割を果たすカンケラリウス（学監とも訳される[16]）が登場してくる。対立は「教会が司教区内の教育権を主張したこと」から生じた。教会は教授免許（licentia docendi）を武器に、「司教座にその旨を申し出て教授認可を受けなければ教授できないシステム」を作りあげていったのである。しかし、カンケラリウスが授与した教授免許の統制を通じての中世社会における教会の教育権は、パリなど、アルプス以北では効力を持ったが、イタリアの世俗の教師には及ばなかったようである。それは「もともと世俗性の強い中世都市の教師たちが団体化することで、みずからの教育権を確立しようとしたから」であった。

組合と教師の階層化

　中世都市では同業者組合が多数作られており、それらにならって、世俗の「商人教師」もアルテあるいはコレギウムと称された組合を作った。この教師組合は、教会を利用する形で独自の教授認可権を行使していったという。そして、これを後押ししたのが当時の都市市民の教育に対する世俗的要求であったという。13世紀初め、ジェノバの世俗の教師組合が教会から教育権を奪取していくさまなどもダイナミックに描かれていて、とても興味深い。また、世俗教師の教会からの教育権の奪取と並行して、「文法教師とソロバン教師と子供に読み書きを教える教師」と多様であった教師が、「文法教師

とソロバン教師」へ、さらに、「文法教師」へと、階層化していったことも指摘される。そして、「この階層の頂点に立ったのが大学の知識人」であった。

3.2 〈病気〉の誕生

契約という概念

　先生のもう一つの主張は、中世大学は「契約」から生まれたというものである。まず、医者と患者を例として、中世都市での「契約」の概念が語られる。患者から医者の支払われる報酬は、「成功報酬」であったという。「成功報酬」とは、現在のように医療のプロセスに対して報酬が支払われるものと違って、基本的に医者が病気を治すこと（治癒）を約束し、治癒した段階で報酬を患者が支払うという治療契約に基づくものである。

　実は、このような「契約」の考え方は、世俗の教師と教育を受ける子どもあるいは学生との間でも成立していた。教師は生徒の親と、教師の授業内容、親の授業料の支払い方、違反したときの罰則などについて「教授契約」を結んだという。つまり、イタリアの中世都市では当事者が「契約」をすることによって商売をし（売り買い）、医療を施し（され）、また、教える（られる）という相互行為を行なった。その過程で、教師や学生が都市の中で組合を作って団体化していき、ついには大学が生まれてくるのである。

契約から生まれた中世大学——ソキエタスとナチオ——

　しかし、ボローニャ法科大学団の誕生にはローマ法の復興が不可欠であった。「ボローニャでは、11世紀後半頃から、公証術を教えながらローマ法を復興させて研究・教授する法学者が出現した」。特にペポやイルネリウスという著名な人物の回りには、全ヨーロッパから学生が集まってきた。これらの学生は、ボローニャの法学者の中から自ら師を選んで彼らと「教授契約」を結んで教育を受けた。学生は法学教師の家に住み込むなどして、「教師と学生の間には信頼と尊敬による親密な家族的関係が成立」してもいた。この特定の教師と複数の学生の契約関係、すなわち、目に見える経済的関係と目

に見えない家族的関係が融合した共同体が「ソキエタス」である。

一方、外国や他の都市からきた学生はボローニャでは町の法律によって保護されていなかったから、「自分たちの権利を擁護するために、同郷の学生が集まって団体化したのである。これが、ナチオ（国民団）と称される出身地別の学生団体である」。よって、ナチオは、ソキエタスとは違って、「同郷学生による学生のための権益擁護の利益共同体に他ならなかった」。これがやがて、「明確な法的権利を有する組合組織」となって、「イタリア人と外国人の二つのより大きなグループに統合されていく」。この統合された二つの「組合組織こそがウニヴェルシタス（大学団）なのである」。ここで、学生だけによって成立した団体（大学団）が成立したことで、「当初独自の組織を持つことができず、学生のウニヴェルシタスに従属させられていた教師たちも、やがてコレギウムと呼ばれた教師組合組織をつくる」ことになる。ここに今日の学位の起源があるだろう。

このように、「ヴェネツィアの放浪教師」には、都市の誕生によって放浪教師が誕生し、それは知識を売る「商人教師」の性格を持ち、それがさらに組合を作りつつ階層化し、次第に教会の教育権を奪取して独自の教育権を確立していく過程、そして、「〈病気〉の誕生」には、中世都市の大きな特徴であった「契約」で結ばれた学生と教師の経済的な、かつ、家族的な団体が生まれ、同時に学生は、やがて大学団になっていくべき権利擁護・自己防衛のためのもう一つの団体を形成していくさまが、学術的厳密さを失うことなく、物語性を持ってあざやかに描かれている。

3.3 イタリアの中世大学

大作である。前二作は学術的「作品」とも言えるかもしれないが、この「イタリアの中世大学」は先生のイタリア大学研究の集大成ともいうべきものである。本書は、序章 「中世大学研究と本書の目的」に続き、第Ⅰ部「ボローニャ法科大学の成立と組織構造」、第1章 ボローニャ法科大学の起源、第2章 ボローニャ法科大学の成立過程、第3章 ボローニャ法科大学の組織的性格、第Ⅱ部 「法学学位の普遍性」、第4章 教育内容としての法

学の普遍性、第5章　教皇庁の大学政策と学位の普遍性、第III部「「医学部」の成立と組織の変容」、第6章　医学教育と医学学位の法制的基盤——教育権と開業権——、第7章　ボローニャ大学における教養諸科の形成、第8章　パドヴァ大学における教養諸科の形成、第9章　パドヴァ大学「医学部」の成立、第IV部「医学の教育制度化と学位の意義」、第10章　教養諸学と医学の基本的構造、第11章　医学の大学制度化、第12章　医学学位の社会的意義、第V部「パドヴァ大学の地方性と普遍性」、第13章　15世紀パドヴァ大学の社会的機能——学位取得者と社会構造——、第14章　パドヴァ大学の国際性、そして終章「中世大学の組織と学位——その普遍性と地方性——」で構成されている。ここで先生は　学者としての非凡な力量と良心を遺憾なく発揮された。国民団や大学団については著名な先行研究[17]があるが、それらについては批判的に検討し、同時に先生と同様な論点を持つ学者の先行研究にも常に配慮しながら、自ら明らかにしたことの新規性と独自性を主張されているからである[18]。

　この大著の全体を論ずることは容易にはできないので、まず、(1) 大学団誕生につながっていった「ソキエタス」と「ナチオ」の運命について検討し、そして、(2) 第4章、第5章、第13章、そして、終章のタイトルにもあるように、「イタリアの中世大学」の量的にも少なからぬ部分を占める学位あるいは大学の「普遍性」について考察していくことにしたい。

「コンソルティア」から「ナチオ」へ

　ここで「コンソルティア」なる学生の団体が登場する。ボローニャに参集した学生が形成した団体組織は「ナチオ」ではなく、それはまず「コンソルティア」であった。外国人学生は全く保護されていなかったから、「早い時期から相互に団結して自己防衛をする互助組織を作った」。これが学生の共同体である「コンソルティア」であり、「宿や書物の確保、教師や町の商人との交渉などにあたっての相互の援助をおこなった」。この団体は、都市によって承認された「法人組織」ではなく、非公式の学生の盟約団体であった点が重要である。

やがて、「コンソルティア」と「ソキエタス」の共存関係に12世紀末ごろから変化が現れる。ボローニャ市民や市民学生と外国人学生は対立しており、当時「民事あるいは刑事事件においても同邦人の共同は不可欠になっていた」状況の中で、ただの「コンソルティア」から、言語や生活習慣などが同じである同じ国や地域の出身者で団体、すなわち、「同邦出身者を中心としたコンソルティア」が形成されていき、それは次第に「同邦人組織の性格が強調された」組織となっていく。これが国民団（ナチオ）である。つまり、学生は最初からナチオを作ったのではなく、まず、同郷かどうかにかかわらず「コンソルティア」を形成し、それが「同邦出身者を中心としたコンソルティア」となり、それがさらにナチオになったのである。

大学団の誕生

この国民団から大学団が誕生する。この変化に伴い、「ソキエタス」が消滅していく。そのプロセスを見てみよう。ドイツ国民団の規約によれば[19]、国民団は「学生の教育学習活動を目的とする団体ではない」。ソキエタスも変化し、学生は教師の家を出て、宿舎（ホスピティウム）に居住することが多くなったというが、それだけであれば、教師と学生による「共同生活による家族的関係と教授契約による経済合理的関係」を持つソキエタスが消滅することにはならない。では、なぜ、ソキエタスは消滅していったのか。それは国民団から「大学団（ウニヴェルシタス）」が誕生したからだというのが児玉先生の答えである。

では、大学団が誕生した必然性はどこに求められるであろうか。それは学生たちが「個別の国民団を超えた全ての学生に共通する活動目的を持った」からであり、その「共通の活動目的」とは、教師からの教育機能の奪取であったと先生は解釈する。元来、外国人学生と都市との間にはさまざまな問題があった。国民団の成員学生と部外者が裁判になった場合、問題となるのは、教師との係争になった場合である。特に教育活動そのものの係争については国民団では対処ができない。規定がないからである。よって、「おそらく、学生たちが国民団とは別に大学団という新しい法人組織を作らねばなら

なかった」のである。

　この大学団の形成は、契約関係を法すなわち大学団規約に置き換えたものであり、それは「ローマ法概念で言えば、ソキエタス契約が売買契約的なものに移行したこと、ヴェーバー的概念で言うなら、教授契約というものが目的契約を含んだ身分契約から純粋な目的契約へと変化」したことを意味する。さらに、この大学団誕生には、12世紀後半から13世紀前半にかけて、コムーネの政治体制においてポデスタ体制からポポロ体制が成立していく過程、すなわち、「商人・職人層がアルテ（同業者組合）を形成してその政治的影響力を強め」ただけではなく、他方で「武装した地域的防衛組織であるアルメによる軍事力を持つことによって、都市権力を獲得した」過程が大きな影響をもたらしたと論じている。それは、「ポポロの依って立つ基盤であるアルテと学生の大学団は、基本的に団体組織として共通の性格を持っていた」からである。以上の流れを私なりにまとめれば、学生の団体組織はコンソルティア（盟約団体）→ナチオ→ウニヴェルシタス（法人格）のような、教師・学生の共同体ソキエタスは、その教育権はウニヴェルシタスに包含され、教師は新たな団体（コレギウム）を作る形で、ソキエタス→コレギウム（教育認定権＝学位授与権）＋ウニヴェルシタス（教育権）のような変化になるだろうか。

　この大学団成立過程をみると、大学団の成立は自発的であり、真理探究[20]や教育を目的として人が意識して作ったのではない、ということが改めて理解される。イタリアの大学は、中世都市国家の経済的発展の中で制度化されていった同業者の組合の一つとして、12世紀コムーネの世俗的な社会経済体制の中で必然的に誕生したといえよう。背景には、この時期に団体化の概念がそれに由来するというローマ法の復興があり、コムーネの発展とその中での法律実務に詳しい人材養成の必要性があったから、法学が学問化・制度化して法科大学団が成立したのもまた必然であった。児玉先生はそのことを明確に論証されたのである。

「法学の普遍性」――普遍法の学問化と教育制度化――

では、「普遍性」の議論に入ろう。まず、市民法とカノン法という普遍法のボローニャでの誕生が指摘される。市民法は「市民法大全」として成立したが、これは古代ローマの市民法、特にユスティニアヌス法典を再編したもので、これはイルネリウスら、注釈学派と呼ばれる法学者の功績である。前述のように、ボローニャに法学を学ぶ学徒が参集したのはイルネリウスらの名声による。イルネリウスは「皇帝権という普遍権力との関係によって普遍法の構築に貢献」したのであった。

一方、ローマ教会側にも11〜12世紀の叙任権闘争の中で教会の法体系の整備の必要性があり、ボローニャの修道僧グラティアヌスが教会法の再編を成し遂げた。この体系化された市民法やカノン法は「学ぶべき書物の形でその体系的構造を反映しつつ大学のカリキュラムに制度化された」[21]。これは、学として大学で教授されるべき「法学」が誕生したことを意味した。実際、ボローニャで誕生した市民法大全とカノン法大全は近代に到るまでヨーロッパの全ての大学でテキストとして使われ続けた「普遍的な」ものであった。この法学の普遍性の議論は合理的と思われるが、ホノリウス3世がボローニャ助祭長によって教授免許を与える教書を発した後の学位の普遍性の変化の議論はどうであろうか。これを以下で考察してみよう。

教授免許と学位の普遍性

1219年に教皇ホノリウス3世は、それまでボローニャでは大学団が持っていた教授免許（学位）授与権をボローニャ助祭長に与える教書を発した。この教皇教書によって、学位が教皇の権威による普遍性を獲得したと児玉先生は述べる。この普遍権力たる教皇権による学位の普遍性とはいかなることを意味するのであろうか。学位は「本来教授職の資格を保証するものであった」が、ボローニャやパリしか大学のない時代の学位の普遍性は、大学の「希少性」によりもたらされるか、あるいは、「神聖ローマ皇帝権を背景とする市民法という俗法を主体とした学問の普遍性によるところが大きい」という。ここまでは（皇帝権を背景としはするが）理解できる。ところが、「教皇庁

の保証の下で教授免許授与が大学において行われるようになった」ことは「教皇庁という普遍権力による直接的な介入によって、大学における教授免許の普遍性が保証されたことを意味した」という。同じ大学の学位が、教皇権を背景にしたボローニャ助祭長が授与するどうかで、その価値あるいは通用性（普遍性）がどうして変化するのであろうか[22]。

その一方で、時代は下るが、15世紀パドヴァ大学での歴史を例に引き、「15世紀以降に制度的に地方化した中世大学において授与された学位が、職業資格として普遍性を持つかどうかは、もっぱら学位取得して帰郷した学生の出身地の状況に依存した」こと（14章–8）、地方権力である都市国家ヴェネツィア支配後のパドヴァ大学において、「法学や医学学位の地方的有用性（外国人学生の出身国での学位の有用性をさす。筆者注）」と、それによりパドヴァへ「多数の学生を他国から吸引する国際的有用性」を確保することによって、学位（ここでは医学）の普遍性の維持が大学の地方化にも関わらず可能であったこと（14章–9）を指摘し、都市国家による支配やラテン語使用廃止といった「普遍性に危機をもたらす制度的変化」に遭遇しても「学位の普遍性もまた可能性として保証される」と論じている。この部分では普遍権力には触れられていない[23]。ここでは、先生は学位の普遍性を普遍権に依存するものではなく、その本来の学的内容と有用性によるものとして論じているようにみえるが、そうであれば、上述の普遍権による「普遍性」の議論はいかなる立ち位置になるのであろうか。

私は、中世大学の学位は、仮に学位というものが普遍性を持ち得るものであるとしても、真の普遍性は持つことは困難であったのではないかと考える。なぜなら、中世大学の学位には「水準」という概念が存在していないからである。よって、これを後の時点で評価しようと思えば、何らかの権威によりそれを制度的に正当化する形式論に陥らざるを得ないのではないだろうか。では何が必要であったであろうか。それには「研究」の登場を待たなくてはならなかったと思われる。いや、研究でなくてもよい。大学における学的行為を価値づける何らかの指標あるいは基準があればよい。しかし、中世では、その指標あるいは基準が大学内あるいは大学間の教授団の中で共有されるこ

とがなかった。やがて近代に向けて学位論文（dissertation）が登場してくる[24]。これによって学位の内容が公開される。学協会が誕生し、学術論文が発表され、サーキュレイトされる。そうなれば、学位の量的・質的内容が判断されるから、その価値が判定される。このような同僚による学的ネットワークが生まれれば、何の外的権威も必要がない。

　とは言っても、何らかの定量的指標や基準で学的価値を評価しようとするのは、「研究」の登場以降の近代の考え方であることもここで思い起こさなくてはならないだろう。そして、この近代の方法が学位の価値を判断するための唯一無二の方法かどうかはわからない。そもそも、そのような客観的基準などは学問の世界には存在しない可能性だってあり得る。第一、中世の学位は「研究」や「論文」の評価ではない。「教育」、すなわち、教授免許を与えてよいかどうか、学者の団体に入るにふさわしい教授資格を持つかどうかの判断である。であれば、講義の聴講や討論裁定の経験などを含む長い年月の修学の上での各大学の個別の同僚教授団による最終判定こそ、最も有用で公正な学位授与のための判定であったのかもしれない。

　いずれにしても、ここで論じられている権威に依存する学位の普遍性の議論は、形式論的なものであるのか、それとも、大学人の自意識の変化も含めて、大学を囲む世界に対してそのような学位の価値の変化が実際に生じたことを意味しているのだろうか。文字通り強大な普遍権力が教育専管権を持っていたと自覚していた時代であるから、いわゆる「お墨付き」[25]として普遍権力の印のある免状とそうでないものとの制度的違いは大きかったのではないかと想像はできるが、内実はどうであったのであろうか。タイムマシンに乗り、何百年も遡って、中世の学生や教授に聞いてみたい気がする。残念ながら、この学位の普遍性について児玉先生に改めて議論していただく機会は永久に失われてしまった。

4．教師としての児玉先生

　これまで述べてきたように、先生は学者として、イタリア中世大学の起源

とその発展過程について開拓的な研究を行い、これまではっきりしていなかった成立初期のありさまを明確に論証された。また、ここでは触れることができなかったが、「イタリアの中世大学」や〈病気〉の誕生」にもあるように、医学部の成立過程や、医学における学位と専門職資格との関係、大学の都市化・地方化と学位の価値とその変遷などについて、独自の視点からきわめて顕著な業績を残された。このことは、先生が大学史を中心とした教育学の優れた学者であったことを余すところなく示している。しかし、先生のご生涯は決して学者としてのそれにとどまるものではない。むしろ、学者としての研究業績よりも、児玉先生が30年以上に渡って帝京大学と甲南大学で教師として毎日教壇に立たれたそのことにこそ、先生が学校の教師に、そして何よりも学生に、残してくれたものがあると思う。

　以下では、先生の教育活動を「教育論文」の執筆、学外での「セミナー」、そして毎日の「授業」実践に分けて、先生の教師としての軌跡を辿りたい。

4.1　大学の指導法

　先生は大学史関係の著作や論文だけではなく、大学教育についても図書を編集され、また論文を発表されている。たとえば、ご自身が編者の一人でもある「大学の指導法」[26]の第一章「大学とは何であったか――中世大学の授業・試験・評価――」において、「1　大学は何のために出現したか――契約関係の法人化――」「2　授業をちゃんとやっているか――休講と時間時間の統制――」「3　いかに教えたか――相互性と反復性――」「4　いかに試験をし評価したか――公開性と公共性――」『5　「大学の始まり」が現代に示唆するもの』という論題で、現在大学で行なっている授業や試験を中世大学のそれと比較検討し、そもそも大学とは何か、教師や授業とはいかなるものであるかについて論じている。

　この中で、「2　授業をちゃんとやっているか」では、中世大学の教師と学生（大学団）の間には「契約」によって教師が従うべき義務があり、教師がきちんと契約通り授業を行なっているか、教師が休講を勝手にしたりしていないか、授業時間をきちんと守っているかどうかを学生の代表（学頭）が監

視していたことが紹介され、授業本来のあり方が、現在のシラバスを全く先取りする形で（おそらくそのレベルを超えて）、中世イタリア大学において学生と教師の間の契約によってすでに実践されていたということが述べられている。同様に、「3　いかに教えたか」でも中世大学の授業の形式について、現在まで大学にその名を残す講読に加えて「討論」という手法があったことが紹介されている。このことは、現在日本の大学で、たとえばアクティブ・ラーニング導入という形で、学生の授業参加の重要性が論じられているが、学生の授業参加は「討論」（論法討論、自由討論など、いくつかのスタイルがあった）という形において、数百年の昔に中世大学で毎日実践されていたことを示すものである[27]。中世大学について深い見識を持っておられた先生がこれらの事実を心のどこかにおいて毎日教壇に立たれていたことは言うまでもない。確認するすべはないが、そうであったに違いないのである。また、先生は、教育関係を「情愛的結びつきで捉える」傾向にもあった日本の教育界に、西洋教育界の根底にあった、教育関係を「契約関係」と考える視点を取り入れて日本の教育を考え直したらどうかとの提言もされている[28]。このような「教育」のあり方についての論文や著作の存在は、先生がただ学術論文を執筆するだけの狭義の学者ではないことをはっきりと示しているだろう。

4.2　セミナー

　二つ目の軌跡はセミナー（講演）である。学外でのセミナー実践は、学者の社会に対する教師としての役割の一つと捉えることができるであろう。ここでは「中世イタリアの大学と教養」という演題で2014年7月19日（土）に星美学園短期大学で行われた講演を紹介したい。それは、演題にあるように、イタリアの中世大学の成立過程のあらましを、先生にしか持ち得ない説得力を持って話されたことにもよるが、特に後半部分のヨーロッパの「教養」の系譜の話がとても印象に残ったからである。そこで先生は、いわゆる「自由学芸」だけではなく、「徳」（ビルトゥー）の系譜とその大学制度との関わりの重要性を指摘されたのであった。少し長くなるがまとめてみよう[29]。
　まず、自由学芸について、ギリシャの円環的教養（エンキュクリオス・パイ

デイア）が古代ローマに入って、そこでマルティアヌス・カッペラやイシドルスによる分類を経て三学（トリウィウム）・四科（クワドリウィウム）となった歴史的背景を指摘したのち、三学・四科に哲学、医学、神学等が加わった「新しい自由学芸、つまり教養諸学」が大学（ボローニャ）に位置づけられていったと論じている。この「教養諸学」なる語は先生の命名である。この教養諸学の教員団と学生から、やがて医学部が誕生してくる話が「イタリアの中世大学」の中心的課題の一つであったわけである。さらに、この自由学芸と教養諸学の大学での歴史的展開について、近代になってからではあるが、ドイツでは哲学部など、フランスやイタリアでも人文学部とか文哲学部という名前で専門学部化していくが、イギリスでは様子が違って、パリやボローニャにもあった学寮が教育の場として発展し、そこで教養教育が大学教育として行われ、それがさらにアメリカに入っていった経緯、つまり、大陸部では、教養教育は自然哲学や形而上学など、法学、医学、神学の専門基礎を教授する学部として制度化されていったが、イギリス、アメリカの英語圏では、それとは別の形で、つまり、「学寮制度の中に、大学教育としての、教養教育が残って」いったことが指摘されている[30]。

　ここで「ビルトゥー」が登場する。先生によれば、ギリシャのエンキュクリオス・パイデイアがローマ化した自由学芸（アルテス・リベラレス）は西洋中世に位置付き、大学にも教養諸学として制度化されたが、ヨーロッパにはもう一つの古代ギリシャ以来の教養教育の伝統がある。それが「ビルトゥー」である。ビルトゥーは、もともとはソクラテスやプラトンが「アレテー」と呼んだもので、何かに優れていること、人間として優れていること、すなわち、「徳」であり、古代ギリシャでアレテーというものが、人間的な、精神的な教養として考えられていて、これがローマ世界に入ってきて、「ビルトゥー」という「徳」と訳される言葉として使われたという。つまり、「徳」とは、もともとギリシャ的な考えで、思慮、正義、勇気、節制、などを表し、これが中世に引き継がれ、さらにルネサンスに受け継がれていったのだという。先生はルネサンス時代の人文主義者、レオン・バッティスタ・アルベルティの著「家族論」を引用し、イタリアでは人間として身につける

べきものには二つあると考えられてきたとする。一つは「レッテレ」で、もう一つはビルトゥーである。レッテレとは、読み書き、算術、幾何学、ラテン語文法、雄弁術などで、要は人文的な「知識」を意味する。よって、これは上記のアルテス・リベラレス、つまり、教養諸学の系譜に他ならない。しかし、アルベルティによれば、これだけでは十分でなく、もう一つ子供に身につけさせなくてはならないのが、人間としての教養である「ビルトゥー」なのだという。児玉先生は、このビルトゥーは、アルテス・リベラレスが知識としての知的教養であるのに対して、節制、勇気、賢明という「何かができる能力」であり、大学ではなく、中等教育機関でその教育が行われてきたという。具体的には、人文主義がイタリアからアルプス以北に伝わる中で、ドイツのギムナジウム、フランスのリセ（イタリアではリチェオ）、イギリスのパブリック・スクールの人文主義的、古典的教養教育に、このビルトゥーが受け継がれていったと論じている[31]。

　先生はさらに続ける。この二つの教育は、内容的には同じものであり、違うのは目的と方法であるという。それは、たとえば大学で修辞学を学ぶ場合、ホメロスの「オデュッセイア」を使って「ギリシャ語修辞学を教える」が、中等教育でも「オデュッセイア」をテキストとして、「そこでは人間の生き方、あるいは人間の能力の育成を目的に教える」のだからである。そして、その精神的教養と知的教養とが融合することによって人間的教養が作られていく。その融合が、中等教育と大学教育の接続の中で「うまく作りあげられていったのがヨーロッパだ」と結論づける。そして最後に、1991年の大綱化以降方向性を失ったようにみえる日本の教養教育再構築への示唆として、「高校で精神的教養を身に付けさせる、そしてそれを大学では知的な教養に結びつける」観点を持ちつつ、日本の大学の教養教育を再建していく、つまり、中等教育での教養教育との関係を持たせながら大学での教養教育をデザインしていくことが必要ではないかと提案したのである。

　体調が十分であられない中で、渾身の講演であった。この講演記録に文献をつければ、ヨーロッパ大学史や大学教養論、高大接続の制度改革など、さまざまな観点からの授業教材に使えるだろう。セミナーでも先生はよい教師

であった[32]。

5．そして授業――おわりに代えて――

　最後のもう一つの軌跡は、他ならぬ大学での授業実践である。先生は長く教職課程に勤務され、教師を目指す学生を指導し、その成長を見守ってきた。甲南大学では教育原論、教育史、道徳指導法などを、帝京大学では、卒業研究（卒論指導）をはじめ、教育原理、教育目的論、教育課程論、教育方法論、教職論、教育思想史など、20科目近い授業科目を担当された。非常勤講師を務められた機関では、古代中世教育史、教養の歴史などの講義もされている[33]。これらの授業担当科目を見れば、先生が教育学全般に関して、いかに広い領域に渡って知識と見識を持っていたかがわかる。そしてこの授業実践は、高度な学問的活動と並行して、すなわちそれと統合され、一体化される形で実践されてきたのである。学者としての研究活動は忍耐の要る孤独な作業ではあるが、楽しくもある。それは、人がその意欲さえ持っていれば遂行できるものである。しかし、よい教師となることは簡単ではない。学者としての仕事をしながら、教育にも献身するとなればなおさらである。教師を目指す学生に授業をし、教育について考え、発言し続けた先生は、中世大学の教授が教師であった意味においてまさに大学の教師であった。彼らが講義に使った「講座」は、まさに先生にこそふさわしい椅子であった[34]。

注

1　『大学事典』児玉善仁（代表）、赤羽良一、岡山茂、川島啓二、木戸裕、斉藤泰雄、舘昭、立川明編、平凡社、2018年。児玉先生はこの事典で山辺規子氏（奈良女子大学教授）との共同執筆2項目を含め、大学史的にも本質的に重要な「大学の概念」「学部の概念」など、計48項目を執筆された。

2　児玉善仁『イタリアの中世大学―その成立と変容―』名古屋大学出版会、2007年。本稿では以下の書評を参照した。a) 松浦正博、日本の教育史学、2010年、53巻、p.186-189。b) 山辺規子、西洋史学、2008年、No. 200、67-69頁。

3　赤羽良一『エストニア大学紀行―うるわしのタルトゥ―』青淵、2015年7月

号、22-25頁。
4 『〈大学〉再考』別府昭郎編、知泉書館、2011年、16-19頁、43-46頁。
5 たとえば、寺﨑昌男「「講座制」の歴史研究序説―日本の場合（1）」『大学論集』1973年、1-10頁；同「「講座制」の歴史研究序説―日本の場合（2）」『大学論集』1974年、77-88頁。
6 島田雄次郎『ヨーロッパの大学』玉川大学出版部、1994年、4-5頁。
7 『概説西洋法制史』勝田有恒・森征一・山内進編、ミネルヴァ書房、2012年、第11章、151頁。
8 「児玉善仁教授略歴および業績一覧」『甲南大学紀要　文学編』166号、2016年、15-18頁。文献33も参照。
9 児玉善仁『ヴェネツィアの放浪教師―中世都市と学校の誕生―』平凡社、1993年。本稿では、以下の書評を参照した。a）早島瑛、社会経済史学、1996年、第61巻、第5号、686-688頁；b）上山安敏、大学史研究、1994年、第10号、81-82頁。
10 グイド・ザッカニーニ『中世イタリアの大学生活』児玉善仁訳、平凡社、1990年。
11 ブルーノ『無限、宇宙と諸世界について』清水純一訳、現代思潮社、1969年。
12 a）清水純一『ルネサンス　人と思想』近藤恒一編、平凡社、1994年；b）エウジェニオ・ガレン『ルネサンスの教育―人間と学芸との革新―』近藤恒一訳、知泉書館、2002年。
13 清水廣一郎『中世イタリア商人の世界』平凡社、1993年；同「イタリア中世の都市社会」岩波書店、1990年。
14 文末に甲南大学紀要文学編（文献8）にある先生の略歴と業績一覧を記した。本稿への転載を許可していただいた甲南大学文学部紀要編集委員会の諸先生、ならびに委員会への仲介の労を取ってくださった同学文学部教授（教職教育センター所長）の中里英樹先生に厚くお礼を申し上げます。なお、僭越ですが、転載にあたって、論文の発表年や著者とその著作の順序等の記述の仕方を、『大学史研究』の型式に統一するために若干変更させていただきました。
15 児玉善仁『〈病気〉の誕生―近代医療の起源―』平凡社、1998年。本稿では以下の書評を参照した。a）中山茂『教育学研究』第66巻第1号、1993年、131-133頁；b）泉彪之助『日本医史学雑誌』第4巻第4号、1998年、580-582頁。a）には児玉先生による反論がある。児玉善仁「拙著「病気の誕生―近代医療の起源―」の書評に対する反論―中山先生への手紙―」『教育学研究』第66巻第3号、1993年、335-336頁。
16 島田雄次郎、前掲書、注6、36頁。
17 たとえば、H.ラシュドール『大学の起源（上）―ヨーロッパ中世大学―』横尾壮英訳、東洋館出版社、1969年；S.ディルセー『大学史（上）』池端次郎訳、

東洋館出版社、1986年；J. ヴェルジェ『中世の大学』大高順雄訳、みすず書房、1989年。

18　この書は、イタリア中世都市における大学団の誕生と法学や医学の制度化という壮大なテーマを誠実に、批判的に論述しようとしている。そのためか、さまざまな論点が次々と現れ、文章的には必ずしも読みやすくはない。書の体裁もそれに一役買っているようだ。学術書でも形式は重要である。率直にいえば、まず、字が大きすぎる。1ページあたりの情報量が少ないから、内容のひとまとまりを捉えにくい。引用文献や注はしばしば参照するので、各章ごとにあった方が読みやすかったであろう。構成も、総論、法学（部）と医学・教養諸学（部）の成立に分けて書かれているが、本書の核心である「大学」が誕生したボローニャと、歴史的にあとから生じた医学部を中心に考究しているパドヴァに分けた方が全体を理解しやすかったのではないかと感ずる。本としては2冊に分けてもよかったのである。先生であれば、個別大学的な記述になっても、本質を失うことなく全体的な統一を保って書けたに違いないと思う。

19　利用したドイツ国民団規約は15世紀末のものであるが、大学団成立の時期は13世紀前半以前である。『イタリアの中世大学』62頁。国民団が「学生の教育学習活動を目的とする団体ではない」ことは、議論の基礎としたこの国民団規約が一般化できるとすれば成り立つ旨、言明されている。同、57頁。なお、大学団の成立は国民団の消滅を意味するわけではない。たとえば、同、60-62頁。

20　もっとも、中世には探求されるべき真理は存在しなかった。ハスキンズよれば、「真理は研究で発見されるものではなく、権威によってすでに我々に示された、解説されるもの」であった。C. H. ハスキンズ『大学の起源』青木靖三、三浦常司訳、法律文化社、1970年、71頁。

21　これは法制史の立場からも明らかにされている。山内進教授によれば、グラティアヌスは（1130〜1140年代）、「その教令集を整理統合し、カノン法を明確に神学から区別し、カノン法学を学識法学として飛躍的に発展させた。この点で彼はローマ法学においてイルネリウスが果たしたのと同じ役割をカノン法の分野で果たした。」という。『概説西洋法制史』勝田有恒・森征一・山内進編、ミネルヴァ書房、2012年、第11章、143頁；また、ネル教授は「12世紀中葉以降、新たな学問的方法を教会の法のために役立てる努力が始まり、すぐにボローニャ大学でカノン法の授業が開始された」と述べている。クヌート・W・ネル『ヨーロッパ法史入門―権利保護の歴史―』村上淳一訳、東京大学出版会、1999年、第二章、77頁。

22　普遍権力が後ろ盾になっているということからこの言葉を使っているのかとも想像されるが、その場合でも、「普遍性」という語句を使うことが合理的かどうかという素朴な疑問は残る。なお、ドイツ大学の制度的な性格を論ずるにあたっ

て、「普遍性」という語が以下のように用いられている。「普遍性－普通法学の創造　ドイツ大学は制度的に国家化の途を進んでいったにも関わらず、一方において、そのようなラント大学化に伴う個別化とは反対に普遍性を有した。それは設立当初からの „generale studium", „licentia ubique docendi" にみられる学問的普遍性である。」上山安敏『法社会史』みすず書房、1966年、256-257頁。

23　この時代では教皇権が衰退していたと考えられることも理由の一つかもしれない。ヴェルジェは15世紀の教皇中央集権制の衰退を記述している。ヴェルジェ、前掲書、注17、145-146頁。

24　Academic Charisma and the Origins of the Research University, William Clark, The University of Chicago Press, Chicago, 2006.

25　『イタリアの中世大学』148頁でこの表現が使われている。

26　『大学の指導法―学生の自己発見のために―』児玉善仁、別府昭郎、川島啓二編、東信堂、2004年、第1章。

27　児玉先生は、いつも、中世大学における歴史的事実に帰って、そこから現在の大学を捉え直していく視点が重要であることを教えてくれる。

28　児玉善仁「「教育関係」の契約論的考察―その法社会学的・哲学的基盤―」『甲南大学教職センター年報・報告書』2013年3月、13-23頁。難解だが、イタリア中世大学の成立過程の学習にも有益である。この論文をご教示くださった前国立国会図書館専門調査員の木戸裕氏に厚くお礼を申し上げます。

29　講演記録は以下にある。学園から入手できる。『星美学園短期大学日伊総合研究所報（Bolletino Instituto di Ricerca Italo-giapponese）』11、2015、4-26頁。

30　この大陸と英語圏での自由学芸（三学・四科）および教養諸学の大学でのあり方の違いの指摘は、1991年のいわゆる大綱化以降、そのあり方や内容の再検討が迫られている日本の大学の教養教育にとって、大いに示唆に富むものではないだろうか。というのも、日本では、専門教育に対置されがちな教養教育の議論が、ドイツやフランスなど、専門教育しか行われていないヨーロッパ大陸の大学ではなく、英語圏のカレッジ、特に、一般教育を主体とするアメリカの大学の学士課程を規範とする議論になっているように思われるからである。

31　児玉先生は、ここで日本の教養教育を考えていく上できわめて重要な指摘をしたと思われる。「徳」と「アレテー」あるいは「大学での徳育」については、廣川洋一、オルテガ、マルーらにより議論あるいは言及されている。(1) 廣川洋一『ギリシャ人の教育―教養とは何か―』岩波書店、1990年、12-16頁；(2) オルテガ・イ・ガセット『大学の使命』井上正訳、玉川大学出版部、1996年、69頁、120頁；(3) H.マルー『古代教育文化史』横尾壮英、飯尾都人、岩村清太訳、岩波書店、2008年、たとえば、206-208頁。なお、本講演と関連が深いと思われる論考にロスブラットによるものがある。S.ロスブラット『教養教育の系譜―アメ

リカ高等教育にみる専門主義との葛藤―』吉田文、杉谷裕美子訳、Ⅵ 英語圏諸国におけるリベラル・エデュケーション、玉川大学出版部、1999年、143-213頁。

32 　先生は講演でEUの高等教育政策であるエラスムス計画、中等教育のコメニウス計画、職業教育のレオナルド・ダ・ヴィンチ計画についても言及されている。また、中世大学、特にボローニャやパリが「ストゥディウム・ゲネラーレ」、すなわち、あらゆる地域から学生を集め、授与した学位はどこでも通用する普遍性を持った学校であったことを指摘した上で、共通の学位制度、単位互換システム、学生の大学間交流などの機能を持つ欧州高等教育圏を実現しようとするボローニャ・プロセスを、中世大学が持っていた国際性や普遍性を再構築する試みであると論じている。

33 　甲南大学教職教育センター主催による「児玉善仁先生を偲ぶ会」(2015年12月12日（土）) 資料による。資料を送ってくださった木戸裕氏に感謝申し上げます。

34 　先生がご存命であれば今頃何を研究されているだろうか。私には先生に研究し、また、議論してほしかった課題がある。一つは、差別の系譜に連なる「技術」の大学化についてである。技術は、医術のように手技として差別され、おそらくそれが理由の一つとなって、長く西洋大学には取り入れられることはなかった。同じく差別の系譜にあった医学の大学化と医学部誕生のダイナミズムを解明された先生はどんな考えを持っていたのだろうか。もう一つはアメリカの大学との比較研究についてである。ヨーロッパの伝統は「意外に」アメリカに移植されていると私は感じている。たとえば、バカラリウスによる授業は大学院でのTAの授業である。大学の「移動」の伝統も残る。中世大学は、その初期では「人の組織」であったから移動ができたと先生は言うが、今日でもそれはアメリカの研究大学において可能である。教師は大学院生を連れて、研究グループごと移動する。設備や実験室なる「もの」があっても関係がない。組織ではなく人を支援するアメリカの大学では、それは移動先の大学が用意してくれるからである。これは結局大学の移動であり、名前と地理的場所は変わらないが新たな大学の誕生と同じとみなすことができる。こう考えることができるのも先生の学恩に違いないと思う。これまでの先生のご指導とご厚誼に対して心から感謝したい。

《児玉善仁教授 略歴》

学　歴

昭和45年4月　広島大学教育学部教育学科入学
昭和49年3月　同上 卒業
昭和49年4月　広島大学大学院教育学研究科教育学専攻 博士前期課程 入学
昭和51年3月　同上 修了（教育学修士）
昭和51年4月　広島大学大学院教育学研究科教育学専攻 博士後期課程 入学
昭和52年3月　イタリア・ペルージャ外国人大学留学（昭和53年3月まで）
昭和54年3月　広島大学大学院教育学研究科教育学専攻 博士後期課程 単位取得満期退学
平成17年3月　博士（教育学）（広島大学）学位取得

職　歴

昭和54年4月　広島大学教育学部 助手
昭和56年4月　帝京大学文学部教育学科 講師
昭和63年4月　帝京大学文学部教育学科 助教授
平成2年9月　アニェッリ研究財団招聘教授（ボローニャ大学で研究 平成3年3月まで）
平成13年4月　帝京大学理工学部教職課程 教授
平成13年4月　帝京大学大学院国際文化研究科 教授（兼担）
平成24年4月　帝京大学 名誉教授
平成24年4月　甲南大学文学部 教授
　トキワ松女子短期大学, 明治大学, 京都大学, 広島大学, 東洋英和女学院大学, 立教大学, 星美学園短期大学で非常勤講師

所属学会

日本教育学会, 教育史学会, 日本イタリア学会, 大学史研究会

《児玉善仁教授 業績一覧》

著　書

1 『ヴェネツィアの放浪教師――中世都市と学校の誕生』平凡社、1993年。
2 『〈病気〉の誕生――近代医療の起源』平凡社、1998年。
3 寺﨑昌男、別府昭郎、中野実、児玉善仁他『大学4史をつくる』東信堂、1999年。
4 児玉善仁、別府昭郎、川島啓二他『大学の指導法』東信堂、2004年。
5 『イタリアの中世大学――その成立と変容』名古屋大学出版会、2007年。
6 竹中克行、山辺規子、周藤芳幸編『地中海ヨーロッパ（世界地理講座7）』朝倉

書店、2010年。
7 児玉善仁、玉井崇夫、別府昭郎他『〈大学〉再考』知泉書館、2011年。
〈翻訳・教科書〉
8 『教育概説』そしえて、1988年。
9 『中世イタリアの大学生活』平凡社、1990年。
10 『西洋教育史』福村出版、1994年。
11 『教育論文・報告書の書き方』教育出版、1996年。

論 文

1 「中世イタリアにおける Licentia docendi について ── G. Manacorda の見解を中心に ──」『中国四国教育学会 教育学研究紀要』第21号、1976年。
2 「イタリア・ルネッサンス期教育史研究序説 ── 世俗学校の出現 ──」広島大学教育学部 修士論文、1976年。
3 「Studium generale の概念 ── その普遍性と法的基盤をめぐって ──」『イタリア学会誌』第25号、1977年。
4 「教養諸科・医科大学団及び教師団の分離・独立 ── 13・14世紀のパドヴァ大学 ──」『広島大学教育学研究科 博士課程論文集』第4巻、1978年。
5 「13・14世紀のパドヴァ大学における学生・教師数 ── 出身地・科目・称号別調査 ──」『中国四国教育学会 教育学研究紀要』第24号、1979年。
6 「パドヴァ大学の国際的性格 ── 15世紀前半までの外国人学生・教師 ──」『広島大学教育学部紀要』第1部第28号、1979年。
7 「中世ヴェネツィア市民の教育要求」『中国四国教育学会 教育学研究紀要』第25号、1980年。
8 「医学教師の収入に関する一考察」『中国四国教育学会 教育学研究紀要』第26号、1981年。
9 「15世紀ヴェネツィアにおけるパドヴァ大学の社会的機能に関する一考察」『帝京大学文学部紀要（教育学）』第7号、1982年。
10 「ヒューマニスト教師研究の方向をめぐって」『帝京大学文学部紀要（教育学）』第8号、1983年。
11 「中世大学「医学部」の組織・権能 ── パドヴァの場合 ──」『帝京大学文学部紀要（教育学）』第10号、1985年。
12 「中世都市における学校教師の家族と生活」『帝京大学文学部紀要（教育学）』第11号、1986年。

13 「学校教師の地理的流動―― 15世紀ヴェネツィアの場合――」『イタリア学会誌』第36号、1986年。
14 「教育学科の略史と現状――私立大学を中心に――」『帝京大学文学部紀要（教育学）』第12号、1987年。
15 「西洋における医学学位制度の成立――（1）医学学位の法制的基盤――」『帝京大学文学部紀要（教育学）』第13号、1988年。
16 「世界最初の大学――ボローニャ大学――の成立」『中世イタリアの大学生活』平凡社、1990年。
17 「中世イタリアの医師と治療費（上）（下）」『月刊百科』11月号 12月号、平凡社、1990年。
18 「ボローニャ大学の起源をめぐって――学説史の展開と課題――」『帝京大学文学部紀要（教育学）』第16号、1991年。
19 「私学教員養成における学生の指向性と実態に関する研究（1）」『帝京大学文学部紀要（教育学）』第17号、1992年。
20 「ボローニャにおける大学史研究の現状」『大学史研究』8号、大学史研究会、1992年。
21 「私学教員養成における学生の指向性と実態に関する研究（2）」『帝京大学文学部紀要（教育学）』第18号、1993年。
22 「西洋における医学学位制度の成立――（2）医学学位制度の構造――」『帝京大学文学部紀要（教育学）』第18号、1993年。
23 「西洋中世の医術と算術――診療報酬への道程（1)-(6）――」『月刊保険診療』第48巻第1-3, 6-8号、医学通信社、1993年。
24 「西洋における医学学位制度の成立――（3-1）イタリアにおける医師組合と「医学部」――」『帝京大学文学部紀要（教育学）』19号、1994年。
25 「私学教員養成における学生の指向性と実態に関する研究（3）」『帝京大学文学部紀要（教育学）』第19号、1994年。
26 「中世大学における医学の制度化――イタリアを中心に――」『帝京大学文学部紀要（教育学）』第20号、1995年。
27 「私学教員養成における学生の指向性と実態に関する研究（4）――教育実習前後の学生の変化を中心に――」『帝京大学文学部紀要（教育学）』第20号、1995年。
28 「私学教員養成における学生の指向性と実態に関する研究（5）―― 4年次最終アンケート結果――」『帝京大学文学部紀要（教育学）』第21号、1996年。
29 「中世大学の成立と都市――対立か共生か――」福岡都市科学研究所『都市科

学』V. 38、1998 年。
30 「私学教員養成における学生の指向性と実態に関する研究 (6) ──卒業後追跡調査の検討──」『帝京大学文学部紀要 (教育学)』第 24 号、1999 年。
31 「最古の「法人」大学と契約」『大人と子供の関係史』第四論集 大人と子供の関係史研究会、2001 年。
32 「中世大学における公共性の転換構造──ボローニャとパリの試験制度──」『大学史研究』第 20 号 大学史研究会、2004 年。
33 「イタリア中世大学から学ぶもの──日本の大学改革への示唆──」「星美学園短期大学日伊総合研究所報』第 2 号、2006 年。
34 「教育の課題」『地中海ヨーロッパ』(世界地理講座 7)、朝倉書店、2010 年。
35 「歴史から見るイタリアの都市」『星美学園短期大学日伊総合研究所報』第 7 号、2011 年。
36 「イタリアにおける大学教授の資格と任用」『諸外国の大学教授職の資格制度に関する実態調査報告書』2011 年。
37 「「教育関係」の契約論的考察──その法社会学的 哲学的基盤──」『甲南大学教職教育センター年報・研究報告書』2012 年度、2013 年。

総説・解説記事

1 「世界の大学改革 ──伝統と革新をめぐって──」『大学史研究』第 24 号、2010 年。

その他 (刊行されたもの)

1 『平凡社大百科事典』平凡社、1984 年。
2 "Studies on the history of universities in Japan" UNIVERSITAS No.2, International Centre for the History of Universities and Science, Univ. of Bologna, 1992.
3 『マイペディア』(CD-ROM 版) 日立デジタル平凡社、1997 年。
4 「イタリア人の地理認識と歴史認識」イタリア書房『イタリア図書』第 22 号、1999 年。
5 「拙著『〈病気〉の誕生』の書評に対する反論」『教育学研究』第 66 巻第 3 号、日本教育学会、1999 年。
6 『イタリア・ルネサンス辞典』東信堂、2003 年。
7 「世界の大学改革──伝統と革新──をめぐって」『大学史研究』第 24 号、大学史研究会、2010 年。
8 「第 11 回公開講演会 中世イタリアの大学と教養」『星美学園短期大学日伊総合研究所報』第 11 号、2015 年。

〈追想〉児玉善仁先生の思い出

山辺　規子
（奈良女子大学）

　児玉先生は、私にとって、なによりも日本において中世イタリアの高等教育と真正面から向き合った希有の研究者である。もちろん、これまでも大学の誕生に関してすばらしい研究はあった。海外の大学史の研究書の翻訳は、大学という高等教育機関の理解につながっていた。特にパリ大学については、日本人研究者がレベルの高い研究論文を世に送り出していた。しかし、大学が社会で果たしている役割を考えるとき、中世イタリアの大学は法学や医学などで先進的な役割を果たしたにもかかわらず、ルネサンスの人文主義があまりにも魅力に満ちているために、古く硬直化した教育機関とみなされがちで、大学は注目されてこなかったように思う。

　私は、イタリア中世史の研究のためにボローニャ大学に留学した。研究しようとしたのは別のテーマであったが、ボローニャに留学したことには大学の誕生への関心につながった。その時に中世イタリアの大学関係でおもしろいと思った本が、児玉先生が翻訳されることになるグイド・ザッカニーニの『中世イタリアの大学生活』（平凡社、1990年）であった。この本が、私が児玉善仁という名前を知るきっかけとなった本であった。

　児玉先生は、ルネサンス時代の学校を取り扱った『ヴェネツィアの放浪教師──中世都市と学校の誕生──』（平凡社 1993年）、なかなか教育面から研究されることがない中世ヨーロッパの医学に関する『〈病気〉の誕生──近代医療の起源──』（平凡社選書 1998年）と、幅広くイタリアの教育について研究を発表されたが、先生の研究の金字塔というべき本は、『イタリアの中世大学──その成立と変容』（名古屋大学出版会、2007年）である。この本は、

ボローニャ大学とパドヴァ大学を中心に、国際的な性格を持つ諸研究を踏まえ、さらに時代の流れのなかに大学関係史料を位置づける実証的研究である。学位がもつ普遍性と地方性の問題、法学・医学と性格が異なる学問分野での大学教育体制の発展のありかたまで論じられている。

　本書は、中世大学を考える際に、第一に参照されるべき研究書であることはいうまでもない。私は、この本の書評を書かせていただく[1]とともに、先生をお招きして書評会を開催した。私自身の書評は多少ひねくれていて先生には何度も「通説とは異なる」と言わせてしまったが、それは先生がまさに王道の大学史をまとめられたからにほかならない。中世イタリアの大学について意見を交わすという機会がなかった私にとって心に残る機会であった。

　この後にも、児玉先生には『地中海ヨーロッパ』でお世話になった。この本は、「朝倉世界地理講座──大地と人間の物語──」のシリーズの一冊である。通常世界地理のシリーズでは「地中海ヨーロッパ」という区切りが設定されることはほとんどない。しかし、このシリーズでは、古典古代地中海世界の流れを汲む地中海世界を対象とする巻を入れることが計画され、歴史学を専門とする私も編者の一人として名を連ねることになった。その結果、普通の地理講座にはない歴史文化的色彩の強い一冊となった。児玉先生には教育の項目を書いていただいた[2]。先生は、「教育の課題──『ソクラテス』から『ソクラテス』へ」というタイトルに象徴されるように、古代からの教育史と現在のEUのなかでのありかたまで、広く長いスパンでそれでいて簡潔に書いてくださった。さすが、である。地理の本の教育の記述となると、現在の教育についてデータを示すだけということも多いなか、本書の特色を示す項目の一つになったことを感謝している。

　2012年、児玉先生は帝京大学を退職されて甲南大学教授となられた。せっかく関西にいらしたのだからと関西イタリア史研究会にお誘いしたところ、すぐにおいでくださった。「こちらの暮らしはどうですか」とおたずねすると、「神戸の中心地（旧居留地）に住んでいて、こちらの生活も実に楽しい」とおっしゃっておられた。「少し落ちつかれたら、ぜひ研究会で話してほしい」とお願いしたのにも、微笑みながらうなずいてくださった。実は、

児玉先生の妹さんが、大学の教養時代の私の同級生であることがわかり、言いしれぬ縁を感じたのも、関西にいらしてからのことである。

ところが、その後、ガンがみつかった。しばらくは無理だという連絡があった。それでも、甲南大学でも精力的に仕事に取り組まれ、少し体調が戻ったときには研究会にもおいでくださっていたので、先生のお話がうかがえるのを楽しみにしていた。先生ご自身も「もう少し元気になったらやるから」という意欲をみせてくださった。しかし、それはかなわなかった。

もし、先生が発表をしてくださったら、どんな発表だったのだろう。ボローニャで、中世後期の大学教員の給与の都市財務史料をみながら、思いをはせる。先生がいらしたら、どんなふうにこの史料を解釈されただろうか。きっと先生にしかできないコメントをしてくださったことだろう。現在、中世イタリア史についていえば多くのすばらしい研究者がいるのだが、魅力的なルネサンス研究に比べると、中世イタリアの大学研究はあいかわらず寂しい。まことに貴重な研究者が失われた。

児玉先生のご冥福をお祈りするとともに、先生の遺志を継ぐ若手の研究者が出てくることを期待したい。

注

1 拙稿「書評；児玉善仁著『イタリアの中世大学―その成立と変容―』」『西洋史学』第230号、2008年、67-69頁。
2 「教育の課題―「ソクラテス」から「ソクラテス」へ」『地中海ヨーロッパ』(竹中克行・山辺規子・周藤芳幸編)、朝倉書店、2010年、403-410頁。

特集2

私の大学史研究・半世紀を振り返って
―― 追い続けたもの・更に先へ ――

[趣　旨]

自著を語る　　　　　　　　　　　　　　　　　　　　別府　昭郎

大学史研究をめぐる私の旅　　　　　　　　　　　　　安原　義仁

■特集2　私の大学史研究・半世紀を振り返って
　　　——追い続けたもの・更に先へ——

［趣　旨］

　この「特集2」は、今日にいたる「大学史研究会」の経緯において、いわゆる"四人組"の先生方（故・横尾壮英氏、故・中山茂氏、故・皆川卓三氏、寺﨑昌男氏）が発起された「科研費ベース」の研究会から、「（ミニ学会的な）会費ベース」の研究会に移行した際の中心的メンバーで、ここ数年の間に70歳前後で勤務先の大学を定年退職され、かつ精力的に大学史研究の成果を世に問い続けている会員に、これまでのご自身の研究活動の現時点での総括を通じて、大学史研究の'意義'や'課題'を、あまり堅苦しくない形で伝えていただく、という企画である。

　また、それぞれの長年の大学史研究の蓄積を踏まえての、現会員への問題提起に留まらず、これから現れることを期待したい大学史研究の後継者への呼びかけというスタンスも含めて、'熱く'語っていただきたいという趣旨も含めている。

　今回の寄稿者の別府昭郎会員と安原義仁会員は、それぞれの本文にもあるように、広島大学教育学部の西洋教育史研究室において、1960年代後半から70年代半ばの時期に、学部生及び大学院生として、横尾壮英教授の薫陶を受けたというのわば'兄弟弟子'である。

　この時期の横尾先生は、我が国の大学史研究にとって不朽の貢献である、あのH.ラシュドールの大著の偉大な訳業『大学の起源——ヨーロッパ中世大学史』の最終段階を経て、ついに刊行にこぎ着けられ、西欧大学史研究の代表的存在としての地歩を固められつつあった。そのような師のもとでの研鑽が、二人のその後の研究活動の原動力となったことは言うまでもなかろう。

　一方で、研究室を巣立った二人のその後の異なったキャリアや、選んだ研究対象の地域や時代の違いも相まって、それぞれ独自の'学風'を形成されてきたことも興味深い。

（古屋野　素材）

■特集2　私の大学史研究・半世紀を振り返って
　　　──追い続けたもの・更に先へ──

自著を語る

別府　昭郎
（元明治大学教授）

1．大学史研究会と私（そのⅠ）

　大学史研究会は、私にとって、特別な存在意義をもっている。実質的な学問的スタートは大学史研究会であったと言っても過言ではない。院生時代からそこで学問的人間的自己形成をしたからにほかならない。医学者がいた、法学者がいた、法制史家がいた、科学史家がいた、教育学者がいた。だから「大学史研究会」は、私にとっては、連合大学院みたいな存在であった。私の著作は、最終的責任は私にあるが、大学史研究会が別府に書かせたものとも言っても過言ではない。

2．ドイツ大学史三部作

　私にはドイツ大学史にかんする著作が3冊ある。
　①16世紀を軸とした『ドイツにおける大学教授の誕生』（創文社　1998年　以下『誕生』と略記）
　②18世紀を中心とした『近代大学の揺籃〜18世紀ドイツ大学史研究ー』（知泉書館 2014年　以下『揺籃』と略記）
　③近代大学の成立から、19世紀から20世紀にかけての哲学部の分裂、1960年代後半の世界的学生騒乱を経て「大学大綱法」、そしてEU（ヨーロッパ連合）の結成をへて「現代の大学」へと改革の系譜を跡づけた『大学改革の系譜〜近代大学から現代大学へ』（東信堂　2016年　以下『系

譜』と略記)

　これら3冊をドイツ大学史三部作と位置づけている。それらを個々に語ることにしよう。

　まず年代順に『ドイツにおける大学教授の誕生』から語ることにする。

(1)『誕生』

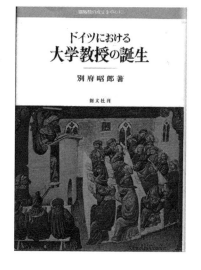

　本書のねらいは3つあった。その1は、ドイツにおいて正教授がいかなる過程をへて成立し、どのような随伴現象を引き起こしたのか、その2は、正教授職の成立およびその随伴現象は、いかなる歴史的影響をその後のドイツ大学に与えたのか、その3は、これらの考察を基礎として、中世から現代に至るまでのドイツ大学の歴史を統一ある全体として把握する視点を獲得すること、これらの3つである。このような問題設定のもとに、ドイツの大学教授職の本質に迫ろうとしたのであった。

　本書は、以下に述べるように、「書評」に恵まれた。

　まず『大学史研究』(第14号　1999年3月)では、岩田弘三氏(当時武蔵野大学教授)と望田幸男氏(当時同志社大学教授)との2人の書評が同時にでた。岩田氏は「この本は、(中略)大学史研究会が生んだ金字塔の一つであり、われわれが範としなければならない成果であることだけは、確かである。」と書いてくれている。望田幸男氏は、内容紹介・書評は他所で多数されるであろうから、「本書によせて読後感的な『私評』を綴らせてもら」うとして、幾つかの個人的な感想を述べている。

　増井三夫氏(当時上越教育大学)は『教育学研究』誌(第66巻第2号　1999年6月)で、「研究史と第一次資料が極めて制約されているにもかかわらず、16世紀以降のドイツの大学史を大学の内部機構から構築した貴重な成果で

ある。さらに本書は近代的知と学の制度史でもあり、この分野の今後の発展にとっても重要な一書となるものであろう。」とコメントされた。

『歴史学研究』(青木書店　No.725　1999年7月) では寺田光雄氏の書評が取り上げられた。本会会員の吉村日出東氏は「反論を書くほど悪い書評ではない」と言ってくれたが、私は中世から現在に至るまで「大学の組織構造は、いくつかの点で多少の変化をした。しかし、基本的には同一性を保持しつつ今日に至っている。」と本書で述べ、大局的見地から同一性（大学評議会、学部の会議、学長、学部長、講座など）の追求へと向かった。しかし、氏は「いくつかの点で多少の変化」の方に拘泥し、シェルスキーなどを援用し、学問の細かな変遷を言い立ててきた。私は、大局的な歴史観がないと判断したので、それを正す意味で反論を書いた（No.730　1999年11月）。氏は、われわれがやっている研究会のメンバーだったが、反論以降来なくなった。これは事実である。自分が正しいと確信しておれば、堂々と私と論争すればいいではないか。

明治大学文学部の日本史の大家木村礎先生からは、「反論なんか書くものではない。書評で取り上げられるだけで、その本の価値はあるのだから、反論は書くべきではない。僕は書いたことがない。」とアドバイスを受けた。それ以来、木村先生のアドバイスを受け容れ、言いたいことや誤解があっても、私は反論を書かないようにしている。

日本ドイツ学会の紀要『ドイツ研究』(第27号　1998年1月) でも書評として取り上げてくれた。評者は三輪健二氏である。氏は「著者は、文学・エッセイの愛好者であり、しかもひょっとして、ドイツ文学以外の文学書をも好んで読まれているのではないか」と書いてくれた。嬉しい想像をしてくれるものだと思った。

広島大学の「大学教育研究センター」の紀要『大学論集』(第29集　1999年3月) では今井重孝氏が書評を担当している。氏は、「ドイツにも、大学教師の職階制の成立史に本格的に論究した先行研究はない、と言われる中で、本書をまとめるのは、大変な労力いったものと推察される」と私の労力に共感を示された上で、「『矛盾する契機の相互規定生』が大学の在り方を根底から

条件づけているというのは、余りにも当然すぎる結論のようにも思われる。」と書いておられる。これを読んで私は、「過去のことは研究してみなくては分からないではないか。現在の事象で過去の事象を類推するな。歴史感覚を疑う。」と思った。

『カレッジ・マネジメント』91号（1998年7月）誌では、喜多村和之氏（故人　当時国立教育研究所・教育政策研究部長）は、高等教育にかんする最近の文献紹介のなかで、本書を取り上げ、「戦前期日本の大学教授の原型とも言われるドイツの大学教授を丹念にたどった力作」と書いておられる。

桃山学院大学の紀要『国際文化論集』（第18号　1998年9月）でも、坂昌樹氏が書評「啓蒙の『学識』と『公・私』のヤヌス」のなかで取り上げている。これは、西村稔氏の『文士と官僚―ドイツ教養官僚の淵源―』（木鐸社　1998年）を中心として取り上げているが、『誕生』にも深く言及している。

創文社の雑誌『創文』（No.401　1998年8月）では、いい意味で意外であったが、京都大学法学部の教授であった上山安敏氏（西洋法制史）の書評が載った。私は院生時代氏の著書『法社会史』（みすず書房1966年11月）で勉強した経験があったから、「意外」だったとともに嬉しく思った。氏は、ありがたいことに、「構成がしっかりしており、その構成と概要が前もって纏められている。そのことがモチーフの一貫性とともにこの本の特色になっている。」と書いてくださっている。

『史学雑誌』（第108巻5　1999年5月）でも「1998年の歴史学界―回顧と展望―」で本書が挙げられ、「各大学史から素材を集めて宗教改革期を中心として『正教授職』が成立した過程を跡づけた研究であり、この過程は学位を基本とした学内秩序から職階に基づく少数者支配への転換を意味するものとしてとらえられている。」と的確に私の意図を捉えてくれている。

私信では、明治大学文学部の阪東宏教授（当時西洋史専攻）と大類京子さん（当時大学院生）からも懇切丁寧な書評をいただいた。とくに坂東先生はポーランド史の大家として、尊敬に値する学者であった。

博士号も『誕生』で取得した。原題は『ドイツにおける大学教師の職階制成立史研究』であったが、編集者との話し合いで『ドイツにおける大学教授

の誕生』になった。『誕生』が出版されてすぐ、院生時代から『大学史研究会』や「立教のゼミ」で御世話になっている寺﨑昌男先生の住居の白楽駅近くの喫茶店で、「できました。」と言って渡した。そして博士号をとることを勧められた。それまでにも有本章先生から「博士学位を持っていないと一人前ではない」とよく言われていた。紆余曲折はあったが、結局知り合いの教育哲学講座の小笠原道雄教授が私の「ドクトル・フアター」になってくださることになった。広島ガーデンパレスでお会いして、主査は小笠原道雄教授（博士号保持者）、副査は有本章教授（博士号保持者）ほか2名である。テーマは、『誕生』の原題の『ドイツにおける大学教師の職階制成立史研究』であった。

『日本の教育史学』（第56集 2015年）で『揺籃』を書評した藤井基貴氏（静岡大学 本会会員）は「前書『ドイツにおける大学教授の誕生』（創文社、1998年）は、16世紀における大学教授の「職階制」の形成過程に焦点をあてて、中世から近代に向かう大学史像を実証的に描き出した労作であり、ドイツ大学史に関心を持つものにとって必読文献となった。」と評価をしてくださっている。

(2) 『揺籃』

本書は、3つの部と終章から成り立っている。

第Ⅰ部　理論的前提
第Ⅱ部　個別大学史的考察
第Ⅲ部　総括的考察
終章　　近代大学とは何か

歴史の豊かさを減殺しないで、大学史を描くことは至難の技であるが、次のような問題意識・観点を設定して、18世紀のドイツ大学像を描き出すことで可能かと考え、9個の問題を設定した。

①大学史を軸にして、どのような時代区分が可能か。
②どのような大学が18世紀に創設されたか。そして、その特徴はなにか。
③18世紀大学ではどういう学問が教えられたか。この問題は、これまでとは異なった、どのような新しい学問が出てきたか、また、どのような旧い学問が教えられたか、という問いも含む。
④18世紀のドイツ大学はどのような意思決定機関（学長、評議会、学部長、学部教授会など）をもっていたか。
⑤大学教師には、どのような資質が求められていたか。
⑥18世紀の大学は、いかなる教育目標をもっていたか。
⑦18世紀には、どのような大学論が展開されたか。
⑧近代大学とはなにか。
⑨大学はいかなる方策をもってサバイバルしてきたか。

　これらの問題設定に対して、可能な限りそれぞれに回答を与えたのが本書である。

　本書に対しては、私が知る限り、『教育学研究』、『日本の教育史学』、『大学史研究』の3誌が書評で取り上げてくれたほか、数名の方々から私信をいただいた。

　『教育学研究』（第82巻第2号　2015年6月）で広島女学院大学教授の松浦正博氏が書評で取り上げてくれた。氏は「実に、見事な18世紀ドイツ大学全体の鳥瞰図である」と褒め称えた上で「私講師の認定には領邦国家からの統制という要因のほうがより強力に働いたのではないか。」と疑問を呈しておられるので、私は最初はそういう説のドイツ大学史の本があるのかと思ったが、そうではなくて、私の書き方がまずくてそういう誤解を生んだらしい。私講師が自然発生的でないカトリックの領邦では初期に国家の承認を必要としたけれども、ドイツ大学の全体的トレンドは、自治団体としての大学のもとに置かれたのである。そうでなければ、19世紀の終わりに「私講師処分法」（通称アロンス法）が出来るのは論理的矛盾になってしまう。

　最後に松浦氏は「本書と前書の二書をふまえて、今後、著者が18世紀以後のドイツ大学をどのようにとらえ、描かれるのか期待しつつ待ちたいと思

う。」と書いておられるが、「18世紀以後のドイツ大学をどのようにとらえ、描かれるのか」という問題を設定しておられる。その問題への私なりの答案が『系譜』のつもりである。

『日本の教育史学』(第58集　2015年) では、前述の静岡大学の藤井基貴氏が書評の労を執られている。氏は、「本書では、教会権力と密接な関係にあった宗派大学が領邦国家の管理統制下に組み込まれていく18世紀を対象として、大学組織の細部に入り込んだ歴史的事実の解明を進めており、その精緻かつ広範な分析は「大学の近代化」の内実を鮮やかに浮かび上がらせている。(中略) 本書の研究成果は、大学（史）研究にとどまらず、すでに近代思想研究の領域でも参照されており、新たな知の基盤を提供している。」と私の研究意図を的確に把握していてくれている。

さらに、「本書は近代大学が持つべき指標を丁寧に抽出しつつ、これをさらに裏付け、発展させるための学際的な領域として後進に研究への扉を広げてくれた。本書に示された著者の実証的かつ禁欲的な歴史叙述が、知の豊かな共同作業を生み出すプラットフォームを我々に用意してくれていることは確かである。」と教育学を含む他の学問領域のベースになることも期待してくれている。

『大学史研究』(第26号　2017年12月) では木戸裕氏が拙編著『大学再考』とともに氏の人間味溢れる論評をしてくれている。『大学再考』は、私の編著ではあるが、寺﨑昌男名誉会員、児玉善仁会員（故人）、玉井崇夫氏（当時明治大学文学部教授）、永田雄三氏（当時明治大学文学部教授）、立川明会員（国際キリスト教大学名誉教授）、吉村日出東会員（埼玉学園大学教授）と、明治大学人文科学研究所から研究資金を獲得して、日本が大学を導入した時期のフランス・イギリス・アメリカ・トルコといった各国の大学の在りようを、比較研究したものである。

ここでは、『揺籃』だけに話を限定して、先に進めよう。

木戸氏は、「大学史を学ぶことの意義と重要性を改めて認識させる書物である。」と本書の意義を認めた上で、「しかし今日の大学に求められているのは、大学によって生み出される「知」が、現代社会のさまざまな枠組み、

諸条件のなかで、どのような意味を有しているかということではなかろうか。換言すれば、「知」の生産を意味付けているその価値について社会に向けて説明できること、そこに大学の存在意義、社会的使命もきせらるのではなかろうか。」と大学の社会的存在意義を問うておられる。

私信では、多くの人々から、評をいただいた。そのなかから幾つかを紹介しょう。

『揺籃』の感想として、明治大学法学部の村上一博教授は「僕もいつかはあのような学問的香りのする学術書を書いてみたい」とメールをくれた。師と仰いでいる寺﨑昌男先生（東京大学名誉教授、本会名誉会員）からは「今回の御文章は大変落ち着いた印象があります。丸山真男の態度との対応も大変面白く、別府さんの別の面を見た思いです。」とハガキがきた。また私の「ドクトル・フアター」である小笠原道雄先生（広島大学名誉教授）からは「大学史研究の先達、皇至道先生の大学史研究、更には現地での体感的な大学史研究の横尾先生を超えた本格的な大学史研究ですね。」とたよりをいただいた。

安井教浩氏（当時長野県立大学教授）からは、「本書を読み通して、古の時代を「大学の自治」「学問の自由」が謳歌された時代として理想化しつつ、現在の大学の在りようを蔑むような態度は、実は根拠のないもので、大学とは、状況こそ異なれ、時代を問わず国家とのせめぎ合いの中で自治や自由を確保しようとしてきた存在なのであって、「大学の自治」や「学問の自由」についても、現代においては現代なりの再定義・再解釈が必要なのであろう、とも考えたりしました。」と書いた長文の手紙が来た。「大学の自治」や「学問の自由」についても、現代なりの再定義・再解釈が必要なのであろうという考えは私の考えとぴったりと一致する。

その上、佛教大学紫野キャンパス教授の野崎敏郎先生からは、「ラントと大学」をはじめとして「哲学部の変容」や「私講師概念」などについての私の研究を評価する丁寧な手紙がきた。「世の中の人に私の大学史を理解してもらおうと公刊するが、それを理解してくれる人が誰一人いなくたって、私はそれに甘んじよう」と私は書いたが、それに対して、「少なくとも一人熱

心な読者がいるということを、ここにお伝えします。」と書いてくれてくれ、私の意図をよく読みとってくれていると心底喜ばせてくれた。

本会のメンバーの早島瑛会員からは、「本書117頁の大臣モンテゲラスは、日本語でモンジェラというので、次版で描き直した方がいい」とアドバイスをいただいた。私は世良晃志郎氏のハインリッヒ・ミッタイスの『ドイツ法制史概説』（創文社　1971年）の翻訳でモンジェラと呼ぶのは知っていたが、モンテゲラス（モンジェラ）はドイツ・バイエルンの政治家であり、ドイツの研究者がモンテゲラスと呼んでいたのを知っていたので、そう書いた。次版では「大臣モンテゲラス（日本ではモンジェラと書かれることが多い）」と書き直そうと思う。

(3)『系譜』

本書『系譜』は3つの部から成り立っている。

第一部は「ドイツにおける近代大学の成立」と題し、4つの章で構成されている。

第二部は「古典的大学の創設と変容」と題し、5つの章で構成されている。

第三部は「大学大綱法施行とボローニャ・プロセスの時代」と題し、4つの章で構成されている。

そして、私が『教育史学会』におけるシンポジストとして発表した2つの論を付論「歴史に学ぶ」として、付けることにした。

私の知る限り、『教育学研究』と『IDE現代の高等教育』に書評が掲載された。『教育学研究』（第85巻第1号　2018年3月）では羽田積男氏（当時日本大学教授　本会会員）が書評をしておられる。羽田氏とは、1974年氏が四国の大洲のセミナーで、スイス出身の学者ブルンチュリ（Bluntschli, Johann Kaspar, 1808-1881）の大学論を発表して以来の知り合いである。それは、『明治前期におけるド

イツ大学観の導入について＝国法汎論の大学史上の意義』として『大学史研究通信』第8号に掲載されている。

　羽田氏は、「本書は、あたかも交響曲のように主題が繰り返され、時代に添って変奏されていく。大学教師、学部、学問分野、学位などの主題は一貫している。これらの主題の変奏を重ねて、近代ドイツ大学から現代ドイツ大学へと改革をすすめる系譜を明らかに奏でてみせた。」と音楽になぞらえて表現している。

　その上、「著者のドイツ大学への敬意とその実証的大学史研究は、わが国のこの分野の研究へ大きく貢献している。本書は、著者の研究の集大成の一冊である。」として、私のドイツ大学史への取り組みと本書の研究史上の位置を評価してくれている。

　『IDE現代の高等教育』(Vol.595　2017年) では研究仲間の長島啓記氏（早稲田大学教授）が書評しておられる。

　氏は、「古典期の大学における講座は「一人一講座」であって、明治期に導入された帝国大学の講座制とは異なることに注意を促している。われわれがドイツの大学をみるときの思い込み・誤解に対する指摘であり、大学の定款や法律、講義録等を渉猟してきた筆者ならではの言である。」と私の研究意図をよく理解してくれている。そして「過去の歴史を踏まえての、これからのドイツの大学の展開に関する知見を期待したい。」と書評を結んでいる。

　『教育史研究の最前線－創立60周年記念』(六花出版　2018年5月) に『系譜』は『揺籃』の「続編である」(207頁) と一言書いてあるのを読んで、ここを書いた人は『系譜』をよく読んだのだろうかと疑問が湧いた。「続編」としか読めないのは、時間的に先行する作品があるから後に続く作品もそうだろうという粗雑な思考に起因するとしか言いようがない。羽田積男氏は「近代大学から現代大学へどのように変遷してきたのかという問題意識のもとに本書を構成」したと的確に捉えている。私は、両作品をそれぞれに異なった問題意識で書いたのである。『系譜』は断じて「続編」ではない。40周年記念誌と『教育史研究の最前線Ⅰ』を書いた経験から言えば、手短な文章で的確に表現しなければならない。同文の載っているパラグラフは字数が十分に

余っているのだから、字数が足りなかったというのは言い訳にならない。木村礎先生のアドバイスを破ることになるが、教育史学会員全員の歴史認識にかかわるから、敢えて言及した。

私信について言えば、対馬達雄氏（秋田大学名誉教授 『誕生』を出版するに際して出版に仲介の労をとってくれた）は、本書277頁の最後のパラグラフにかんして、ドイツでは徴兵制は2011年以降停止されているという重要な事実を指摘してくれた。私は徴兵制の停止までは触れていなかったからである。そして、私が現在のドイツの大学をどう見ているか共に語りたいと申し添えてあった。長島氏の意見と通底していると思った。

東信堂社長の下田勝司氏からは、「最近（中略）薄っぺらなものが多い中でとても本書は叙述が深く、包括的でリアルです。見習うべき本になると思います。」と励ましのメールがきた。編集に従事している人からメールがくるとは珍しいことである。

「あとがき」に「定年退職の時期に会わせて出版しようと思っていたが、諸般の事情で退職後の出版になってしまった」と書いたが、明治大学教職課程で同僚教授であった高野和子さんは「定年退職の後で出版したことが良かったのではないか」と言われた。退職の後も「大学史」の勉強をすると宣言していたから、その事実を内外に示す意味があると考えられたのだろう。

私自身が、間違いではないが、書きすぎだと思った箇所（本書314頁）もある。農業は総合大学（Universität）には入っていないと書いた箇所である。ベルリンやボン、ギーセンの大学は農学部や獣医学部を置いている（本書206-207頁の表参照）。リービッヒ（Liebig, Justus Freiherr von）の化学実験室では農薬や化学肥料も作られた。ハーバー（Haber, Fritz）博士は、のちにナチが、その毒ガスからチクロンBを作り出し、同輩が後に大量に殺されることになるとも知らずに、第一次世界大戦中に毒ガスを作った。したがって、農学が総合大学（Universität）に入ってきた歴史的理由は、確定的なことは言えないが、農学と化学とは近い関係・親和的であると考えられていたのではないか。

さて、ここでこれまで述べてきた書評（私信を除く）と反論の掲載誌と出版社を分かりやすくするために、一覧表にして示しておこう。

書評者氏名	対象	書評紀要・雑誌	発行年	発行所
喜多村和之	誕生	カレッジマネジメント91	1998年7月	リクルート
上山安敏	誕生	創文 No.401	1998年8月	創文社
三輪健二	誕生	ドイツ研究 No.27	1999年1月	日本ドイツ学会
岩田弘三	誕生	大学史研究 14号	1999年3月	大学史研究会
望田幸男	誕生	大学史研究 14号	1999年3月	大学史研究会
今井重孝	誕生	大学論集 29集	1999年3月	大学教育研究センター
増井三夫	誕生	教育学研究 66巻2号	1999年5月	日本教育学会
大内宏一	誕生	史学雑誌 108編5号	1999年5月	東京大学文学部内「史学会」
寺田光雄	誕生	歴史学研究 No.725	1999年7月	青木書店
坂 昌樹	誕生	国際文化論集 18号	1999年7月	桃山学院大学
別府昭郎	誕生書評への反論	歴史学研究 No.730	1999年11月	青木書店
松浦正博	揺籃	教育学研究 82巻2号	2015年6月	日本教育学会
藤井基貴	揺籃	日本の教育史学 56集	2015年10月	教育史学会
木戸 裕	揺籃	大学史研究 26号	2017年12月	大学史研究会
長島啓記	系譜Vol.595	IDE 高等教育研究	2017年11月	民主教育協会
羽田積男	系譜	教育学研究 85巻1号	2018年3月	日本教育学会
松浦良充	揺籃・系譜	教育研究の最前線 Ⅱ	2018年11月	教育史学会

3．3書を貫く方法論上の問題

①事実を基にしてものを言うという考えを徹底して実行した。私は歴史的事実を調べて書く研究者でありたいと思った。事実無しでは歴史は書くことはできない。しかし事実を並べ立てただけの素朴実証主義でも歴史は書けない。それに陥らないように、私自身の価値観・歴史を見る目の形成に努めた。しかも、形成に努めながら、私の価値観が生の形で表面に出ないように叙述した。歴史的事実と価値判断の区別である。これらのことは、歴史学では常識であろう。

このように事実を基にしていくという考えを貫くと、「日本書紀」や「古事記」は、歴史学的に事実として実証されていない叙述を多く含んでいるので、歴史で教えるべきでなく、文学あるいは神話であつかうべきものであると思う。教育勅語も、歴史上実証されないことが書いてあるから、個人の精神や行動を律する規範にするのは教育上問題がある。

学問の対象は万人に開かれていなければならない。歴史学は正確なデータや史（資）料を考察の基礎材料とする。だから公文書の改竄や資料隠しは最大の敵となる。
　どうしても推測で書かざるをえないばあいは、それと分かるように、「推測だが」、「私の個人的考えだが」と断って書くようにしている。
　②いづれ本に纏めようと個別の論文を書いていたのではないが、一つ一つの個別論文の段階でも科学的合理性を基礎とする知識の「生成」と「伝達」ということを第一の目的として書いた。
　科学的な主張は、「事実や実験データ、観察データに基づいてものを言う」、「事実、実験データ、観察データを基にして解釈・知見を組み立てる」ということに立脚している。大学史学も例外ではない。主張が、事実やデータに立脚していなければ、合理的、科学的とは言えない。論文の構成は、自然科学の領域であっても、社会科学の領域であっても、全体の構造は、ほぼ同じと考えてよい。
　たいていの論文では、自然科学・社会科学・人文科学を問わず、どの領域でもまず冒頭に「問題の設定」、次いで「研究方法」、第三に「研究結果」、第四に「考察・議論」、第五に「結論」を置く（（田中潔『実用的な科学論文の書き方』裳華房　1996年3月　追補第6版3刷、11〜14頁）。そこで、私は私なりに工夫をして、第一に問題の性質、問題の範囲、研究の意義、動機などや研究方法を述べた。第二に「設定した問題を得られた歴史史料やデータ、事実で解く段階」になる。このばあい、自分にとってやりやすい問題からはいった。問題を解いている途中でも、データが足りないと感じたら、文書館を再訪したり本を読んだりして、史（資）料を補った。通常一つの問題に一つの章をあてたが、問題が多ければ、章の数はおおくなった。そして最後に第四として「結論」とか「おわりに」を持ってきた。設定した問題への回答や研究結果の考察・検討、考察の結果得ることのできたことを盛り込んだ。それらは普遍的な性格を持っている必要があると思う。
　もっとも、最近では、英語論文の影響もあって、論文の文頭（緒言や問題の設定）の前に「最も言いたいこと」置かれることが多い。この論文が何を

言わんとしているのかが、真っ先に分かる仕掛けになっているのである。判決でいえば、主文である。主文で有罪か無罪かがわかる構成になっているのである。

こうして、個々の論文を書いていった。

③論文を書くとき、「先行研究」の研究は徹底的におこなった。論文は、随筆でもなく、他人がやったことの後追いでもなく、習作でもなく、誰もやっていないことを研究するものだからである。だから「どういうことを、どこまでやってあるか」をあらかじめ知っておくことは、不可欠である。先行研究をやっていない論文は研究とは呼べない（ばあいが多い）。

先行研究を徹底的にやると「よい問」ができる。「よい問」は「よい答え」に勝る、である。しかし「よい問」ができても、史料・データがないと問題を解くことができない。

④個々に書いた論文を一冊の本に纏めるとき、それらを貫き一冊の本に纏められる太い歴史論理が必要である。3冊とも、かつて書いた論文を換骨奪胎した部分と書き下ろした部分から成っている。旧論文を換骨奪胎した部分と書き下ろした部分をどういう論理でつなぐかに頭を悩ませた。腕の見せ所だとも思った。今でも覚えていることだが、たとえば、一番頭を悩ませたのは、『誕生』の終章「ドイツ大学の歴史的性格—「公」と「私」のアスペクトから」であった。これは広島大学大学教育研究センターの紀要『大学論集』に書いたもので、私なりに捨てがたく思っていたので、何とか組み込みたいと思っていた。一時期本に採用することをあきらめたこともあったが、結局纏めの意味で終章に組み込み、全体の座りもよくなった（と思う）。

⑤「概念」は出来うる限り既存の歴史学や大学史からとった。どうしてもないばあいには、自分で作らざるを得なかったが、そのばあいも事実を基に作成した。事実から離れないように勉めた。

⑥「個別の大学で当てはまる個別的真理は全てのドイツの大学で当てはまるか」という問題にも直面した。特に「哲学部の分裂」、「ハビリタツィオンの導入」、「ラテン語からドイツ語へ」という現象には個別大学ごとに時間的差異があって、頭を悩ました。時系列で考えれば、いずれ、全てのドイツの

大学で起こる現象であるから、時系列に沿って歴史的事実を並べて考えていく考え方をとらざるをえなかった。

⑦また、表現上の工夫としては、読者が理解し易いように各部の冒頭部に「解題」を付し、各章の章の要約や私の問題意識などを書いて、読者の理解がしやすいように工夫をした。それが成功しているか否かは読者の判断に待つしかないが、羽田積男氏が評価してくれているから、安心していいのだろう。

4．心構え

①私は意識的にドイツ大学史を「ホーム・グラウンド」にしている。最初からホーム・グラウンドにすることを目指してきたわけではないが、学部・大学院生のときからドイツ大学史に取り組んできたから、自ずとドイツ大学史が「ホーム・グラウンド」になっていった。ホーム・グラウンドとは、自分がよく知っていて、自分の学問的故郷となっている学問領域のこと、困ったとき帰ることの出来る学問領域である。ものを考えるとき、土台になるものである。大学史を含む学問というものは、「ホーム・グラウンド」をもっている個々の人が、次々に受け渡して成り立つのもである。

夏目漱石は18世紀のイギリス小説とジェイン・オースティンをホーム・グラウンドにしていたと言われる。鷗外、石川淳などもそれをもっていたと聞く。私の尊敬する学者丸山真男先生のそれは福沢諭吉だと言われている。

私のばあい、ドイツの大学史を見た目で、日本の大学史や明治大学史を考えている。自分の教授職さえ考えることもある。大学史以外でもNHKの大河ドラマを見るときも、司馬遼太郎の歴史小説を読むときも、ドイツ大学史の事象をバックにして考えている。思い出す興味深い事実がある。明治大学史を互いに勉強しているときのこと、渡辺隆喜先生が「嘉永6年ペリー浦賀に来る」と言われた。すかさず中村雄二郎先生が「嘉永6年は西暦で言うと何年ですか」と聞かれたのである。渡辺先生は日本史がホーム・グラウンドであり、中村先生はフランス哲学がホーム・グラウンドである。両先生とも

自分のホーム・グラウンドで、明治大学にかんする歴史事象を理解されていることがわかった。

　②私は普段は歴史を勉強している。歴史と現代はメダルの両面であり、現代を理解するためには過去を知ることが必要であり、歴史をよく理解するためには現代のことを知らなければならないと考えているが、実際に現代のドイツの大学のことを勉強してみると、歴史とは異なった難しい点があることに気づかされた。歴史と現代は不可分とよく言われるが、本書の第三部では「歴史の方から現代の大学」を見ている。「歴史から現代」を見た景色と「現代から歴史」をみた景色は決定的に違うと思う。よく現代を論じた本や論文で申し訳程度に歴史に触れているのを見かけるが、捉え方が異なっていると思うばあいが多いので、「歴史から現代をみる」べく勉めた。歴史を知らないと、自分が初めて発明した方法だと勘違いして、〇〇メソッドとか〇〇方式とか称している。笑うべきことと言わなければならない。

　③3冊を纏めているとき念頭にあったのは、黒沢明の映画、とくに「隠し砦の三悪人」、「七人の侍」、「用心棒」であった。何故念頭に置いたかというと、黒沢明は、「粘り強い」とか「簡単に妥協しない」とか「心ゆくまで頑張る」とかいう態度で映画を作っており、私も本を作るに当たって、粘り強く、簡単に妥協せず、心ゆくまで頑張ってみたかったからである。しかし妥協してしまった気持ちもあるので、徹することができなかったという自己反省もある。

5．自分で自分の作品にケリをいれる

　傷はいくつかあると思う。一般的に言えば、論文を読むとき、それには何が書いてあるかということはもとより大切であるが、何が書いてないかに留意して読むと収穫が大きい。私の作品には書かれてない重要な領域がある。私の3作品は3つとも『教育学研究』の書評に取り上げられて、学会で一定の評価を受けたとは言え、書いていない領域もたくさんある。例をあげると、領邦の収入にしめる大学予算の割合、領邦全体の官僚制の組織図における大

学教授の位置、大学全体の予算額と使い方、教授の日常生活、授業の具体的な内容、大学評議会や学部教授会での具体的な審議内容、学生の具体的生活（『揺籃』で少し触れられているとは言え）などに触れていないではないか。学生なき大学史と批判されても仕方がない。

　総じて言えば、私の研究は、これまで知られていないことを明らかにしたが、レントゲン写真のようなもので、せいぜい骨格は分かっても、血や肉、精神まではとらえられていない。しかも我が国の大学をどうするかという問題につながってこなければ、研究の意義は奈辺にあるかと問われても仕方がないような気がする。

　これらの問にたいする私の答えもあるが、自分の研究にたいする自己反省だけに留めておこう。

6．カバーと冒頭の引用

　私には本を作るさいに、内容の部分は当然として、別に2つのこだわりがあった。カバーと冒頭の引用である。書評では、当然のことながら、内容に触れられることは多いが、カバーと冒頭の引用に言及されることは少ないので、それらにも筆者の立場から触れておこう。

(1) カバー

　『誕生』と『系譜』のカバーについては、個人的にとくにこだわった。しかし『揺籃』は出版社まかせにしてしまった。デザイナーにすれば言いたいことがあるだろうが、著者の私からすれば何の芸もないカバーである。自分でやるほうがいいと思った。

　①『誕生』については、2つの絵はなにがなんでも使おうと思っていた。カバーの絵と「学者」の絵である。

　まずカバーを見ていただきたい。先生が座っているのがカテドラであって、大学史専門用語の「講座」の語原となった言葉である。一番前に座っている学生は熱心に先生の話を聞いたり、本を見ているが、後ろに座っている学生

子どもが騒いでも、奥さんが艶ごとをしても、研究に余念のない学者
(ハンス・フランクの木版画、1518年)

はお喋りをしたり、眠ったりしている。現代の学生と変わらない、同じだなぁと感慨が湧いてくるのは私だけであろうか。

「研究に余念のない学者」の方は、学者たる者、子どもが騒いでも、奥さんが若い男と色事をしても、かき乱されてはいけない、という姿を示している。学者の理想像であろう。

これら2枚の絵と後述するWortspiel（言葉遊び）はユーモアと受けとった人もいた。そういう受け取り方もあり得るだろう。

② 『系譜』

2009年8月から2010年1月一杯エアフルト大学の"Internationalbegenungszentrum"（国際会館）に住んだ。ここはフンボルト財団の所有で、大学が管理する、外国から招聘された研究者の宿舎であった。1536年に建てられ、かつてエアフルト大学の一部であり、製本を担当する人達がいたと言われている。「巨大なノアの方舟と天使の居城の家」という大仰な名前がついていた。そこに住めたのは、ミュンヘン以来の友人で、エアフルト大学に勤務するハンスケ氏（Peter Hanske、現チューリンゲン州文部省）の尽力によるものである。

住居の近くにエアフルト市の市役所があった。そこのホールに絵が掲げてあった。それが『系譜』のカバーである。エアフルト市の年代記（Chronik）によると、この絵は1876年から1883年にかけて、ペーター・ヤッセン教授

が描いた、エアフルト大学のシンボル的絵である。エアフルト大学が廃止中に描かれたことになる。カバーの左奥から説明すると、教養（哲学）をヘッスス（Helius Eobanus Hessus 1488-1540）で、神学をルター（Martin Luther 1483-1546）が象徴している。右側（本の裏のカバー）は、法学（H.Göde）と医学（A.Ratingk de Bercka）を象徴している。

そのカバーの件で、前述の高野和子さんからは「すてきないい絵です。」という趣旨の好意的私信をいただいた。

(2) 冒頭の引用

『誕生』：引用について言えば、「まえがき」に、ドイツに"Ein ordentlicher Professor hat noch nichts Auerordentliches geleistet, ein außerordentlicher Professor hat noch nichts Ordentliches geleistet."（正教授はいまだ卓越した業績をあげていない教授のことであり、員外教授はいまだ普通の業績をあげていない教授のことである。）を引いた。ドイツ語では、ordentlichという言葉は、「正規の」という意味のほかに「通常の、普通の」という意味をもっており、außerordentlichという言葉は、「定員外の」という意味のほかに「卓越した」とか「尋常でない」という意味がある。それぞれの言葉が二つの意味をもっていることうまく使って駄洒落を言っているのである。

この言葉は、ミュンヘンで仲の良かったハンスケさんに教えてもらった。同じ言葉をテュービンゲン大学でも正教授からも聞いたから、大学教師のヒエラルキーに関心を持っている研究者の間では膾炙しているのだろう。

「あとがき」には、ゲーテは、『ファウスト』第2部の終わりにおいて「永遠にして女性的なるもの、われらを引きて昇らしむ」と言ったのを引用している。それは、私にとっては、「歴史的なるもの、われらを引きてのぼらしむ」という意味に置き換えることができる。まさに、歴史は単なる過去ではなくて、われわれの目前の学習材料と今でも思っている。歴史を知らないと、大変な恥をかくことになる。現に私は歴史を知らなくて、大恥をかいた教職課程の同僚を知っている。

②『揺籃』においても、『誕生』と同じく「ファウスト」からと森鷗外か

ら引用した。

ファウストからは

「ああ、これでおれは哲学も、
　法学も医学も、
　また要らんことに神学までも、
　容易ならぬ苦労をしてどん底まで研究してみた。
　それなのにこの通りだ。可哀そうにおれという阿呆が。
　昔よりちっとも利口になっていないじゃないか。
　マギステルだの、ドクトルだのとさえ名のって、
　もうかれこれ十年ばかりのあいだ、
　学生の鼻づらをひっ摑まえて、
　上げたり下げたり斜めに横に引回してはいるが—」
　　　　（ゲーテ　相良守峰訳『ファウスト』岩波文庫）

　ここを引用したのは、当時の「学問的知」が哲学・法学・医学・神学の4つ学問領域から得られると考えられていた。これらはまさに学部の名前でもあった。そして19世紀の前半までは、ドイツの大学はこれら4つの学部から成り立っていたのである。しかもマギステルやドクトルという学位さえ出てくるからである。

　私はゲーテの『ファウスト』のドイツ語原文と森鷗外、相良守峰、高橋義孝、池内紀、小西悟、荒俣宏の訳というように翻訳6種類持っており、読み比べてみた。原文にあるMagister及びDoctor（当時はこう書いた）が明確に分かるのは鷗外訳と木村訳であったが、鷗外訳は旧文体と旧字体で書いてあるので、相良訳を採用した。

　この部分はサッカー部長を引き継いでくれた文学部英文学専攻の教授越川芳明氏は「大学教育をめぐる研究書の冒頭部で、こうした逆説の文章を引く別府先生のユーモアのセンスはただものではない。そこに私は好感を持った。普段は、九州男児らしく頭が固い硬派の男のように見えるかもしれないが、意外と柔軟なところもあるのだ。」と文学者らしいコメントをしてくれた（私家版『尚志の士魂〜紫紺に映えて』86頁）。

さらに、第Ⅲ部第3章第5節（本署253〜254頁）でも、ファウストに扮したメフィストーフェレスが新入生に言う言葉を引用しているから、主観的にも客観的にも、ゲーテの小説が好きなんだと思う。ただ新入生がメフィストーフェレスに言う言葉が、原語のドイツ語は同じ"Leidlichem Geld"なのにもかかわらず、森鷗外は「学資もかなりあります」と訳しており、相良訳は「学資も相当にありますし」となっており、高橋義孝訳は「学資も多少は用意があり」となっており、小西悟氏は「少々金もありますし」と訳しているのに対して、池内紀氏は「ふところはさびしいですが」と訳している。鷗外や相良、高橋、小西に従えば、学資は、相当か多少かは問わないとしても、あることになる。池内訳に従えば、さびしい、ほとんどないことになる。

どちらにするか迷ったが、この部分にかんしては、高橋訳をとることにした。

理由は725年頃描かれた絵である。当時大学に入ってきたのは、王侯貴族か裕福な市民の子弟、カントやヘーゲルのように貧しいが能力ある奨学金をうけた者であった。だから「相当ある」のでもなく、「さびしい」のでもなく、「多少ある」にしたのである。

荒俣宏氏の訳は、論ずるに値しない。英語版からの重訳であるし、第1巻しかないからである。買ってしまって「マズッタ」と思ったが、授業料として諦めることにした。

全くの余談であるが、私の精神史と深い関係があるので言及するが、『ファウスト』第一部夜のファストの独白に「世界をその最も奥深いところで統べているもの」(相良訳)という表現を見いだした。大学二・三年の頃「世界をその最も奥深いところで統べているもの」をつかみたいという欲求が私にもあって、「世の中の有名人の中にも同じことを考えた人がいるのだなぁー」と不遜にも思った記憶がある。いまではそんなものは在っても、凡夫の力ではとうていつかみ得ないと思っている。

森鷗外からは、

「わたくしは史料を調べて見て、その中に窺われる『自然』を尊重する念を発した。そしてそれを猥に変更するのが厭になった。(中略)友人の中には、他人は『情』を以て物を取り扱うのに、わたくしは『智』を以て扱うと云った人もある。しかしこれはわたくしの作品全体に渡ったことで、歴史上人物を取り扱った作品に限ってはいない。わたしの作品は概して dionysisch でなくて、apollonisch なのだ。わたくしはまだ作品を dionysisch にしようとして努力したことはない。わたくしが多少努力したことがあるとすれば、それはただ観照的ならしめようとする努力のみである。」(森鷗外全集第26巻 岩波書店 509頁)を引用した。

これは「歴史其儘と歴史離れ」の一節である。鷗外は小説家(医者でもある)なので、「歴史其儘」と言っても「歴史離れ」をせざるを得ない。会話などは特に「歴史離れ」で書かざるを得ない。「歴史其儘」を観照的に・アポロン的に・客観的に研究・叙述するのが歴史家である。鷗外は、この文の終わりで、『山椒大夫』で「歴史離れ」が足りなかったと言っているのは、小説家の運命なのかも知れない。

『誕生』の「あとがき」で使った言葉「馥郁と書巻の気が立ち登る」は、林望氏が『高瀬舟』(集英社文庫)の「あとがき」で使った言葉にほかならない。林氏は、「文章がうまくなりたければ、『上手な文章の書き方』という下

らぬ本を開くよりも、鷗外の分かり易いものを三読されよ。そして必ず『澁江抽齊』を読まれよ。再読三読、日本語には、こんなに美しい文章があったかと、驚かれよ」という趣旨のことを書いている。

　森鷗外の「歴史其儘と歴史離れ」から引用した部分は、マックス・ヴェーバーの「sachlich（客観的）」という考えと通底していると思う。鷗外は歴史家に一番近い作家だと私は思っている。

　それにしても、私はゲーテの『ファウスト』と森鷗外がよっぽど好きらしい。『大学史研究』の第11号（1978年）に「大学史研究会とわが青春」を寄稿している。そこには『ファウスト』からワーグナーの詞と森鷗外の『妄想』から引用している。36年もたってから、また同じくゲーテと森鷗外から引用しているのを発見して、「三つ子の魂百まで」という俚諺は本当だと思った。

　③『系譜』においては、「ハーバード・ノーマン」と「ラシュドール」から引用した。

　ノーマンからは、

　「ただ煉瓦をむやみに積みあげても家ができあがらないと同様に、事実に関する知識をやたらに並べても歴史はできあがらない。歴史とは本来関連した事実を選びだして、その相互関連を評価することである。」（大窪愿二訳「ハーバード・ノーマン全集」第4巻、191〜192頁）を引用した。

　ノーマンは純粋な学者・大学教授ではなく、カナダの外交官である。アメリカでマッカシー旋風が吹き荒れている時、自殺してしまった。私は、安藤昌益を発見した外国の研究者ということを僅かに知っていたにすぎないが、丸山真男の『戦中と戦後の間』で、彼は優れた歴史研究家であることを知った。

　ここにノーマンの文章を引用したのは2つのわけがある。1つは、横尾壮英先生は私たちに正確な事実を収集することを強力に教えられた。学部生や修士コースの学生にはたいした歴史解釈や全体的構成は出来ないと考えられていたと推測しているが、正確な事実を集めれば学問になる・歴史学になると考える人々を生み出したことも否定できない。先生自身は決してそうでは

なかったが。

　もう1つは、どうすれば歴史になるかと言えば、「相互関係を評価する」とノーマンは書いているが、私は「評価」の前に「相互関係をみつけだし、叙述する」ことが歴史になると考えた。「歴史的事実」は、そのあと「評価」（良い、悪いを判定する）されうると思う。「評価」にかんして言えば、「哲学部の分裂」のあと大学制度を取り入れた日本では、多くの哲学研究者が全く自然科学を勉強せずに、哲学研究をやっている。これは弊害だと評価していい。カントやヘーゲルも若い頃自然科学の論文をたくさん書いたのに。

　ラシュドールからは、

　「教会」（sacerdotium）、「帝国」（imperium）、「大学」（studium）の三者を、ある中世の著作者は、調和のとれたその共同によって始めてキリスト教世界の生命と健康の保持される、三つの神秘的な勢力ないし「徳」（virtu）として、一体にとらえている。彼にとってこの「大学」は、その関連した「教会」、「帝国」と同様、単なる抽象概念ではなかった。（ラシュドール　横尾壮英訳『大学の起源』上　東洋館出版社　1066　37頁）を引用した。

　ここでは「大学」は「教会」や「神聖ローマ帝国」とならんで、一体にとらえられていることである。「単なる抽象概念」でないならば、「教会」は宗教学あるいは教会史で研究するだろう。「帝国」は政治学あるいは神聖ローマ帝国史で研究するだろう。「大学」はヨーロッパでもあらゆる学問分野で研究されているが、「大学史」は歴史学の一分野である。教育学にかぎらず、日本でももっと多くの学問領域の人に研究して欲しい。

　もう1つ、ここには引用しなかったが、ラシュドールが言っていることに注目しておきたい。それは「融通無性」である。大学はたしかにキリスト教世界の産物に他ならないが、仏教圏であろうと回教圏であろうとヒンズー教圏であろうと宗教を問わずどこでも入っていくことができる。

　マックス・ヴェーバーの『プロテスタンティズムの倫理と資本主義の精神』にゲーテから、「奈何（いか）にして人は己を知ることを得べきか。省察を以てしては決して能はざらん。されど行為を以てしては或は能くせむ。汝の義務を果さんと試みよ。やがて汝の価値を知らむ。汝の義務とは何ぞ。

日の要求なり。」(森鷗外訳)が引用されているのを見いだした。最初読んだときには「学術的な本で文豪からの引用かよ！」とも思った。日本でも、丸山真男が、有名な「超国家主義の論理と心理」で漱石の『それから』を引用し、「明治国家の思想」という論文で、国木田独歩や漱石の『草枕』、『それから』より引用しているのを見いだしたが、既に述べたように、私ものちには『誕生』でゲーテから引用している。こういうことを考え合わせると、日本でも、学術論文を書く際に文豪の作品からの引用があってもいいのではないかと思うようになった。

　最後に強調しておきたいことは、大学史の考え方・発想や基本用語がほとんど詰まっているラシュドールを、大学を研究している人は、洋の東西、研究対象如何にかかわらず、読んで勉強して欲しい。これは、お願いである。

7．大学史研究会と私（その II ）

　先に書いたように、「大学史研究会」は、私にとって、特別な存在意義を持っていた。そこで自己形成した意味は大きいものがある。とりわけ中山茂先生が「大学は学問の組織体である」と書かれたのが私の心に残った。今でも覚えている。それから出発して、「学問とは何か」という問と「いかなる学問が組織化されたか」という問は、大学史を勉強する際の導きの糸となった。特に「いかなる学問が組織化されたか」という問は、まさに大学史研究会の問題ではないか。「学問とは何か」という古典的な問は、あらためて考えてみる価値があると思う。個人的には、西洋の古典古代ではアリストテレス、中世ではトマス・アクイナス、日本の江戸時代では荻生徂徠、明治時代では福沢諭吉、現代では丸山真男などの検討作業をはじめている。

　「大学史研究会」の運営も寺﨑先生のあとを引き受けることになった。古屋野素材氏、舘昭氏、荒井克弘氏、安原義仁氏、阪田蓉子氏、池田輝政氏、中野実氏（故人）、田中征男氏（故人）も一緒である。坂本辰朗氏に、恫喝に近い言辞をもって引き継いでもらうまでの約10年間事務局を引き受けた。その上、2001年に初代編集長として『大学史研究』(第18号)から数号編集し、

児玉善仁氏に引き継いだ。この間吉村日出東氏が編集の仕事を本当によく手助けしてくれた。

　私が明治大学教育会を創設した際にも「大学史研究会」の思い出は大きな役割を果たしてくれた。教育会の創設動機には3つあったが、その1つが初期「大学史研究会」が持っていたユートピア的性格を、傲慢かも知れないが、明治大学教職課程で実現したいという希望であった。すでに述べたように、私は大学院の学生の時から「大学史研究会」のメンバーであり、そこで学問的自己形成を行ってきたという事実に裏付けられている。まさに、大学史研究会の歴史は私の研究と自己形成の歴史であると言っても過言ではない。

　運営員の一人であった寺﨑昌男先生は「60年代末から10数年の間に生まれた、天与のユートピアのような学術交流コミュニティーの中で、（中略）、『研究者としての青壮年期』を送ったのだった。」と回想しておられる。また当時学部学生であった安原義仁氏（広島大学名誉教授）は、「正直なところ何がそんなに面白くて、あんなに夢中になって討論できるのだろうかと不思議に思ったものです。」と回想している。教育会の設立総会の記念講演には寺﨑昌男先生に来てもらった。

　退職した現在でも、①大学とは何か、②大学はいかにして成立したか、③大学はなぜヨーロッパにおいてのみ成立したのか、④どのような理由で世界中に拡大していったか、という問題を考え続けている。どうしてドイツの大学は学部制になり、イギリスの大学はカレッジ制になったのかという問題は、④の問題のコロラリーである。大学の問題は文明の問題と切り離しては考えることはできない。これらの問題の解決は見果てぬ夢であろうが、生きてる限り夢は見続けたいと思う。

　自著を語りつつ、自分の夢まで語ってしまった。

■特集2　私の大学史研究・半世紀を振り返って
　　　──追い続けたもの・更に先へ──

大学史研究をめぐる私の旅

安原　義仁
（広島大学名誉教授）

はじめに

　今年（2018年）は、大学史研究会の前身である大学史研究セミナーが発足して50周年にあたる記念の年だという。その年に、これまでのわが国における大学史・大学研究の一つの集大成というべき『大学事典』（平凡社）が刊行されたのは象徴的な出来事であった。2018年1月に古希を迎えた私にとっても、5月に『日英の大学教育と生涯学習──放送大学の小窓から』（私家版）、7月に『「学問の府」の起源──知のネットワークと「大学」の形成』（ロイ・ロウとの共著、知泉書館）を上梓した本年は大きな節目の年となった。

　学部3年生（1969年）の頃から大学史研究セミナーに出席し（傍聴者として）、イギリス大学史の勉強を始めた私の歩みは、以来、半世紀に及ぶものとなった。その間の私の歩みは「一路白頭に至る」といった風ではなく、放浪遍歴・紆余曲折を辿る遅々たるもので、たいした成果を挙げたわけでもなかったが、それでも「イギリス大学史研究」を志していたことは間違いない。

　イギリス大学史研究をめぐる私の小さな旅はどのようなものであったのか。以下、上記『「学問の府」の起源──知のネットワークと「大学」の形成』に至るその旅の来し方を振り返ってみたい。また、そのことを通して大学史研究の意義と課題についても言及してみたい。

1. 大学紛争の時代と大学史研究セミナーへの参加

　1967年に広島大学教育学部教育学科に入学し、青雲寮という名の学生寮（やがて中核派の拠点となる）で、苦学生として平凡だが悩み多き日々を送っていた私に、煩悶をさらに増幅させ自省を迫ったのは学部2年生の冬、後期の試験が始まる直前に勃発した大学紛争であった。大学紛争に直面する中で、自分自身はいかに行動すべきか、いかに生きるべきかを暗中模索する日々が続いた。私はストライキで大学が封鎖された状況にあって、デモに動員されたり飯島宗一学長との大衆団交に参加したりするいっぽう、ワンダーフォーゲル部で山行きを楽しみ、それなりに青春を謳歌しつつ、自分自身の課題解決を自主ゼミや読書会などを通してはかろうとしていた。

　大学とは何か、学問、教育とは何かについて考える手がかりは授業の中でも提供されていた。横尾壮英先生が担当されていた「西洋教育史」の講義と演習である。授業の中で先生は中世ヨーロッパの大学についても取り上げられたが、それは私の主体的生き方の問題に資するものであるとともに知的好奇心をも大いにそそるものであった。かくして私は、学部3年時の研究室への配属に際しては西洋教育史（横尾研究室）を希望し、先生の指導を仰ぐこととなった。先生との奇しき出会いであり、私のイギリス大学史研究への旅の始まりであった。

　私が横尾研究室に所属し先生の教官室の一画に机をもらって、先輩の別府昭郎さんたちと一緒に勉強し始めた頃、先生はちょうどラシュドールの翻訳（『大学の起源』全3巻、東洋館出版社、1968年11月）を終え、中山茂、皆川卓三、寺﨑昌男の諸先生たちとともに大学史研究セミナーを立ち上げられたばかりであった。そうした状況の中で私は自ずと、宮島で開催された第2回の大学史研究セミナーに出席することとなった。傍聴者としてである。セミナーの参加者は全員、「大学史研究への私の関心」を寄稿することとなっており、私も「オックスフォード、ケンブリッジ両大学のカレッジにおける生活・教育形態」に漠然とした関心があると記している。また、「先生方の発表を拝聴していて、正直なところ何がそんなに面白くて、あんなに夢中になって討

論できるのだろうかと不思議に思った」とか、「当分の間、大学史研究会の茶坊主兼テープレコーダー係としてお役にたちたいと思っています」とも述べている（『大学史研究通信』第4号、評論社、1971年）。

当時のセミナーでは大学史に関する基本的な文献の紹介や各参加者による個別研究報告が中心であったが、「ミネルバ1891――19世紀における世界の大学の学部学科構成――」と題する共同研究の報告もあった。これは横尾壮英、池端次郎、柴田啓介、別府昭郎の広島大学グループで取り組んだものだが、大学院生であった私も一員として参加した。

2．オックスフォード留学とイギリス大学史研究への道

卒業論文と修士論文のテーマはイギリス大学史に関するものであったが、それまでの私の大学への関心は大学理念論にあり、とりわけカント、シュライエルマッヘル、フィヒテ、ヤスパース、ハイデッガーなどドイツ大学論に傾倒していた。そうした私の関心をイギリスの大学へと向ける一つの契機となったのは、「ニューマンやトインビーなどアングロサクソン系の書物も読んでみたらどうか」という横尾先生の助言であった。おそらく、私の「ドイツかぶれ」と「観念過剰傾向」を見越してのことではなかったかと思う。こうしてイギリスの大学について少しずつ勉強しているうちに、私の研究テーマを決定づける出来事が生じた。イギリスへの留学である。文部省が1972年に発足させた国際学生交流計画の第1回派遣留学生の一人に、どういうわけか幸いにも選ばれたのである。「どこの大学に行ったらよいでしょうか」というとんまな問いに対する先生の即答は「君、それはオックスフォードだよ」というものであった。

1年間（1972年9月から1973年8月まで）にわたる、言葉の不自由な貧困学生のオックスフォード留学はカルチャーショックと苦労の連続であった。そこで私は、学位・資格コースを履修するわけではなく、大学院レベルの聴講学生（occasional student）という気楽な立場を活用して、オックスフォードの大学生活を「何でも見てやろう」という岡目八目の精神で観察にこれ務めるこ

とにした。テーマがテーマであったし、不自由な言葉に苦しむ私に残された唯一の選択肢でもあった。私が所属したのはセント・エドマンド・ホールというカレッジで、そのクロスカントリーのチームのメンバーになり、対抗戦でケンブリッジに赴いたこともあった。大学やカレッジの行事等には何であれ積極的に出かけていった（大学観察記は帰国後「オックスフォード留学記」として『廣島大学新聞』に6回にわたって連載）。

当時、オックスフォードではオックスフォード大学史の共同研究・編纂事業が端緒に就いたばかりで（1968年に発足）、それに関連した二つのセミナーも毎週開催されており、私はこれにも勇をふるって顔を出すことにした。一つは「オックスフォード大学史1800〜1914」で、もう一つは「大学における科学と医学」と題するものであった。これら二つのセミナーは、オックスフォード大学史研究主任兼総編集長（Director of research and general editor of the history of the university）のT. H.アストン（コーパス・クリスティ・カレッジのフェローで、Past and Present誌の編集長）が中心となって運営されており、オックスフォード内外から専門家がやってきて報告し、それをめぐって活発な議論が展開された。私はこれらの情報を横尾先生や寺﨑昌男先生に宛てた手紙で送った（「オックスフォードのカレッジ・ライフ——平均的一日——」、「オックスフォードの大学史研究」『大学史研究通信』第6, 7号）。大学史研究会派遣通信員といった気分であった。

大学史の記念碑的金字塔と言ってよい『オックスフォード大学史』全8巻（General Editor, T. H. Aston, *The History of the University of Oxford*, 8 volumes, Oxford, 1984-2000）は、上記の共同研究プロジェクトの成果として結実したものであった。その刊行は1984年の第1巻（中世）に始まり、2000年の第7巻（19世紀パート2）をもって完結した。各巻約700頁から1000頁に及ぶ、手に取る者を圧倒する大著である。16年間をかけての出版事業であり、共同研究プロジェクトの発足から数えれば、実に32年に及ぶ活動であった。その刊行のあり様を寺﨑先生は「悠々と」していると形容した（「イギリスにおける大学史編纂の現状」寺﨑昌男・別府昭郎・中野実編『大学史をつくる』東信堂、1999年）。

オックスフォードで画期的な大学史共同研究プロジェクトが動き出してい

た頃、アメリカのプリンストンでも新しい大学史研究の成果が刊行され、その後の研究の流れを主導することとなった。L.ストーンの編集による2巻本の論集 The University in Society, Princeton, 1974である。第1巻は14世紀から19世紀初頭までのオックスフォードとケンブリッジを対象にし、第2巻は16世紀から20世紀のヨーロッパ、スコットランド、アメリカの大学を取り上げていた。従来の多くの大学史にみられた記念史的・顕彰的大学史（house history）ではなく、大学史と社会史を結合させて、学問的水準の高い、「社会の中の大学」の実態分析を目指すというのがその基本的編集方針であった。プロソポグラフィーの手法を用いた入学登録簿・学位取得者（卒業生）名簿の分析や、社会史の一環としての大学史はここから大きく拡がっていった。

3．現代イギリス高等教育への取り組み

　私は広島大学大学院教育学研究科の博士課程2年次在学中、設立間もない広島大学大学教育センターに採用された。同センターでは横尾センター長、関正夫教授、喜多村和之助教授、馬越徹講師の下で助手としての職務に従事しつつ、同僚助手の成定薫さんと一緒に細々とイギリス大学史の勉強を続けた。「英国における科学の制度化──ギーセン留学とロイヤル・カレッジ・オブ・ケミストリーの設立──」（『大学論集』第6集、1978年）はその時の成果であり、「イギリス大学の講座創設に関する研究序説」（『日本の教育史学』第22集、1979年）、「T. H. グリーンの教育思想」（行安茂・藤原保信編『T. H. グリーン研究』御茶の水書房、1982年）とともに私の最初のアカデミックな論文となった。

　この頃、大学教育研究センターでは、毎年、全国から数名の研究者を招いて交流をはかる目的で客員研究員制度が設けられ、皆川卓三先生（神奈川県立衛生短期大学）や天野正治先生（国立教育研究所）などが短期、長期間にわたって滞在されていた。寺﨑先生が来られた時のこと、先生の親類のお宅の一部屋で、大学院生たちを相手にゼミを開講していただいたこともあった。もちろん、ボランティアである。願ってもないありがたい機会であった。

　1978年に国立教育研究所へ移ってからは、「比較教育研究グループ」の一

員として現代イギリスの教育動向の調査を職務とするようになり、大学史研究からは少し離れたこともあったが、別府昭郎、古屋野素材、舘昭、荒井克弘といった大学史研究会の若手の仲間たちとともに研究会の運営の一端を担い、また上記の仲間たちとの勉強会に参加して刺激をうけ、現代の高等教育問題にも目を向けるようになっていった。また、寺﨑先生の日本教育史の講義を聴講するため、モグリ学生として立教大学に出入りし、中野実さんや新谷恭明さん、前田一男さんたちと一緒に机を並べたこともあった。

　国際交流基金による1981年から1982年にかけてのランカスター大学での在外研究では「日英の高等教育の比較考察」をテーマとして、現代イギリス高等教育事情の調査に努めた。教育学科のA.ロス教授（*Higher Education*誌の編集長）やG.ウィリアムズ、O.フルトンなどの高等教育研究者の知遇を得るいっぽう、歴史学科のH.パーキン教授とも親しく研究交流をはかった。ランカスター大学は当時、高等教育研究の一つの拠点であると同時に、イギリスで最初の社会史の講座が設けられた大学であった。ランカスターでは上記の先生たちの講義やセミナーに出席して学びつつ、さまざまなタイプの大学・高等教育機関を実際に訪れて見聞を広めた。あらかじめアポイントメントをとって関係者・担当者と面談することもあったが、プロスペクタス（大学案内）などの資料を収集し、地図を片手に自由にキャンパスを歩き回って学生生活の様子を観察するのは楽しい勉強であった。大学めぐりや史跡めぐりの旅は私の趣味でもあり、オックスフォード留学時代には春の休暇にイギリスの大学、夏季休暇には大陸ヨーロッパの各大学都市をバックパッカーとして巡歴した。

4．広島に戻って

　国立教育研究所に10年半勤めた後、私は1989年10月に、西洋教育史担当の助教授として広島大学教育学部に転出することとなった。西洋教育史の授業の準備をしつつ、また再会した成定薫さん（総合科学部に在籍していた）とV. H. H.グリーン『イギリスの大学――その歴史と生態――』（法政大学出版局、

1994年)の翻訳作業を進めつつ、歴史学研究のディシプリンを学び直す必要を痛感していた私は、京都で隔月に開催されているイギリス都市生活史研究会に出席することにした。歴史研究再開の第一歩であり、イギリス史研究者との交流の始まりである。同研究会は角山榮、川北稔両先生を中心に村岡健次、河村貞枝、川島昭夫、指昭博、山本正、井野瀬久美惠、秋田茂、小関隆といった、第一線で活躍する関西のイギリス史研究者たちが集う自由闊達な研究会であり、そこから生まれた『路地裏の大英帝国』(平凡社、1982年)は社会史研究・生活史研究の先駆的業績として脚光を浴びていた。

　この研究会にはやがて、同じくイギリス教育史を専門とする藤井泰さん(松山大学)も参加するようになり、二人一緒に遠方から出かけて行った。研究会での報告と議論は毎回、知的刺激にあふれたもので、いつも帰りの新幹線の車中で藤井さんとその興奮を語り合い、次回の研究会を楽しみにしながら帰途についたものであった。研究会では私も何度か報告する機会があった。「19世紀オックスフォードの大学改革」がそのテーマであった。研究テーマの一つとして興味を抱いていた「大英帝国と大学」について、「大英帝国を結ぶ留学生――ローズ・スカラー誕生――」を川北稔・指昭博編『周縁からのまなざし――もうひとつのイギリス近代――』(山川出版社、2000年)に寄稿したのも研究会とのつながりからであった。

　この研究会からはやがてイギリス教育史研究のネットワークが広がっていく。村岡健次先生(甲南大学)を中心とする科学研究費による研究が発足し、松塚俊三さん(福岡大学)、井野瀬久美惠さん(甲南大学)、秋田茂さん(大阪外国語大学)、松浦京子さん(京都橘女子大学)、松井良明さん(奈良高専)なども加わって「大英帝国と教育」への本格的な取り組みが始められたのである。研究会が積み重ねられ成果がまとまりかけた矢先に、出版助成金の申請が採択されない結果となり、成果の出版が幻と消えてしまったことはまことに残念で惜しいことであった。

　こうした動きと時を同じくし、また連動しつつ、望田幸男先生(同志社大学)を中心に橋本伸也さん(広島大学)が事務局長役となって比較教育社会史研究会が発足した。同研究会は「学校と教育という窓を介して社会と国家

を捉え、国家と社会のあり方から教育の構造と機能を把握しようとする」学際的な協働を目指すもので、歴史学、社会学、教育学など多様な分野の専門家が国際的な視野に立って教育の社会史的研究に取り組んだ。10巻に及んだその成果についてここで言及する余裕はないが、大学史・高等教育史研究に関して、K.ヤーラオシュ編、望田幸男・安原義仁・橋本伸也監訳『高等教育の変貌 1860-1930年――拡張・多様化・機会開放・専門職化――』昭和堂、2000年が、同研究会に集った人々の共同でなされたことは特記しておかねばならない。

　私のイギリス大学史研究は上記の研究会などからの刺激を受けつつ、近代イギリス大学史（とくに19世紀オックスフォード大学改革史）をテーマにボツボツ進行していった。「A.D.リンゼイとイギリスの大学教育改革――オックスフォードからキールへ――」、「A.D.リンゼイと占領下ドイツの大学改革――ドイツ大学改革検討委員会を中心に――」（永岡薫編著『イギリス・デモクラシーの擁護者 A.D.リンゼイ――その人と思想――』聖学院大学出版会、1998年）、「近代オックスフォード大学の教育と文化――装置とエートス――」（橋本伸也・藤井泰他著『エリート教育』ミネルヴァ書房、2001年）、「イギリス帝国大学間ネットワークの形成――1912年第1回帝国大学会議――」（秋田茂編著『パクス・ブリタニカとイギリス帝国』ミネルヴァ書房、2004年）、「イギリスの大学における学士学位の構造と内容――近代オックスフォードの古典学優等学士学位を中心に――」（『高等教育研究』第8集、2005年）、「B.ジョウエットの大学改革構想――1874年の覚書「大学改革に関する提言」を中心に――」（『イギリス理想主義研究年報』創刊号、2005年）、「初期チュートリアル・クラス労働者成人学生のオックスフォード進学と奨学金問題――個人の上昇か集団としての向上か――」（友田卓爾編『西洋近代における個と共同性』渓水社、2006年）、「近代の大学改革と人文学の位置――オックスフォード大学優等学士学位課程の変遷――」（南川高志編著『知と学びのヨーロッパ史――人文学・人文主義の歴史的展開――』ミネルヴァ書房、2007年）、「イギリス教養教育の源流を訪ねて――学士課程の理念と構造――」（『大学教育学会誌』第30巻第1号、2008年）などがそのささやかな成果である。

論文の執筆と併行して（というかそれ以上に）私が意を注いだのは、イギリス大学史・高等教育に関する基本文献・史料の翻訳・紹介であった。研究を進めるにあたってはまず、優れた先行研究の成果をしっかりとふまえることが何より重要だと考えたからである。かくして上述のV. H. H. グリーン著、安原義仁・成定薫訳『イギリスの大学——歴史と生態——』（法政大学出版局、1994年）をはじめとして、H. J. パーキン著、有本章・安原義仁編訳『イギリス高等教育と専門職社会』（玉川大学出版部、1998年）、M. サンダーソン著、安原義仁訳『イギリスの大学改革 1809-1914』（玉川大学出版部、2003年）、安原義仁訳『オックスフォード大学と労働者階級の教育——労働者の高等教育と大学との関係に関する大学ならびに労働者階級代表合同委員会報告書——』（高等教育研究叢書85、広島大学高等教育研究開発センター、2006年）、M. サンダーソン著、安原義仁・藤井泰・福石賢一監訳『イギリスの経済衰退と教育——1870-1990s——』（晃洋書房、2010年）などが刊行されるに至った。イギリスのみならず近代ヨーロッパを広く視野に入れたR.D. アンダーソン著、安原義仁・橋本伸也監訳『近代ヨーロッパ大学史——啓蒙期から1914年まで——』（昭和堂、2012年）もその延長線上にあった。イギリス大学史がヨーロッパ大学史の一環をなすものであることはあらためて言うまでもない。

5．大学・高等教育改革への関与

　私はコツコツと文献を読み、見聞したことと重ね合わせながら時間をかけてジックリと原理的に考えていくタイプの地味な研究者である。物覚えが悪く、文才に恵まれず、弁舌さわやかなキレル論客ではとうていなかったし、政治・政策音痴のところがあり、文部省・文部科学省の高等教育政策の課題に関わろうとは思ってもみなかった。その私が1980年代後半頃から、現実の日本の大学・高等教育改革に関与するようになっていった。最初の契機は臨時教育審議会から委嘱されて財団法人高等教育研究所が実施した「高等教育財政に関する研究調査」への参画であった（臨時教育審議会『高等教育財政に関する研究調査報告書』2冊、1986年、1987年）。国立教育研究所の市川昭午主

査の下、舘昭、矢野眞和、喜多村和之、潮木守一、本間政雄、金子元久などの諸氏とともに高等教育財政の研究調査（イギリスを担当）にあたったのだが、経済や財政に弱い私がこれに取り組むことになったのも何かのイタズラであった。政策研究への関与はその後も、文部省の「教育改革の推進に関する研究委託」による「主要国における高等教育改革の経緯に関する研究」（天野郁夫主査、高等教育研究所『主要国における高等教育改革の経緯に関する研究』2冊、1988年、1989年）や、文部省の委託をうけて大学基準協会が組織した「大学設置・大学評価調査研究委員会」（委員長は飯島宗一広島大学・名古屋大学名誉教授）へと続いていった（飯島宗一・戸田修三・西原春夫編『大学評価・大学設置の研究』東信堂、1990年）。

　イギリス高等教育は当時、大きくそしてめまぐるしく動いていた。急速な大衆化と厳しい国庫補助金削減政策の中で二元制度の解体が進められ、高等教育システムの全面的再編が目指されていた。全英学位授与機構（Council for National Academic Awards, CNAA）が廃止されるいっぽう、大学補助金委員会（University Grants Committee, UGC）は高等教育財政カウンシル（Higher Education Funding Councils, HEFCs）へと改組された。またUGCによって研究評価（Research Assessment Exercise, RAE）が実施され（1986年が最初）、続いて高等教育水準保証機構（Quality Assurance Agency, QAA）による教育評価（Teaching Quality Assessment, TQA）も始まった。私は上記高等教育研究所や『IDE現代の高等教育』誌の依頼に応え、また比較教育学会の共同研究や舘昭さんを代表者とするいくつかの科研に参画する中で、次々と出される高等教育白書などの政策文書や、1988年教育改革法、1992年継続教育・高等教育法、『デアリング報告書』（1997年）などに目を向けつつ、二元制度の検証、イギリス高等教育の水準維持方式、学外学位制度、学外試験委員制度、研究評価と教育評価といったテーマについて調査研究を進めていった。

　「現代英国の高等教育改革展望——政府政策討議文書『1990年代へ向けての高等教育の発展』——」（『大学論集』第14集、1985年）、「イギリス高等教育のマス化と二元制度の解体」（『IDE現代の高等教育』No.345, 1993年）、「イギリスの大学・高等教育改革——ロビンズ改革から1992年高等教育・継続教育

法へ──」(『IDE 現代の高等教育』No.385, 1997年)、「ロンドン大学学外学位制度について」(『学位研究』第1号、1993年)、「イギリスにおける学外学位制度の発展とその意義──歴史家の視点から──」(『学位研究』第10号、1999年)、「イングランド高等教育財政カウンシルによる研究評価の仕組み── 1996年研究評価の実施から2001年研究評価へ──」(『大学評価機関に関する研究』(科研費成果報告書、代表者 阿部博之、2000年))、「イギリス高等教育の水準維持方式──学外試験員の役割──」(『高等教育研究紀要』第11号、1990年)、「イギリスの大学・高等教育における学外試験委員制度の再構築へ向けて── QAA文書「学外試験委員制度」を中心に──」(『国際的通用力をもった大学評価システムの構築』(科研費成果報告書、代表者 舘昭)、2004年)、「イギリスの大学評価──イングランド高等教育財政カウンシル(HEFCE)による教育評価の仕組み──」(『高等教育研究紀要』第17号、1999年)、「イギリスにおける大学評価の新展開──高等教育水準保証機構(QAA)のゆくえ──」(『IDE 現代の高等教育』No.401、1998年)、「イギリスにおける高等教育の質保証システム──基本構造──」(羽田貴史・米澤彰純・杉本和弘編著『高等教育質保証の国際比較』東信堂、2009年)、「日英高等教育改革の比較考察──質と水準の保証に着目して──」(『日英教育研究フォーラム』第16号、日英教育学会、2012年) などはそうした中で執筆したものである。1987年の高等教育白書『高等教育──挑戦への対応──』を翻訳したのもこの流れの中のことであった（高等教育研究所『主要国における高等教育改革の経緯に関する研究』1988年）。

　当時、高等教育の領域に関しても、日英ともに（世界的に）、大衆化、生涯学習、グローバリゼーションなどと並んで情報公開、アカウンタビリティー（説明責任）、費用対効果、大学評価・第三者評価、質保証が時代のキーワードになっていた。そして、とりわけイギリス高等教育において展開される大学評価・高等教育の質保証をめぐる先駆的な動きは、わが国の学位授与機構や大学評価・学位授与機構の創設および大学評価システムの構築に資するものと受け止められた。そうした状況の中で私は、「大学評価機関（仮称）創設準備委員会」の専門委員として、文部省の担当者たちと一緒に、二度にわたってイギリスに赴き実地調査にあたったこともあった。

こうした活動は勤務する広島大学内での私の立場にも大きな変化を及ぼすこととなった。広島大学評価委員会の委員・委員長（評議員）として、大学の評価システムの構築に務めることになったのである。かねてより、大学の主体的・自主的改革の重要性を公言していた私にとって、「それならお前自身がやってみろ」と言われた時に、それを断ることはできなかったし、またやりがいのある仕事だという気もした。私の現代イギリス高等教育研究は研究対象への社会的注目ゆえに、柄にもない私を政策や改革の実践現場に誘導していった。そして私は大学評価にハマり、評価づけの日々を送ることとなった。

6．高等教育研究と大学史研究

　現代イギリス高等教育の動向をフォローする作業に従事する中で、私が痛感したのは歴史をふまえた現代理解、現代の問題意識に立った歴史研究の重要性であった。ほぼ850年に及ぶ歴史と伝統を有し、膨大な研究の蓄積を有するイギリスの大学・高等教育についての正しい理解は、その豊かな歴史的経験をふまえることなしには不可能だし、歴史研究も現代の課題に対する的確な洞察なしには尚古趣味のようなものに堕しかねない。現代研究と歴史研究の相互乗り入れ・連携と両者のバランスをどうとるかが大切なことだと思われた。それは私自身の研究活動においても課題であった。歴史研究には一次史料にさかのぼって史実を丹念に掘り起こしていく厳密な作業が不可欠だし、現代研究には幅広い視野やジャーナリスト的な資質・能力も必要となる。また、両者ともに、グローバルな視点に立った比較の視座も求められよう。

　このことは個々の研究者自身の中で問われる問題であると同時に、学会・研究会など研究組織・研究体制のうえでも検討すべき課題であろう。わが国の大学史研究の組織的研究は1968年の大学史研究セミナーの発足とともに始まった。1972年には同研究会の活動や大学紛争等を契機として、広島大学にわが国最初の大学・高等教育研究組織である大学教育研究センターが設立された。大学史研究会は1978年にそれまでの科研費をベースにしたもの

から会費制の学会（的なもの）へと変わり、また広島大学の大学教育研究センターも2000年に大幅な組織改編を行ってその名称を高等教育研究開発センターへと変更し、わが国における高等教育研究の拠点としての役割をさらに強化した。いっぽう、1954年設立の民主教育協会（IDE）は当初から大学についての研究活動に力を傾注しており、1979年からは財団法人高等教育研究所を併設して（2004年まで）わが国の大学・高等教育研究を牽引する役割を担った。1997年における日本高等教育学会の設立は、そうしたIDEの研究活動の延長線上になされたものであった。また、広島大学に続いて順次全国の国立大学等に設立されていった大学教育センターや、多くの国公私立大学に設けられた大学史編纂室も大学史・高等教育研究の重要な一翼を担った。

　このようにわが国の大学史・高等教育研究の組織的研究は、大学紛争前後に発足した上記のような研究会や学会・協会やセンターを主要舞台として展開されてきた。それらの組織に集う研究者の顔ぶれは重なっている場合も多く、一概に言うことはできないが、それらの組織における研究がその重点・傾向を異にするのは当然のなりゆきであろう。

　大学史・高等教育研究は新しい学際領域の学問であり、独自の固有な方法をもっているわけではなく、さまざまな分野の専門家がそれぞれの関心に基づいて取り組む中から発展していった。実際、初期の大学史研究会に集ったのは教育学・教育史、科学史、医学史、社会学、法制史、歴史学などを専門とする多彩な顔ぶれであった。

　現代高等教育研究と大学史研究の間に厳密な線引きをすることは困難だし、ある意味無用のことのようにも思われるが、いっぽうで歴史研究としての大学史研究のあり方については自覚的に問い直すことも時に大切であろう。大学史研究の対象と方法論の確立は今後の重要課題として絶えず検討し続けていく必要がある。イギリス（欧米）の場合、大学史研究は歴史学の一領域として位置づけられているが、現代高等教育研究との交流はあまりなく、独自に活動を展開してきたように思われる。「高等教育研究協会」（The Society for Research into Higher Education, SRHE）を中心とする現代高等教育研究については

さておき、以下では近年における大学史研究の動向と国際大学史研究委員会 (International Commission for the History of Universities, ICHU) の活動についてざっと見ておこう。

　大学誕生の地であり約900年に及ぶ歴史と伝統を有するヨーロッパで、大学が社会に占める位置はきわめて大きく、それゆえに大学史研究の歴史と広がりはわが国の場合とは比較にならない程のものがある。古くから各大学で創立400年記念史とか500年史といった個別大学史が編纂されるいっぽう、デニフレやラシュドールなどの碩学によって中世大学史が著され、またディルセーによる近代ヨーロッパ大学通史の試みもなされてきた。近年では、上述の『オックスフォード大学史』と併行して『ケンブリッジ大学史』全4巻 (General Editor, C.N.L. Brooke, *A History of the University of Cambridge*, Cambridge, 1988-2004)、『ヨーロッパ大学史』全4巻 (General Editor, W. Rüegg, *A History of the University in Europe*, Cambridge, 1992-2011) が相次いで公刊された。

　また、O.Pedersen, *The First Universities: Studium Generale and the Origins of University Education in Europe*, Cambridge, 1997, R.Anderson, *British Universities: Past and Present*, London, 2006, G.R.Evans, *The University of Oxford: A New History*, 2013, L.W.B.Brockliss, *The University of Oxford: A History*, Oxford, 2016. など個人による大学史執筆の試みも枚挙に暇ない。ロンドン大学や近代市民大学についても F.M.G. Wilson, *The University of London 1858-1900, The Politics of Senate and Convocation*, Suffork, 2004, H.Gay, *The History of Imperial College London 1907-2007: Higher Education and Research in Science, Technology and Medicine*, London, 2007, D.R.Jones, *The Origins of Civic Universities: Manchester, Leeds and Liverpool*, London, 1988, E. Ives, *The First Civic University: Birmingham 1880-1980 An Introductory History*, Birmingham, 2000, W.Whyte, *Redbrick: A Social and Architectural History of Britain's Civic Universities*, Oxford, 2015 などが相次いで出版されている。これらはほんの一例に過ぎず、イギリスおよびヨーロッパにおける大学史研究の厚みには圧倒されるばかりである。

　しかしながら、国際的な大学史研究の拠点・フォーラムとしての組織「国際大学史研究委員会」(ICHU) が発足したのは、意外にも比較的近年のこと

であった。すなわち、1960年、ステリング・ミショーが中心となりジュネーブで同委員会を立ち上げたのである。同委員会は、1964年からは国際歴史科学研究委員会（International Committee of Historical Sciences, ICHS）の下部組織となり、1977年には同委員会の連携組織となった。

　国際大学史研究委員会は「大学に関するあらゆる形態の歴史研究を促進し、国際歴史科学研究委員会と連携しつつ、その国際的な調整をはかる」ことを目的とするものであった。その歴代の委員にはS.ミショー（スイス）、J.ヴェルジェ（フランス）、H.ド・リッダー・シモン（ベルギー）、W.フリーホフ（オランダ）、S.ロスブラット（アメリカ）、R.ガイガー（アメリカ）、R.D.アンダーソン（イギリス）、L.ブロックリス（イギリス）などわが国でもよく知られている錚々たる碩学が名を連ねている。欧米だけでなく、台湾やオーストラリアなどからも委員が参加していた。実は私も短い期間ではあったが、日本代表委員として委員会の末席を汚したことがあった（日本からはもう一人日大法学部のナカムラ ユウシさんという方が委員になっておられた）。おそらくロスブラット先生の推薦であろう。ある時、事務局長のH.ロビンソン・ハマースタイン氏（アイルランド）から就任依頼のメールが届いたのである。

　私は一度だけ、その研究集会と運営委員会に出席したことがある。2005年11月24日から26日の3日間にわたってコペンハーゲンのカールスバーグ・アカデミーで開催された時である。その時の研究集会のテーマは「大学と少数者——中世から現代まで——」であった。会議はカールスバーグ財団がホストとなって支援しているようであった。参加するに際して私が負担したのは往復の航空運賃のみで、ホテルと食事の費用その他はすべて財団によってまかなわれた。プログラムは各30分間の報告とそれに続く30分間の質疑応答を中心に組まれていた。コペンハーゲン大学の地下のワイン貯蔵室を改造したようなレストランや、古代ギリシア・ローマ時代の美術品等で飾られたアカデミーの一室でのディナーの様子は今も鮮明に覚えている。期間中にはスウェーデンのルンドへの見学ツアーも組まれていた。私は参加申し込みをし、ルンド大学の図書館や博物館や大聖堂の見学を楽しみにしていたが、前日の夜に風邪のせいか高熱を発してやむなく急遽参加をとりやめにし

た。実に残念なことであった。

　もっと残念なことは、私自身の個人的事情から、不本意ながら、わずか数年間で委員を辞任せざるをえなかったことである。規約では、会議は5年以内に1回開催することとなっているが、実際には毎年ないし隔年に開かれており、会議に出席して委員の責任を果たすことは困難だと判断して辞任を申し出たのであった。ロスブラット先生に対しても申し訳なかったし、もっと多くの運営会議や研究集会に出席して、大学史研究の国際的動向を直に把握しわが国に紹介する役割を果たせたかも知れなかった。また、日本の大学史研究会との連携をはかることができたかも知れなかった。悔やまれることである。

　国際大学史研究委員会は1981年から大学史に関する学術専門誌 *History of Universities* をオックスフォード大学出版局から刊行しており、2017年4月には第29巻第2号が出版されている。同誌には毎号、多彩な研究者による多様なテーマの専門論文と書評が掲載され、大学史研究に関する国際学術誌として評価が高い。ロスブラット教授顕彰特集号 (Vol. XXVII/1, 2013) には私もR.ロウ教授との共著論文を寄稿した。1冊の同書に執筆者全員が順次、それぞれ一言を添えて署名しロスブラット教授に贈ったのは嬉しいことであった。同書は長い時を経、世界を巡った後、カリフォルニア（バークレー）のロスブラット先生の元に届いたのであった。なお、大学史専門の学術誌としては同誌の他に、1981年にニューヨーク州立大学で創刊されたもの（現在は *Perspectives on the History of Higher Education* としてペンシルヴェニア州立大学から刊行）や、1998年にドイツで創刊された *Jahrbuch für Universitätsgeschichte* などがある。

7．国際研究交流と大学史をめぐる研究環境

　私はイギリスへの留学や在外研究や調査研究など、若い頃からイギリスを訪ずれる機会に恵まれ、その都度、尊敬し敬愛する学者・研究者たちと邂逅することができた。その多くの人々との家族ぐるみの長く親しい交流は、研究を超えた私の人生の大きな財産となった。滞在期間中、困ったことや苦し

いことはもちろんあった。しかしながら、総じて、私が出会った人々の多くは学者・研究者、大学教師としてだけでなく、人間的な魅力にあふれていた。イギリス大学史の領域に関して言えば、H.パーキン（ランカスター大学、後にアメリカのノースウェスタン大学）、L.カンター（ラフバラ工科大学）、L.ゴルドマン（オックスフォード大学、後にロンドン大学）、M.カートイス（オックスフォード大学）、R.ロウ（バーミンガム大学、後にウェールズ大学スォンジー校）、S.ロスブラット（カリフォルニア大学バークレー校）といった方々である。

　イギリスの教育や文化についての深い理解には、文献研究や実地調査に加えて、人々との突っ込んだふれあいが不可欠だと考える私は、そうした機会を積極的に求め、許される場合には臆することなく、人々の懐に飛び込んでいった。また、上記の人々の日本への招聘に努め、研究会やセミナーを開催して交流の輪の拡大をはかることも心掛けたことであった。広島で開催された2001年の第24回大学史研究セミナーでは、J.ヘルプスト教授（ウィスコンシン大学）やL.ゴルドマン博士（オックスフォード大学）を招いて「大学理念の歴史的展開」をテーマに議論しあったこともあった（K.Senba, Y.Yasuhara, T.Takashi（eds.）, *The Idea of a University in Historical Perspective*, Research Institute for Higher Education, Hiroshima University, 2005）。

　大学史とくに外国の大学史研究の場合、現地での文献資料の調査・収集や実際の見聞、研究者との交流が不可欠だが、この点で過去半世紀の変化は実に瞠目すべきものがあった。私の最初の海外への旅（1972年のオックスフォード留学）はもちろん航空機によった。羽田からモスクワ、パリを経由してロンドンに向かうエール・フランス便（どういうわけか）であったが、機内に入ったとたんフランス語が飛び交う異境の地に放り出されて戸惑ったものである。今日と比べれば海外旅行はまだまだ一般的とはなっていなかった。文房用具についても、コピー機は青焼きと呼ばれる湿式のものだったし、もちろん、ワープロやパソコンは未開発であった。原稿は原稿用紙に手書きするものであった。

　交通・通信革命を経て高度情報化社会となりグローバル化が進行した現代が、外国大学史研究の技術的環境という点でまことに恵まれていることは疑

いようもない。研究者は頻繁かつ気軽に現地に赴いて、図書館やアーカイブで一次史料を含む関連文献を読みかつ収集できるし、国際学会などにも出席して、専門を同じくする研究者と交流を深めることもできる。国際研究集会が日本で開催されることも多くなったし、日本人若手研究者が海外の大学に長期間留学して学位・資格を取得するケースも増えた。また、必要な文献をインターネットで調査したり電子媒体で閲覧したりすることも可能だし、アマゾンなどを通じて素早く購入することも簡単となった。私も出版社からの依頼を承けて、近代イギリス大学史に関するオリジナル資料の復刻・出版に協力したことがあった（『英国大学改革史』第1集 オックスフォード・ケンブリッジ両大学 全14巻、第2集 ロンドン大学と市民大学 全9巻、テムズプレス・紀伊国屋書店、2001-2年）。では、大学史研究の社会的環境や制度的基盤についてはどうなのだろうか。

　大学史研究セミナー初期の頃、「大学史ではメシは食えないよ」というのが常識であった。その頃の研究者たちの多くは、中山先生がよく「自分は科学史を表芸とし、大学史を裏芸としている」と語られていたように、本業のかたわら細々と、仲間もなく孤独な状況の中で大学史研究に取り組んでいた。あれから50年、大衆化、生涯学習化、情報化、グローバル化への対応をはかる一連の改革政策の中で、教育の場としての大学に焦点が当てられ、教授法、授業評価、ファカルティ・ディヴェロップメント（FD, SD）、大学評価など現実の実践的課題に関心が集まるようになっていった。

　こうした動きは平成3（1991）年の大学設置基準の改正にともなう教養部の再編・解体と各大学における大学教育研究センターの設置とも連動して、大学・高等教育研究に対する需要を生んだ。専門研究者の養成や専門家の研修の場としての大学院の整備・充実も進展し、いくつかの大学には高等教育の講座や修士課程および博士課程の高等教育のコースが設けられた。わが国の人文・社会科学系の学部学科の統廃合・再編・縮小が進む中、高等教育関係のそれは例外的にその影響外に置かれたようなところもあった。ただし、全国の一般的な動向と同様、若手研究者にとってそのほとんどのポストは非正規の任期付きのもので、安定したものでは決してないことは指摘しておか

ねばならない。

　こうした現代高等教育研究隆盛のいっぽう、この間に歴史的研究（大学史研究）への関心がとくに高まるようなことはなかった。K H.ヤーラオシュは「眼前の政策問題の解決に関心をよせる学者や行政官は、自分たちのおかれた現在の苦境があたかも他に例をみないもののように論じたがるものなのだ」（『高等教育の変貌 1860-1930』）と述べて、長期的視野の下での大学の比較史的研究の重要性を指摘したが、このことはわが国の場合にも当てはまるようであった。高等教育研究が盛んなアメリカでも、大学史の基本テクストとして長く読み継がれてきたF.ルドルフ『アメリカ大学史』（阿部美哉・阿部温子訳、玉川大学出版部、2003年）が絶版となり、「ルドルフがなくなってしまった」と関係者の間で話題になったというが、これも歴史への関心の薄さ、歴史離れを示す一つの証左であろうか。現代高等教育研究の隆盛と大学史研究の低調というと言い過ぎかも知れないが、私にはそのように見える。的外れの杞憂であればと願う。

　大学史研究のパラダイムや新たな枠組みを模索する動きは、本年度（2018年度）の大学史研究会のシンポジウムのテーマが「大学史研究のこれまでとこれから」としていることに端的に見て取れよう。同じく本年度の教育史学会のシンポジウムでもあらためて「教育史とはどのような学問か」がテーマに取り上げられている。また、過日（2018年8月）開催された日本高等教育学会主催（広島大学高等教育研究開発センター後援）の第1回学術交流集会でも、高等教育研究において「基礎・応用・開発、理論・実証・実践のバランスを著しく欠いている」との現状認識に立って高等教育研究の課題と方法が議論された。その認識には、高等教育研究の基礎・理論に位置づく大学史研究への期待も込められていると受け止めてよいだろう。

8．ロイ・ロウ教授との共同研究「「学問の府」の起源」

　私は2011年に広島大学を定年退職した後、放送大学広島学習センターの所長（特任教授）に就任した。所長としての職務に従事しながら、これまで

のイギリス大学史の研究をまとめる作業に取り組む予定であった。しかし、この予定は急遽大きく変更されることとなった。旧知のロイ・ロウ教授の強い希望と提案で、「「学問の府」の起源と知のネットワーク形成」について、二人で共同研究をすることになったからである（この間の経緯については共同研究の成果である安原義仁、ロイ・ロウ『「学問の府」の起源――知のネットワークと「大学」の形成――』知泉書館、2018年の「まえがき」や放送大学広島学習センターの機関紙『往還ノート』224号、2017年1月を参照）。これは、これまでの研究をまとめるといった過去の総括というより、未知の世界に向かって新たに旅立つ壮大な冒険であった。両名はともに、近代イギリス教育史・大学史を専門としており、この共同研究のテーマで取り組もうとする古代中世の地中海世界やインド、中国、イスラーム世界についてはまったくの門外漢である。ギリシア語やアラビア語など研究上不可欠なツールも持たなかった。二人のロートル（ロイ・ロウ教授は私より8歳年長）による徒手空拳での無謀な挑戦であった。そのことはもちろん、両名とも十分に認識していた。にもかかわらず、大冒険への旅立ちに踏み切ったのは、知りたいという純粋な知的好奇心とともに、これまでの自分の研究の位置と意味を確認したいという思いが募っていたがゆえであった。

　私自身についていえば、定年退職を迎える中で、遅まきながら次第に次のような疑問が膨らんできていた。「自分は長年、イギリスの大学史・教育史を専門として研究・教育活動に携わってきたが、日本をはじめ他の地域や国の大学史・教育史についてはほとんど無知に近い。現代に生きる日本人として、イギリスの歴史を勉強してきた意味はどこにあるのだろうか。自分の研究は一体何だったのだろうか。」というのがそれである。素朴だが根本的なstupid questionである。外国文化を研究対象とする日本人研究者が、老年になって日本回帰し足元を見直す（アイデンティティの再確認）ようになる、というのはよくあることで、私の場合も例に洩れなかった。

　わが国における日本の大学史研究の先達の一人である大久保利謙はかつて、「大学における日本的性格の探求は、日本の大学史の最も重要な課題である」と述べた。欧米の大学モデルに倣いつつ誕生した日本の近代大学は、その後

独自の発展をとげて今日に至っている。それは既存の日本の教育文化の歴史と伝統（土壌）のうえに発展したものであり（高橋俊乗の指摘）、「日本的性格」というべきものを有している。それを探求することが課題だとの含意だが、イギリス大学史を専門とする私が目指したのも、究極のところ、比較史の視点からの日本の大学の日本的性格であり、ひいては「大学とは何か」ということであった。

　私は学生時代、ワンダーフォーゲル部で山歩きを楽しんだが、高みに登って四方八方を展望するのを好む性向・性癖があった。このことも新たな冒険の旅への出立を後押しした。学問研究の世界は日進月歩し、研究は専門化・細分化の一途を辿るばかり。確かに「神は細部に宿る」のであろう。しかし同時に、深さと広さ、細部と全体のバランスをとることも大事なのではないか。ゲーテのいう「虫の目と鳥の目」の双方があいまって世界全体の様相が明らかになる。われわれの共同研究テーマに即していえば、ヨーロッパ中世に大学が誕生する以前の、世界の文明圏に存在した「学問の府」と知のネットワークに関する大まかな鳥観図を描くことは、まだ試みられていない意味のある取り組みであろうし、暇のある老学徒からの若い世代への贈り物として受け取ってもらえば嬉しいことである。こうして発足し約7年にわたったわれわれの共同研究の成果は、まず英文版（Roy Lowe and Yoshihito Yasuhara, *The Origins of Higher Learning: Knowledge networks and the early development of universities*, Routledge, London and New York, 2017）として出版され、次いで日本語版『「学問の府」の起源——知のネットワークと「大学」の形成——』知泉書館、2018年として上梓されたのであった。

9．再び『イギリスの大学——歴史への旅——』へ

　冒険の旅を終えて古希を迎えた今、私は再びイギリス大学史を辿る旅路に立ち戻ろうとしているところである。『イギリスの大学——歴史への旅——』と題する通史の執筆である。店じまいをするにあたって、これまでの研究をふまえた私なりの通史をまとめることが、やはり私のなすべき課題だろうと

思う。今は暇があり自由がある。「日残リテ昏ルルニ未ダ遠シ」はいつ「日暮れて道遠し」になるか分からないが、サビつき始めた頭が何とか回り、キシミ始めたカラダが動く間は歩み続けたいと念じている。思えば、研究と教育を目的とするはずの大学に身を置いていた時にはなかなかそれに専念できず、職を離れてから研究の暇と自由がたっぷりとあるというのは相当にキツイ皮肉である。大学は何でそんなに忙しいのだろう、いつからそうなったのだろうという素朴な疑問がわく。

　実は『イギリスの大学——歴史への旅』については苦い挫折の経験がある。1980年代半ばに横尾壮英『ヨーロッパ大学都市への旅』を初めとして、中山茂『アメリカの大学』、潮木守一『ドイツ大学への旅』という一連の「大学への旅シリーズ」がリクルート出版部から刊行されたが、その企画にはフランスとイギリスの巻も予定されており、私はイギリスの巻を担当することになっていた。当初は中山先生と私の二人で担当する（私自身はお手伝いをするといった気持ちであった）という話だったのが、いつの間にか「君一人でやりなさい」ということになっていった。若手への大きな励ましと期待をこめてのことであり、実にありがたい話であった。私は多くの文献を読んでノートをつくり、構想を練り項目を立て、ボツボツと執筆作業を進めていった。時々、横尾先生のところに原稿とノートをもって中間報告に赴いた。だが、励まされ呻吟の末に相当部分は何とか書きはしたが、結局、完結させることはできなかった。先生方や出版社には申し訳ない思いで一杯であった。

　当時私は30歳代後半であった。今、振り返って思えば、駆け出しの未熟な若手研究者に、中世のオックスブリッジから現代にいたる長い歴史を見通し、スコットランドやアイルランドさらには大英帝国をも視野に収めたイギリスの大学の通史を書けるはずもなかった。したがって、このたびの『イギリスの大学——歴史への旅——』は捲土重来の再挑戦となる。めでたく完結なるかどうかは分からないが、やれるところまでやってみようというのが今の気持ちである。結果が出なければそれもまたよし、やむなしである。若い世代の誰かがいつか取り組んでかたちにするだろう。知の探求の営みというのは、営々として継続される世代から世代へのリレーである。各研究者がそ

れぞれの置かれた時代状況の中でそれぞれの課題に取り組み、その役割を果たして（あるいは果たしそこなって）次世代へと繋いでいく。学問はそのようにして発展してきたのであり、文明もその基礎のうえに築かれてきたのである。

大学史研究の意義と課題——むすびにかえて——

　私が歩んだイギリス大学史研究の道のりは私なりの一回限りのものであり、私自身にとってのその意味は以上に記したとおりである。それがわが国における大学史研究にとってどういう位置づけになるのか、どういう意味があるのか等々について、私は論評する立場にはない。私は大学史研究者として分不相応に恵まれた経歴を辿ったが、私の研究人生はそもそも、評価に値するような大した成果を挙げたわけではない平凡な一学究のそれであった。そうではあるが、大学史研究の意義や課題について、自分の歩んだイギリス大学史研究の道行きを通して感じ考えたことはいくつかある。おわりに、それらの点を思いつくまま列挙し簡単に言及して本稿を結ぶことにしよう。

　第1点は、この半世紀間に大学史研究・高等教育研究は研究者層を広げ、学問としての市民権の確立に向けて大きく前進したということである。冒頭で言及した、待望久しかった『大学事典』の刊行はその象徴的な出来事であり感慨深いものがある。ある知識の領域が学問（ディシプリン）として成立し（「学問の制度化」）、学問としての市民権を確立していく過程で満たさなければならない条件として、対象と方法論の確立、大学における講座（教師職）の設置と研究者養成システム（博士課程）の整備、学会の設立と専門学術誌の刊行、基本テキストの出版などが挙げられるが、事典の刊行もその重要なものの一つである。児玉善仁（編集代表）、舘昭、斉藤泰雄など親しい友人・仲間が編集委員を務めた『大学事典』が、立派な装丁の大部な書物として世に出たことはまことに嬉しいことであった。多くの項目を研究の第一線で活躍する202名の研究者が担当したというが、それだけ研究者の層が厚くなっていたのである。なお、高等教育に関するテキストとしては牟田博光編著

『高等教育論』(放送大学教材)、放送大学教育振興会、1993年、有本章・羽田貴史・山野井敦徳編著『高等教育概論──大学の基礎を学ぶ──』ミネルヴァ書房、2005年、安原義仁・大塚豊・羽田貴史編著『大学と社会』(放送大学教材)、放送大学教育振興会、2008年などがあるが、大学史のテクストはまだ編まれていない。今後の課題であろう。

　第2点は、大学史研究・高等教育研究の学際性・境界領域性についてである。新しい学問はおうおうにして境界領域で誕生する。その担い手は神学、哲学、歴史学、科学史・医学史、教育学・教育史、社会学などさまざまな分野の専門家であった。大学史・高等教育研究が独自性を高め、その研究者層が広がりを見せる今も、それが学際性・境界領域性の強い分野であることは間違いない。であるとすれば、研究の発展にはさまざまな分野の専門家のいっそうの連携・共同・協力が必要となる。そうした場や機会の広がりが期待される。

　第3点は現代研究と歴史研究、政策・応用研究と基礎研究との関係である。最新の動向に関する情報・ニュースの把握・分析・発信と、長期的なスパンに立っての全体的・構造的な理解・洞察との関係をいかにして相互補完的なものとし統合するか。このことが重要な課題となろう。

　第4点は上記の第2,3点と関連するが、内外とくに国際交流のいっそうの促進である。海外における最新の研究動向のフォローと紹介、そしてとりわけ日本の大学史・高等教育の専門家による海外へ向けての英語での情報発信は、グローバル化が進展する今日、ますますその重要性を増している。比較の視点に立った研究のさらなる発展が期待される。

　総じていえば、大学史・高等教育の場合に限らず、研究の課題や意義というものは、自らの知的好奇心を第一の拠り所とするが、それと同時に、現実の問題に直面しそれを直視する中から生じるものである。20世紀イギリスを代表する政治哲学者でオックスフォード大学の改革に尽力し、同大学の総長も務めたA. D. リンゼイは、「何事か焦眉の問題を解決しなければならないと実感するとき、その時哲学の真の始まりがある」と述べた。何を問題だと認識するかは、個々の研究者がそれぞれに置かれた状況とそれにどう対処す

るかによる。その際、自らの感性と主体的判断に基づいて課題を設定することが何より大切なことだと思われる。

　情報化社会が急速に進展する今日、真偽取り混ぜた情報が世界に氾濫している。フェイクニュースが取り沙汰され、操作による情報の隠蔽や改ざんやねつ造が大きな社会問題となる中、学問研究の世界でも論文の盗用や剽窃をめぐる事件が増加している。「ハゲタカ・ジャーナル」も跋扈しているという。これらの問題や事件の背景に、新自由主義的な考え方に基づく競争と効率の過度な称揚や成果主義があり、実利主義・実学主義的な学問観や大学観（アカデミック・キャピタリズム）があるのは確かであろう。その背後にはさらに国家間の熾烈な国際産業・経済競争がある。

　「真理の探究」や「研究と教育の統合」を標榜する近代大学理念が崩壊しつつあり、やがて新たな「大学」の理念が誕生することになるのかどうかは分からない。国家・社会と大学との関係がどのようなものになるのかも不明である。しかし、世界や宇宙の現象や事象をできるだけ客観的・合理的に、醒めた理性によって探究するのが学問的営為であるかぎり、「不都合な真実」から目をそらさず、事実を事実として直視すること（「事実に対する批判的態度」）を離れて学問は成り立たない。知の探求の場としての大学の存立基盤もなくなる。

　大学史や高等教育の研究というのは、知の探求（創造と伝達）のあり方を通じて、社会や文明のあり方の根幹に関わるきわめて重要な学問領域の一つであり、意義のある、探究に値するものである。私はそう確信している。ささやかだが半世紀に及ぶイギリス大学史研究の道のりを辿った末の確信である。

研究ノート

旧制学校入学者の志望動向に見る学校間格差の実相　　　吉野　剛弘
　　──総合選抜制期の第五高等学校入学者の志望動向──

大学学年暦の歴史的考察　　　羽田　貴史
　　──入学時期と学年開始期をめぐって──

■研究ノート

旧制高等学校入学者の志望動向に見る学校間格差の実相
―― 総合選抜制期の第五高等学校入学者の志望動向 ――

吉野　剛弘
（埼玉学園大学）

はじめに

　本稿は、旧制高等学校の入学試験において初めて総合選抜制が採用された時期の高等学校入学者の志望動向を検討する。総合選抜制導入の理由でありながら、総合選抜制廃止の理由ともなった学校間格差の実相を、地方の高等学校の入学者の実態を通して明らかにする。

　筆者は、これまで旧制高等学校の入学試験、その準備教育機関である予備校の歴史について解明を進めてきた（吉野2019）。本稿は、その成果を受けて、明治30年代の高等学校入試において問題となった学校間格差について、各学校の入学者というレベルでさらなる検討を加えるものである。

　旧制高等学校は、大学、とりわけ帝国大学への進学者を供給する機能を持つ機関として存続した。しかも、高等学校の定員は帝国大学の定員より少なかったのであり、高等学校への入学は帝国大学への入学を事実上保証することになった。それゆえに、戦前期の日本にあっては、高等学校の入学試験が高等教育への登竜門として機能した。

　高等学校の入学試験は、その準備教育機関（予備校）や受験雑誌を生み出すことになった（吉野2019）。それらは戦後に大学入試のためのものとして存続していくのであり、旧制高等学校の入学試験をめぐる諸問題は、現在の大学入試の諸問題の起源を考える上で、示唆に富むものである[1]。

　その入学試験であるが、学校制度、とりわけ中等教育機関が整備されていなかった明治前期は、上級学校が入学後の学習に堪えうる人材を選ぶための

試験、すなわち「資格」としての入学試験を実施しなければならなかった。「資格」としての入学試験を実施しているので、一定の基準に達したら入学は許可されたが、その実態は慢性的な定員割れであった。

　このような状況に終止符が打たれるのが、明治30年代前半である。高等学校入学者の供給源である中学校が制度的に確立し、入学試験は「選抜」としての入学試験に代わることになった。とにかく点数の高い受験生が入学でき、定員に達したら残りは切り捨てられる入学試験が成立したのである。

　そのような中で、地方の高等学校の合格者より高い学力を持つ不合格者が都市部の高等学校で生み出されている状況が問題視された（吉野2001、吉野2019）[2]。すなわち、学校間格差の問題である。この格差の解消を企図して、1902（明治35）年より導入されたのが、総合選抜制の入学試験である。全国一斉に共通問題の試験を実施し、その成績のよい順に志望校に振り分けることで、成績優秀な者をもれなく収容することにした。地方の高等学校を第一志望としたがためにそれほど高い学力がなくても入学できる者を排除し、都市部の高等学校を第一志望にしたために不合格となる者を、どの高等学校でもよいから入学させてしまおうという制度である。

　しかし、その総合選抜制が、学校間格差の解消にはつながらなかったことは、これまでも多くの研究で指摘されている（筧田1975、竹内1991、吉野2001、吉野2019）。総合選抜制のもとでは、第一高等学校（以下、一高。その他の高等学校も同様に略記）を第一志望として出願する受験生が年を追うごとに増加した。その結果、1906（明治39）年5月の全国高等学校長会議で、総合選抜制を廃止し、学校別選抜に戻すことが建議されるに至った。

　そこでは、総合選抜制の入学試験には以下のような問題があると指摘された。

①入学者の多くは第一志望を都会の学校にし、地方の学校を下にする傾向があるので、地方の学校は劣等の生徒を収容することになる。
②学校別選抜にすれば、万一の僥倖を期して都会に出る者が減り、地方の学校を志望する優秀な生徒が増える。
③下位の志望の学校に入学した者は不勉強に陥る可能性があり、愛校心も

わかない。殊に第四第五志望以下で入学する者が与える影響は大きい。
④現行規定は学力のみで生徒を採択している。
⑤現行制度のもとでは定員一杯になるまで生徒を合格させるので、劣等の生徒が入学する可能性がある。

　要するに、都市部の高等学校に志願者が集中することで、地方の高等学校に不本意入学者が増えていると認識されたために、その解消を期して総合選抜制を廃止すべきということである。入試制度改革は、高等学校や文部省の意向によるのであって、選抜する側が不都合と考えている以上、廃止の理由としては十分である。
　しかし、都市部の高等学校に優秀な者が多く集まるという実態は、総合選抜制導入前から見られており、明治20年代にはすでに現れていた（吉野2019）。つまり、学校間格差の問題は、明治30年代に入って「発見」されたものであり、格差自体はそれ以前から存在していたのであるから、学校別選抜に戻したところで、学校間格差が解消する可能性は低い。
　学校間格差が生じる原因は、受験生の志願行動である。彼らの多くが一高を第一志望として出願するから、学校間格差が生じるのである。受験生と一口に言っても、合格して高等学校に入学する者と、不合格となり浪人する、あるいは進学を断念する者とに分かれる。総合選抜制の改廃に関わるのは前者である。上述の全国高等学校長会議の建議では、第二志望以下で入学した者の存在が問題点として指摘されているからである。
　一高に志願者が集中したことは事実であるが、第二志望以下の選択が何の理由もなくいい加減なものだったとすれば、高等学校長らの指摘は正鵠を得たものといえる。しかし、その選択に一定の「戦略」があるのだとすれば、愛校心もなく、不勉強に陥る理由を、入試制度のみに求めることには無理がある。入学者の実態を仔細に検討することが必要である。
　総合選抜制の最後の入試となった1907（明治40）年については、この年度の『高等学校大学予科入学者選抜試験報告』により志望校の順位による入学者数が把握でき、その状況は先行研究でも言及されている（竹内1991）。これ

を見る限り、地方の高等学校には第二志望以下で入学した者が多いことは分かるのだが、志望校の順位について触れられるのみで、志望部類は考慮されていない。また、全高等学校の状況を把握できるものの、単一年度の状況にとどまっている。

そこで、本稿では、熊本大学五高記念館に所蔵されている資料[3]をもとに検討を進めていく。同館に残っている資料は、五高に入学した者たちの入学願書である。それゆえに、全高等学校ではなく、五高に入学した者に限定されるが、1907（明治40）年を除く総合選抜制期の5年間の動向を追うことが可能である[4]。本稿では、五高に入学した生徒の志望動向を整理、分析する。その上で、地方の高等学校入学者における一高への志向の実態と、志望順位に一定の傾向があることを明らかにしていく。

1．総合選抜制期の五高への入学動向

五高入学者の志望動向を検討するにあたって、まずは統計資料に示される志望動向を示しておく（吉野2001、吉野2019）。

(1) 入学志願動向

表1は、総合選抜制期の各学校の受験者ないし志願者と入学者の状況を示したものである。受験者ないし志願者は、その学校を第一志望とした者の数である。

一部の年度で志願者の人数が不明なのだが、総合選抜制の最終年度である1907（明治40）年には全志願者の7割弱が一高を第一志望としていることから、年を追うごとに一高への集中が進んだことが推察される。

五高についてみれば、他校と際立って異なる点はなく、第一志望での志願者を減らしている。総合選抜期の最初の3年間は、入学者を上回る第一志望の受験者を抱えていたが、最終年度の1907（明治40）年に第一志望とした志願者は実際の入学者を下回っている。志願者の全員が合格したわけではないので、一定数の第二志望以下の者を受け入れていたということである。

(2) 入学者の得点状況

表2は1902（明治35）年と1903（明治36）年の各学校の部類別の入学者の得点データである。各部類における最低点の中で、最高を記録しているのはいずれも一高であるが、表中で太字で斜体にしている得点の学校は最高点が一高の最低点の学校を下回っている学校である。

これを見れば、一高と地方の学校との格差が見て取れる。また、1902（明治35）年と1903（明治36）年分の一高の最低点とその他の学校の平均点を比べると、ほとんどの学校で一高の最低点を下回っており、一高とその他の学校の差は歴然である。

しかし、表2の数字から言えるのは、入学者の学力のみである。地方の学校に合格した者の学力が低かったと断ずることには一定の留保が必要である。地方の学校では入学辞退者も相当数に上っていたと考えられるからである。1907（明治40）年の記事ではあるが、「少し覇気のある青年達に云はせると、『七高何かに這入るのは恥辱である。』だの、『三高、二高——四高でも外れたら、綺麗に諦めて、来年更に試験を受け直すばかり。』だのと、公言して居るが、而も多くの学生はこれに一致して居るらしい。鹿児島への流刑はよくよく厭であると見える」[5]というようなものもあり、地方の高等学校に振り分けられるくらいなら入学を辞退した方がよいという考え方もあったようである[6]。このようなことを勘案すると、表2に示した最高点よりも点数の高い受験生が入学を認められていた可能性はあるが、実際のところそのような好成績の受験生は入学しなかった、つまり各学校の最高点はあくまで入学者の最高点であり、実際はもっと高得点の生徒に入学許可が下りていた可能性がある。

そのような点をふまえて五高の状況をみると、最高点については決して低くはないが、最低点の低さが指摘できる。最も低いということもないが、多くの部類で最も低い学校とさほど変わらない点数となっている。その意味で、地方の高等学校の入学者の学力が低いという校長たちの実感には一定の妥当性がある。ただし、各学校の最低点を取った者が、その学校を第一志望にしていたのか、第二志望以下への振り分けの結果としてそこに入ったのかは不

明である。

２．五高入学者の志望動向

(1) 分析の方法
1）出願書類
　出願時に必要な書類は、「高等学校大学予科入学試験規程」で以下のように規定された。

> 第十八条　選抜試験ヲ受ケントスル者ハ甲号様式ノ願書ニ履歴書、学校長ノ證明書又ハ予備試験合格證書ノ写及写真ヲ添ヘ試験ヲ受ケントスル高等学校ニ差出スヘシ
> 　予備試験合格者ニシテ其ノ年ノ選抜試験ヲ受ケントスル者ハ其ノ予備試験ヲ受ケタル高等学校ニ於テ之ヲ受クルコトヲ要ス但シ此ノ場合ニ於テハ写真ヲ差出スコトヲ要セス
> 甲号
> 選抜試験願
> 私儀高等学校大学予科ニ入学志願ニ付選抜試験ヲ受ケ左ニ入学志願学校、志望部ノ順序及選抜試験ノ外国語ヲ記シ履歴書、写真（〔裏面ニ氏名及撮影ノ年月日ヲ記スヘシ〕）、何中学校長証明書〔中学校ノ卒業者ニ限ル〕（又ハ予備試験合格證書写〔予備試験合格者ニ限ル〕相添ヘ此段相願候也
> 明治　年　月　日
> 宿所
> 族籍
> 氏名　印
> 何年年月何日生
> 文部大臣学位爵氏名殿
> 記
> 一　入学志望ノ学校順序

第一志望ハ　何高等学校
第二志望ハ　何高等学校
第三志望ハ　何高等学校
以下之ニ準シ順序ヲ指定スルコト
一　志望部ノ順序
第一志望ハ　第何部（甲乙又ハ丙）
第二志望ハ　第何部（甲乙又ハ丙）
第三志望ハ　第何部（甲乙又ハ丙）
以下之ニ準シ順序ヲ指定スルコト
一　選抜試験ノ外国語
何国語

履歴書
氏名
何年何月何日生
学業（〔中学校卒業者ニ在テハ中学校ノ各学年修了ニ関スル履歴ヲ詳細ニ記スヘシ〕）
一　年月日何学校ニ入学年月日何科卒業　證書写別紙ノ通
一　年月日何高等学校ニ於テ高等学校大学予科入学予備試験ニ合格ス
合格證書写別紙ノ通リ
業務
一　年月日何官職拝命或ハ何業ニ従事年月日依願免官或ハ廃業又ハ現今在職従事等
賞罰
一　年月日何所ニ於テ何々ニ付キ何賞ヲ受ク或ハ何罰ヲ受ク
右之通相違無之候也
明治　年　月　日
右
何某　印

（文中の〔　〕は分かち書き部分）

　この規定は、専検の開始による予備試験の廃止にともない、1903（明治36）年に改正された（文部省告示第84号）。規定本文は予備試験の廃止に関わる部分が加筆修正された。

　最も変更が大きかったのは、選抜試験願の書式である。この改正で、1903（明治36）年以降は宿所ではなく、本籍を記入することになった。また、志望部類と志望校、受験外国語が表形式となったが、志望部類は最大で3個までしか書けなくなった。規定の改正（第6条）により、部を越えた志願ができなくなったためである。

　履歴書については、賞罰欄に放校や除名について記すことが求められることになった。

　選抜試験願は、印刷された書式が存在しており、記入事項の多寡に個人差はない。印刷された書式を使わない者もいたが、志望部類や志望校、受験外国語といった必要事項は書かざるを得ないので、記載内容に個人差はほとんどない。

　一方、履歴書については、個人差が大きい。「中学校卒業者ニ在テハ中学校ノ各学年修了ニ関スル履歴ヲ詳細ニ記スヘシ」との注意書きがあるが、その後ろの書式には入学と卒業についてしか記されておらず、実際にその事実のみを記した受験生もいる。中学校についての記載があるのは当然だが、補習科に通っていることや予備校に通っていることを記す受験生もいた。つまり、どの程度詳細に記入するかは志願者の裁量である。

　これらを総合すると、5年分の出願書類から一貫して抽出可能な情報は、志望校、志望部類、出身中学校、中学校入学年度と卒業年度ということになる。

2）入学者の振り分け

　総合選抜制のもとでは、試験の成績の上位の者から志望校、志望部類に振り分けられた。「高等学校大学予科入学試験規程」の規定は以下の通りであ

る。

第十九条　選抜試験ヲ受ケタル者ハ之ヲ第一部甲、第一部乙、第一部丙、第二部甲、第二部乙及第三部ノ六部ニ分類シ其ノ試験ノ成績順ニ依リ各高等学校ニ於ケル各部募集ノ総員ト同数ナル人員ヲ選出シ其ノ内ニ就キ左ノ方法ニ依リ各高等学校ニ配当スルモノトス
　一　入学試験ノ成績順ニ依リ本人ノ指定スル第一ノ入学志望学校ニ配当ス
　二　第一号ノ場合ニ於テ試験成績相同シキトキハ抽籤ニ依ル
　三　第一号第二号ニ依リ本人ノ指定スル第一ノ入学志望学校已ニ満員トナリ配当スルコト得サル者ニ付テハ直ニ成績順ニ依リ配当ノ結果本人ノ指定スル第二位以下ノ入学志望学校ニシテ欠員アルモノニ配当ス
　四　第三号ノ場合ニ於テ試験ノ成績相同シキ時ハ入学志望ノ順序ニ依ル
　五　第三号ノ場合ニ於テ試験ノ成績及入学志望ノ順序相同シキトキハ抽籤ニ依ル
　六　前数号ニ依リ配当ノ結果本人ノ志望スル学校悉ク満員トナリタルトキハ更ニ本人ノ指定スル第二以下ノ志望部ニ付欠員アルモノニ配当ス其ノ方法ハ三号四号五号ニ準ス
　七　前数号ニ依リ配当ノ結果本人ノ志望スル学校及部悉ク満員トナリタルトキハ入学スルコトヲ得サルモノトス
　前項ニ依リ配当ノ結果又ハ事故ノ為入学人員ニ欠員ヲ生シタルトキハ前項選出人員以外ニ就キ更ニ前項ノ方法ニ依リ之ヲ補塡スヘシ
第二十条　前条ニ依リ決定シタル高等学校入学者ノ氏名及学校名ハ官報ニ広告シ且本人ニ通知スルモノトス

出願書類と異なり、この規定は1903（明治36）年の改正による内容の変化はない。つまり、本稿で分析する期間にあっては、一貫してこの方法で振り

分けが行われたということである。

　振り分けに際しては、まずは志願者が第一志望で志願した部類の中で志望校の順位に基づいた振り分けがなされ、そこで入学できない場合は、第二志望以下の部類の中で振り分けが行われる。とはいえ、第二志望以下の部類に欠員がない限りは、第二志望以下の部類での振り分けは実施されない。

　志願者の志望校、志望部類に基づいて振り分けを行った結果、さらに欠員がある場合は、試験の成績に基づいて本人の志望していないところに振り分けることも可能であることが、最後に示されている。優秀な受験生を浪人させないことで、学校間格差を縮小させようという意図から設けられている規定なのだろうが、かなり強引な振り分けも可能ということである。

　規定の内容をふまえ、以下の分析では、最初に第一志望の部類の中での志望校の動向をみて、その上で第二志望以下の部類に入学した者の動向を追うことで、入学者の状況を検討する。

(2) 志望校の動向

　表3は、各年度の五高への入学者が第一志望をどの学校にしていたかの人数をまとめたものである。これを見ると、五高を第一志望にしている者たちを除けば、ほとんどが一高か三高を志望しており、都市部の学校への集中というのはたしかに存在したことが分かる。

　また、五高と一高を志望した者で入学者の大半を網羅することが可能なことも分かる。この点をふまえて、志望校の動向の分析に際しては、五高志望者と一高志望者の動向を追うことにする。

　以下では、入学年度、出身中学校、中学校卒業年度という3つの観点から分析していくことにする。

1）入学年度

　表4は、入学者が五高を何位に志望したかをまとめたものである。全体として振れ幅はそれほど大きくない。むしろ部類による違いの方が目立つ。概して第一部甲類と第二部甲類には五高を第一志望にする者が相対的に多く、

それ以外の部類では相対的に少ない。また、最初の数年は下位の志望順位の入学者が増加傾向だが、もともとの数が少ないので、大きな変化とはいえない。しかも、年を追うごとに下位の志望順位の入学者は減っており、志願者の志望傾向が、入学できるところを手堅く志望するという、いわば現実的な方向に収束しているとさえいえる。

　総合選抜制の弊害として、受験生の志望が一高偏重になっている点が指摘されていた。そこで、入学者が何位にどの高等学校を選んだかをまとめたものが**表5-1**である。ここでは、「志望指数」というものを導入した。「志望指数」は、各学校の志望順位と人数とを掛け合わせたものを合計したもので、数値が低いほど上位に志望される傾向が強いことを示すものである。なお、ここでは第一志望は五高か一高のどちらかなので、第二志望以下の人数のみで「志望指数」を算出している。**表5-2**は、表5-1のもととなるデータである。

　ここでは、五高志望者と一高志望者との間で、地域の志向に明確な違いが見られる。五高志望者の多くは中国地方の六高や同じ九州地方の七高を比較的上位で志望するのに対して、一高志望者は六高や七高を最下位に近いところで志望する者が多く、四高も徐々にそのグループに入ってくる。これとは逆に、東北地方の二高や、北陸地方の四高は、五高志望者にあっては最下位に近いところで、一高志望者にあっては五高志望者に比して比較的上位で志望する傾向にある。

　志望校の順位は、個々人が持つ地域へのイメージの影響が大きいと考えることができる。九州地方にある五高を志望する者にとっては、東北地方や北陸地方は縁遠く、高等学校の中心的存在であるものの関東地方にある一高を志望する者にとっては、東京から遠い、あるいは行きづらい地域は縁遠く感じるということである。

2）出身中学校

　表6は、五高を第一志望にした者と、一高を第一志望とした者が、それぞれどこの中学校を卒業したかをまとめたものである。

これを見ると、一高は徐々に全国区の学校になっていく様子が見て取れる。最初の年である1902（明治35）年には東京府の中学校出身者がそれ相応の割合を占めているが、年々その割合を減らしている。東京を含めた関東地方の中学校を卒業した者は、ほとんどの年度、部類で過半数を割り込んでいる。

　当時の東京の私立中学校では、上京遊学者を受け入れる状況があった（武石2012）。この時期にはそのような理由で上京する者の数は減少傾向にあったものの、それを勘案しても関東地方の中学校の卒業者は多くない。

　しかも、東京には多くの予備校が存在していた。中学校卒業後から7月の入学試験の間に東京の予備校に通った者も一定数存在しただろう。そのような東京滞在の経験が一高を志望するという行動に影響を与えた可能性もある。履歴書の記載を見ると、東京の予備校に通った者や、地方の中学校を卒業した後に東京の中学校の補習科に入学した者もいる。しかし、予備校や補習科への通学経験は履歴書に書かれなければならない事項ではないため、その影響力は不明である。

　一方で、五高を第一志望とする者は、過半数が九州地方の中学校を卒業した者である。このような傾向は、前項の志望校の順位にみられた傾向とも重なる。しかも、高等学校への出願より中学校卒業の方が先行していることを考えれば、個々の受験生が置かれた環境が地域へのイメージを形成し、それが志願行動に大きく影響していることが推察される。

3）中学校卒業年度

　表7は、五高を第一志望にした者と、一高を第一志望とした者の、中学校卒業年次によって分類したものである。五高と一高とを比べると、一高志望者の方が既卒者の割合が高い。一方、五高志望者は常に新卒者の方が多い。

　これまで見てきた志望校の順位や出身中学校の傾向を考えると、五高志望者は地元志向が強いため、必然的に新卒段階での志願も多く、結果的に入学者に占める割合が高いということになるだろう。それに対して一高志望者は、全国的に散在しており、浪人時にまさしく僥倖心から志望した者も含めて多く存在したため、結果的に既卒者が増えているとみることができるだろう。

(3) 志望部類の動向

すでに示したように、総合選抜制期にあっては、志望部類も複数指定可能であった。つまり、入学者は自らが第一志望として指定した部類に入学できたわけではない。

当時の高等学校大学予科では、第一部の甲類と乙類とでは第一外国語が英語とドイツ語という点で異なり、第二部の甲類と乙類では進学が想定される分科大学が異なっていた[7]。その意味で、どの高等学校に入学するかということ以上に、どの部類に入るかは決定的な問題ということでもある。

指定できた部類の数についてみると、1902（明治35）年度は全部類を記入可能だったが、1903（明治36）年度以降は同一部内のみで指定可能となったため、第一部では最大3つ、第二部では2つ、第三部は指定不能というように変化した。

また、すでに示した規定にある通り、入学者の振り分けに際しては、志望部類より志望校が優先される。第一志望の部類において、全ての学校で満員になっていた場合のみ、第二志望以下の部類に振り分けられる。つまり、第二志望以下の部類に入学する者は、試験の成績が振るわず、第一志望の部類では入学が不可能だったということを意味している。

表8は、各年度の各部類の入学者の志望部類の順位を示したものである。最初の1902（明治35）年度は、ほぼ全員が第一志望の部類に入学しているが、それ以降については第一部乙類、第二部乙類では第二志望で入る者が多く、特に第二部乙類は多い。

志願者の志望に基づいて振り分けた後にさらに欠員がある場合は、成績のよい受験生から願書に記載していない部類に合格させるという規定が存在した。この規定に基づいて合格し、入学した者も見られる。第一部でそのような入学者はいなかったが、第二部には存在した。これも第二部乙類に多い。

とはいえ、強制的な振り分けも、1905（明治38）年以降には見られない。志望校の順位が現実的な方向に収束していく傾向があることはすでに見たが、志望部類についても同様の傾向が見て取れる。

おわりに

　これまで五高入学者の志望動向をさまざまな視点から検討してきた。その結果から、地方の高等学校の一つである五高志望者の典型と、最大の人気を博した一高志望者の典型は、以下のようにまとめることが可能である。「九州地方の中学校を卒業し、最初の入学試験で着実に高等学校に入学することを望み、できることなら一高以外の東日本地域にある学校には入りたくない」五高志望者、「全国津々浦々の中学校を卒業し、たとえ浪人生活を送ろうとも一高への入学を望み、できることなら東京から行きづらいところにある学校には入りたくない」一高志望者ということである。

　全国高等学校長会議では、地方の高等学校の入学者の学力の低さや、不本意入学者の存在が問題視された。しかし、入学者の志望動向から見えてくるのは、意外と堅実な受験生像である。入学者の志望校の順位を見ると、一定の地域性があり、それ相応の地元志向を見て取ることができるからである。志望校の順位や志望部類は、年を追うごとに堅実さが際立つものになっている。

　一高を第一志望にした受験生が数多くいたことは事実だが、入学者の志望動向がそれ相応に堅実だったとすれば、単なる僥倖心で一高を志望した者は入学試験によってそれ相応に淘汰されていたということでもある。その意味で、総合選抜制には一定の効果があったということすら可能である。

　受験生の側からこの実態を考えれば、堅実で現実的な志望をした者の方が高等学校に入学できる可能性が高いことを意味する。高等学校に入学できれば、帝国大学への進学は事実上保証されているのであって、当人の自尊心を考慮しなければ、どの高等学校に入っても同じである。そうであるならば、第一志望は純粋に入学を志望する学校を書くにしても、第二志望以下は自尊心を勘案しつつ入学できそうな学校を書く方が賢明である。

　部類についても同様である。第一部にせよ第二部にせよ、甲類より乙類の方が第二希望で入学する場合が多かったが、第二志望の部類に回される際も、志望校の順位は第一希望と同じものが使われる。もし成績に自信がないのな

ら、確実に入学できそうな学校を上の順位にしておく方が現実的である。人気のある学校は第一志望の志願者で定員に達してしまうからである。

非常に低い志望順位での入学や、本人が希望していない部類に強制的に振り分けられることが減っていくということは、不本意入学は減っているということでもある。受験には「戦略」が必要であることに受験生が気付きはじめてきた兆候とみることもできる。

一高をとりあえず第一志望にして、第二志望からは現実的な選択をしておく、あるいは最初から地元志向で入学可能な学校を第一志望にしておくというのが、その「戦略」である。とりあえず一高を第一志望にする者が一定数いる以上、統計に示される一高の志願者数は増えていくし、そのような中で振り分けをされる以上、一高の合格最低点も他校より高くなるのは当然のことである。

高等学校に入学できる水準にある者たちにおいて、そのような現実的な選択がなされている以上、入試制度を変えたところで新たな「戦略」が生み出されるだけである。選抜する側とされる側の「いたちごっこ」が始まったのである。事実、総合選抜制が廃止されたところで、入学試験をめぐる状況に変化はない（吉野2001、吉野2019）。

本稿では、五高の入学者の状況を検討したが、地方の高等学校は五高だけではない。他校の動向を検討することで、本稿で示した結論も補強されるだろう。史料的制約が大きいことは否めないが、この点は今後の課題としたい。

注

1 旧制高等学校の多くは、戦後に新制大学に包摂された。その点からも、旧制高等学校入試と、現在の大学入試とには、歴史的な連続性を見出すことができる。
2 2つの帝国大学に入ることが事実上決まっている状況で、都市の高等学校に不合格になる高学力の者と、地方の高等学校に合格する相対的に学力の低い者との格差が問題とされた。しかし、その議論の過程で、高等学校の入学時の成績と帝国大学での学業成績との関係が客観的に示されてもいないし、高等学校での教育効果も考慮されてもいない。入学試験の性質の変化を示す興味深い事実ではあるが、この点については機会を改めて検討したい。

3　簿冊名は以下の通りである。
　『明治三十五年　入学願書』(第一部甲類〔2冊〕、第一部乙類、第二部甲類、第二部乙類、第三部)
　『明治三十六年　選抜試験願書』(第一部甲類〔2冊〕、第一部乙類、第二部甲類、第二部乙類、第三部)
　『明治三十七年　入学者試験願書』(第一部甲類〔2冊〕、第一部乙類、第二部甲類、第二部乙類、第三部)
　『明治三十八年　選抜試験願書』(第一部甲類〔2冊〕、第一部乙類、第二部甲類、第二部乙類、第三部)
　『明治三十九年　入学者試験願書』(第一部甲類〔2冊〕、第一部乙類、第二部甲類、第二部乙類)
　なお、1903（明治36）年、1905（明治38）年、1906（明治39）年については、五高で受験し、どの高等学校にも合格しなかった（それゆえに上記の簿冊にも収録されず、他校に送付もされなかった）者の願書も残っているが、通時的な検討が不可能なため、本稿の研究対象から外している。
4　1906（明治39）年の第三部については、その簿冊がないため、第三部について追うことができるのは4年分である。
5　SN「高等学校受験案内」『中学世界』第10巻第12号（1907.9.20）、50頁。
6　五高入学者に限っても、志望校の欄に1校ないし2校しか書かなかった者は存在する。
7　なお、第一部にはフランス語を第一外国語とする丙類もあったが、これは一高にのみ設置されていた。

引用・参考文献
武石典史『近代東京の私立中学校』ミネルヴァ書房、2012年。
竹内洋『立志・苦学・出世』講談社現代新書、1991年。
筧田知義『旧制高等学校教育の成立』ミネルヴァ書房、1975年。
吉野剛弘「明治後期における旧制高等学校入試―文部省の入試政策と各学校への影響を中心に―」『慶應義塾大学大学院社会学研究科紀要』第52号、2001年。
吉野剛弘『近代日本における中等・高等教育制度の確立と「受験」の成立』ミネルヴァ書房、2019年。

〔別記〕　本稿に必要な史料の収集にあたっては、薄田千穂さんをはじめとする熊本大学五高記念館の方々に大変お世話になった。記して謝意を表したい。

表1　総合選抜制期の各学校別入学試験状況

		全体	一高	二高	三高	四高	五高	六高	七高	山口
1902 (明治35)	受験者	4,182	1,310	456	563	424	514	307	294	303
	入学者	1,596	323	197	184	191	224	126	180	171
	競争率		4.06	2.31	3.06	2.22	2.29	2.44	1.63	1.77
1903 (明治36)	受験者	4,057	1,175	490	585	367	467	305	331	337
	入学者	1,626	327	189	186	179	230	156	180	179
	競争率	2.50	3.59	2.59	3.15	2.05	2.03	1.96	1.84	1.88
1904 (明治37)	受験者	3,945	1,428	456	621	360	464	290	326	
	入学者	1,453	299	189	181	189	237	171	187	
	競争率	2.72	4.79	2.41	3.43	1.90	1.96	1.70	1.74	
1905 (明治38)	志願者	4,709								
	入学者	1,470	337	186	182	203	231	155	176	
	競争率	3.20								
1906 (明治39)	志願者	5,151								
	入学者	1,475	295	197	190	195	231	179	188	
	競争率	3.49								
1907 (明治40)	志願者	5,982	4,117	323	714	206	278	268	76	
	入学者	1,847	353	234	241	246	293	227	253	
	競争率	3.24	11.66	1.38	2.96	0.84	0.95	1.18	0.30	

注・出典）五高には1905（明治38）年まで工学部があったが、数字は除いてある。
　　　　1902（明治35）年の受験者の合計は4,173人だが、出典のまま記載した。そのため、競争率は算出しない。
　　　　1905（明治38）年から1907（明治40）年は「受験者」のデータがないため、「志願者」を掲載。
　　　　1902（明治35）年：「高等学校大学予科入学試験合格者成績」『官報』第5820号（1902.11.26）、p.582より作成。
　　　　1903（明治36）年：「本年入学者中学校卒業年度別表外二表」『明治三十六年専門学務局往復書類』（京都大学大学文書館所蔵）、頁数なしより作成。
　　　　1904（明治37）年：「高等学校入学試験ニ関スル該統計」『明治三十七年専門学務局往復書類』（京都大学大学文書館所蔵）、頁数なしより作成。
　　　　1905（明治38）年・1906（明治39）年：『文部省年報』より作成。
　　　　1907（明治40）年：SN生「高等学校受験案内」『中学世界』第10巻第12号（1907.9.20）、60頁および『文部省年報』より作成。

表2　各学校部類別入学者の得点

1902（明治35）年

			一高	二高	三高	四高	五高	六高	七高	山口	合計
第一部	甲類	最高点	648	617	619	564	564	586	*454*	509	648
		最低点	481	377	435	376	380	380	364	370	364
		平均点	542	444	493	428	448	453	384	405	456
	乙類	最高点	687	512	580	607	535	513	510	*459*	687
		最低点	506	345	377	275	292	361	214	258	214
		平均点	568	457	464	385	401	419	313	333	419
第二部	甲類	最高点	645	618	662	592	571	568	*538*	599	662
		最低点	544	473	491	471	475	491	455	467	455
		平均点	576	531	540	513	504	519	471	492	523
	乙類	最高点	641	593	596	484	581	601	504	471	641
		最低点	447	322	402	345	322	361	300	322	300
		平均点	520	431	471	406	401	454	348	370	425
第三部		最高点	656	635	607	642	585	596	*512*	566	656
		最低点	556	455	509	461	456	462	442	453	442
		平均点	589	502	540	513	482	510	456	483	507

注・出典：「専門学務局長ヨリ高等学校大学予科入学者ノ成績表送付」『文部省及諸向往復書簡』明治35年（甲）（東京大学文書館所蔵）、141頁より作成。
一高にのみ設置の第一部丙類、第三部独語受験は除外した。

1903（明治36）年

			一高	二高	三高	四高	五高	六高	七高	山口	合計
第一部	甲類	最高点	653	552	590	554	625	457	458	536	653
		最低点	442	291	371	288	291	310	286	292	286
		平均点	511.0	373.7	442.2	392.7	378.9	379.0	353.5	366.6	408.3
	乙類	最高点	588	470	558	452	519	561	521	*401*	588
		最低点	429	295	310	287	299	291	280	283	280
		平均点	487.5	362.5	395.7	351.3	346.0	358.5	306.4	310.3	317.6
第二部	甲類	最高点	623	541	588	614	613	578	561	592	623
		最低点	522	405	463	414	413	412	424	401	401
		平均点	555.6	472.2	508.1	490.4	482.6	490.1	462.6	467.8	496.9
	乙類	最高点	615	551	544	547	521	523	*420*	487	615
		最低点	424	387	400	383	394	416	383	383	383
		平均点	506.6	445.0	459.8	430.6	419.6	433.6	391.5	402.2	436.8
第三部		最高点	605	580	597	*510*	515	538	558	*475*	605
		最低点	510	420	431	409	411	409	407	409	407
		平均点	506.6	481.3	478.1	463.6	451.3	460.4	424.8	433.8	462.1

注・出典：「専門学務局長ヨリ高等学校入学試験ニ関スル統計表送付」『文部省及諸向往復書簡』明治36年（甲）（東京大学文書館所蔵）、48-50頁より作成。
一高にのみ設置の第一部丙類、第三部独語受験は除外した。

表3 入学者の第一志望校

年度	部類	第一志望校							
		五高	一高	二高	三高	四高	六高	七高	山口
1902 (明治35)	第一部甲類	47	25		8				
	第一部乙類	27	9		4				
	第二部甲類	16	20		4				
	第二部乙類	16	9		4		1		
	第三部	11	16		10				
1903 (明治36)	第一部甲類	56	22		1				
	第一部乙類*	17	20		3				
	第二部甲類	19	14		3				
	第二部乙類	19	14		2				
	第三部	18	20		3				
1904 (明治37)	第一部甲類	48	27		5				
	第一部乙類	12	24		4				
	第二部甲類	27	11		1				1
	第二部乙類	30	8		1				
	第三部	15	22		3				
1905 (明治38)	第一部甲類	47	33						
	第一部乙類	14	24		2				
	第二部甲類	33	5						
	第二部乙類	9	21	2	2	2	1		
	第三部	18	15		2				
1906 (明治39)	第一部甲類	44	29		7				
	第一部乙類	15	23						
	第二部甲類	28	12						
	第二部乙類	9	25	1					
	第三部	データなし							

注・出典) 表に記載のない学校は、第一志望者がいなかったことを示す。
1903（明治36）年の第一部乙類は、入学願書が綴じもれているものと履歴書が綴じもれているものがそれぞれ1件あるため、その分の情報が欠けている。

旧制高等学校入学者の志望動向に見る学校間格差の実相 155

表4　入学者の第五高等学校の志望順位

年度	部類	総入学者	志望順位							
			1	2	3	4	5	6	7	8
1902 (明治35)	第一部甲類	80	47	16	9	7	1			
	第一部乙類	40	27	4	5	2	2			
	第二部甲類	40	16	5	2	5	7	5		
	第二部乙類	30	16	3	3	3	3	2		
	第三部	37	11	4	8	7	3	4		
1903 (明治36)	第一部甲類	79	56	11	7	3	2			
	第一部乙類	41*	17	10	8		5			
	第二部甲類	36	19	4	6	3	4			
	第二部乙類	35	19	9	2	2	2	1		
	第三部	41	18	6	5	4	5	3		
1904 (明治37)	第一部甲類	80	48	18	9	4		1		
	第一部乙類	40	12	12	12		4			
	第二部甲類	40	27	7	5		1			
	第二部乙類	39	30	3	4	1		1		
	第三部	40	15	5	10	2	4	3	1	
1905 (明治38)	第一部甲類	80	47	12	16	2	2	1		
	第一部乙類	40	14	13	9	2	2			
	第二部甲類	38	33	3	2					
	第二部乙類	37	9	10	5	5	8			
	第三部	35	18	6	9	2				
1906 (明治39)	第一部甲類	80	44	31	5					
	第一部乙類	38	15	5	15	3				
	第二部甲類	40	28	12						
	第二部乙類	35	9	6	11	7	2			
	第三部		データなし							

注・出典）1903（明治36）年の第一部乙類は、入学願書が綴じもれているものと履歴書が綴じもれているものがそれぞれ1件あるため、総入学者と志望順位ごとの合計数は一致しない。

表5-1 各高等学校の志望指数

		五高志望者								一高志望者							
		一高	二高	三高	四高	五高	六高	七高	山口	一高	二高	三高	四高	五高	六高	七高	山口
1902 (明治35)	第一部甲類	3.82	*6.38*	3.79	*5.97*		3.95	4.37	4.49		4.21	3.52	5.11	2.84	5.22	6.08	*6.18*
	第一部乙類	5.00	*5.71*	4.29	*6.11*		3.95	3.61	3.57		3.63	2.71	*6.67*	3.11	5.00	6.00	*6.80*
	第二部甲類	4.10	*6.50*	3.08	*6.30*		4.00	4.64	4.38		3.63	3.00	4.74	4.05	4.94	*7.00*	*6.81*
	第二部乙類	5.92	*5.71*	4.00	*5.36*		3.71	4.93	4.21		3.44	3.56	4.43	4.22	5.00	*7.60*	*5.86*
	第三部	4.00	*6.25*	3.20	*6.25*		4.20	4.25	3.45		4.08	3.40	4.31	4.19	4.07	6.50	*7.00*
1903 (明治36)	第一部甲類	4.70	*5.54*	4.75	*5.55*		4.40	4.33	4.24		4.58	3.15	5.26	2.82	5.39	6.32	*6.79*
	第一部乙類	*5.27*	*5.90*	3.83	5.00		4.54	4.06	4.25		4.00	3.40	5.38	3.10	5.06	6.50	*6.78*
	第二部甲類	4.86	*5.64*	4.15	*6.15*		3.53	4.38	3.59		4.85	4.33	4.75	3.50	4.69	*5.67*	*5.92*
	第二部乙類	4.85	*6.31*	4.85	*5.20*		3.69	4.61	3.40		5.38	5.08	4.93	3.14	4.29	*6.29*	*5.54*
	第三部	5.08	*5.57*	3.56	*6.14*		4.40	5.13	3.82		4.53	3.35	5.05	3.80	5.05	6.50	*6.33*
1904 (明治37)	第一部甲類	4.13	*5.31*	3.89	*4.68*		3.88	3.67			4.14	3.15	*5.15*	2.78	4.77	6.26	
	第一部乙類	4.25	*6.75*	3.80	*4.75*		4.00	2.69			4.40	3.23	4.57	2.92	*5.14*	*5.88*	
	第二部甲類	4.39	*5.57*	3.33	*5.09*		3.88	3.83			3.78	4.09	*5.63*	2.64	4.63	*5.25*	
	第二部乙類	4.77	*5.81*	3.38	*5.23*		3.36	4.10			3.86	2.86	4.86	3.25	*5.43*	*6.40*	
	第三部	4.58	*6.00*	3.15	*5.00*		3.80	3.60			3.84	3.00	4.84	3.64	*4.85*	*6.26*	
1905 (明治38)	第一部甲類	4.33	*5.40*	3.80	*4.74*		3.89	4.24			4.57	3.03	*5.04*	2.91	4.74	*5.68*	
	第一部乙類	*4.70*	*4.80*	4.18	4.55		3.64	4.25			4.62	3.04	*5.32*	2.75	5.19	*5.65*	
	第二部甲類	4.09	*5.19*	3.36	*5.29*		3.66	4.07			4.40	2.80	*6.50*	2.40	4.25	*6.33*	
	第二部乙類	3.88	*5.71*	3.44	4.43		*4.75*	4.14			4.16	3.55	*4.84*	3.24	*5.26*	*5.70*	
	第三部	*5.36*	*5.20*	4.29	4.93		3.63	3.00			4.17	2.64	*5.50*	2.87	5.31	6.08	
1906 (明治39)	第一部甲類	3.87	*5.18*	3.27	*4.90*		4.48	4.12			4.85	3.72	*5.48*	2.17	*5.26*	4.96	
	第一部乙類	*4.92*	*5.73*	3.54	4.50		4.33	2.86			4.04	2.50	*5.22*	2.91	4.78	*6.38*	
	第二部甲類	4.27	*5.33*	3.67	*5.10*		3.61	4.17			4.80	4.09	*5.45*	2.00	4.55	*5.64*	
	第二部乙類	3.78	*5.25*	3.50	*6.25*		3.38	3.88			4.08	2.88	*5.29*	3.20	5.17	*6.33*	
	第三部									データなし							

注:「志望指数」=2×(第2志望の志願者数)+…+7×(第7志望の志願者数)+8×(第8志望の志願者数)
斜体で網掛け:最下位(7位ないし6位)ないし最下位から2番目(6位ないし5位)

旧制高等学校入学者の志望動向に見る学校間格差の実相　157

表5-2　入学者の志望校の順位

1902（明治35）年

部類	順位	五高志望者									部類	順位	一高志望者						
		一高	二高	三高	四高	五高	六高	七高	山口			一高	二高	三高	四高	五高	六高	七高	山口
第一部甲類	1位					47				第一部甲類	1位	25							
	2位	11		8			10	9	8		2位		4	7	1	12			1
	3位	6	3	17	2		6	5	7		3位		3	6	4	6	2	2	1
	4位	4	2	6	6		9	7	5		4位		6	2	1	6	5	1	
	5位	7	2	4	3		7	7	4		5位		1	3	6	1	2	2	3
	6位	4	6	5	5	1*	3	3	5		6位		2	2	2		6	1	3
	7位	1	6	2	8		1	4	5		7位		2	1	3		2	3	5
	8位	1	10	1	6		2	3	3		8位		1		2		1	4	4
第一部乙類	1位					27				第一部乙類	1位	9							
	2位	3	1	2	1		5	7	8		2位		3	3		3			
	3位	1	2	6			4	5	8		3位		2	3		3			
	4位	3	1	4	2		7	6	2		4位		1	1					
	5位	3	4	3	4		1	3			5位			1	1		2	1	
	6位	3	2	5	2		3		2		6位		1					2	1
	7位	1	3	1	6		2	1	2		7位		1		3				
	8位	3		4	4			1	1		8位			1		1		1	2
第二部甲類	1位					16				第二部甲類	1位	20							
	2位	3		4			3	2	4		2位		5	9		5		9	
	3位	2	1	5			4	6			3位		8	4	3	2		5	
	4位	1	1	3	1		3	3	2		4位		2	4	4	4	5	1	
	5位	1		1	1		4	3	2		5位		1	1	7	5	2		3
	6位	2			4			2	2		6位		1	1	2	4	6	4	1
	7位		6		2		1		1		7位						2	9	4
	8位	1	2		2			1	2		8位		2		2			4	7
第二部乙類	1位					16				第二部乙類	1位	9							
	2位		1	5			2	3	5		2位		3	3	2	1			
	3位	2		4	1		5	2	1		3位		4	3		1	1		
	4位	2	1	1	1		4	1	3		4位			1	1	3	3	1	
	5位	1	1	4	3		2	2			5位			1		1	3	1	2
	6位	1		3	5			1	3		6位			3	1	3			
	7位	2	3		1		1	3			7位						1	2	3
	8位	4	1	1				2	2		8位		1	1				3	
第三部	1位					11				第三部	1位	16							
	2位	1		2			1	2	6		2位		3	7	2	3			
	3位	2		2	2		1				3位		4	2	2	2			
	4位										4位		1	2	5	5	2		
	5位	1	2				4				5位		1	3	4	2	1	1	
	6位			1	1				2		6位		2		4	3	1	1	
	7位	1					1	1			7位						1	2	5
	8位		1		2				1		8位			1	1			3	3

1903（明治36）年

部類	順位	五高志望者								部類	順位	一高志望者							
		一高	二高	三高	四高	五高	六高	七高	山口			一高	二高	三高	四高	五高	六高	七高	山口
第一部甲類	1位					56				第一部甲類	1位	22							
	2位	7	2	3	2		10	17	13		2位		4	7		11			
	3位	2	5	9	3		9	8	17		3位	4	7	1	6	1	1	1	
	4位	16	3	7	7		12	3	3		4位		2	4	3	3	4	3	1
	5位	6	11	12	11		4	2	3		5位		3	1	8	2	3		2
	6位	1	7	13	9		5	5	2		6位		2		5		7	4	1
	7位	9	5	3	9		5	6	4		7位			1	1		3	7	6
	8位	3	8	1	6		5	7	9		8位		4	1				4	8
第一部乙類*	1位					17				第一部乙類*	1位	20							
	2位			4	1		2	6	4		2位		5	7		8			
	3位	3		2			4	1	5		3位	3	5	1	7	3	1		
	4位	1	4	2	2		1	3	2		4位	5	4	5		4			1
	5位	1	1	1	6		1	1	1		5位	1	1	2	5		3	4	3
	6位	4		2	1		2	2			6位	2	3			3	6	1	2
	7位		2	1	2		2	3			7位				5		1	5	5
	8位	2	3			1		1	4		8位	2				1	5	7	
第二部甲類	1位					19				第二部甲類	1位	14							
	2位	3		2			5	2	7		2位		3	5	1	4	1		
	3位	2		4	1		6	3	3		3位	3	1	2	3	2	2	1	
	4位	3	2				2	6	2		4位	1	2	3	1		3	1	2
	5位	1	3	1	3		2	2	2		5位			1	4	5	1	2	
	6位	2	1	3	4				2		6位	2		3		4	1	2	
	7位	1	3	1	2		2	1			7位		1	2				5	4
	8位	3	1		3			2	1		8位	4	3				1	2	
第二部乙類	1位					19				第二部乙類	1位	14							
	2位		2		2		2	4	7		2位	1	3	1	7	2			
	3位	2		1			7	3	5		3位	1	2	1	2	2	2	4	
	4位	1	1	3	3		4	3			4位	2		5	2	3	1	1	
	5位	3	2	1	5		1	2			5位	3		2	2	4	2	1	
	6位	3	4				1	1	1		6位	1	4	2		1	3	1	
	7位		4	3	3		1	2			7位	4	2	2				2	3
	8位	2	2		2			3	2		8位	1	2	1				6	3
第三部	1位					18				第三部	1位	20							
	2位	1	3	5			2	1	6		2位	6	6	1	5	2			
	3位	3	1	5	1		1	2	3		3位	2	10	2	4	1		1	
	4位	1		1			5	3	2		4位	2	1	6	4	3	2		
	5位	1	1	2	1		5	2	3		5位	2		2	6	4	4	2	
	6位	3	1	1	5			4	1		6位				3	9	2	6	
	7位	4	1	2		4		2	3		7位	1			4	1	9	4	
	8位		5	1	2			2	1		8位	3		4	1	1	3	6	

注）1903（明治36）年の第一部乙類は、入学願書が綴じもれているものと履歴書が綴じもれているものがそれぞれ1件あるため、その分の情報が欠けている。

1904（明治37）年

五高志望者

部類	順位	一高	二高	三高	四高	五高	六高	七高
第一部甲類	1位					48		
第一部甲類	2位	12	1	5	6		9	12
第一部甲類	3位	6	6	11	3		9	8
第一部甲類	4位	4	3	11	6		10	5
第一部甲類	5位	3	9	3	10		4	5
第一部甲類	6位	7	3	7	6		6	3
第一部甲類	7位	6	13		6		2	3
第一部乙類	1位					12		
第一部乙類	2位	1		1			1	9
第一部乙類	3位	2		4			3	1
第一部乙類	4位	2		2	4			2
第一部乙類	5位	1		2	2		3	
第一部乙類	6位	1	2	1	2		1	1
第一部乙類	7位	1	6					
第二部甲類	1位					27		
第二部甲類	2位	7		7	1		7	5
第二部甲類	3位	2	3	9			7	6
第二部甲類	4位	2	3	7	3		3	7
第二部甲類	5位	2	3	3	11		2	2
第二部甲類	6位	7	3	1	6		2	2
第二部甲類	7位	3	9		1		4	2
第二部乙類	1位					30		
第二部乙類	2位	2		12			10	5
第二部乙類	3位	6	2	5	1		7	8
第二部乙類	4位	4	3	4	7		6	4
第二部乙類	5位	5	4	5	6		2	6
第二部乙類	6位	2	7	3	9		2	3
第二部乙類	7位	7	11		3		1	3
第三部	1位					15		
第三部	2位	2		5	1		4	3
第三部	3位	1		3	2		5	
第三部	4位	2		4			1	6
第三部	5位	4	2		3		2	1
第三部	6位	1	7	1	1		1	
第三部	7位	2	2		3		2	1

一高志望者

部類	順位	一高	二高	三高	四高	五高	六高	七高
第一部甲類	1位	27						
第一部甲類	2位		3	11		13		
第一部甲類	3位		6	7	2	9	3	
第一部甲類	4位		4	4	3	4	6	2
第一部甲類	5位		3	1	9		7	2
第一部甲類	6位		3	3	2	1	5	4
第一部甲類	7位		2		4		1	11
第一部乙類	1位	24						
第一部乙類	2位		5	9		10		
第一部乙類	3位		1	7	4	10		2
第一部乙類	4位		3	2	8		8	2
第一部乙類	5位		6	2	3	4	2	2
第一部乙類	6位		2		5		11	1
第一部乙類	7位		3	2	1			10
第二部甲類	1位	11						
第二部甲類	2位		2	3		6		
第二部甲類	3位		2	3		4	1	1
第二部甲類	4位		1	1	3		3	2
第二部甲類	5位		4		1	1	2	
第二部甲類	6位			2			2	4
第二部甲類	7位			2	4			1
第二部乙類	1位	8						
第二部乙類	2位		2	4		2		
第二部乙類	3位			2	1	4		
第二部乙類	4位		3		2	1		1
第二部乙類	5位		1		1		5	
第二部乙類	6位		1	1	3	1	1	
第二部乙類	7位						1	4
第三部	1位	22						
第三部	2位		7	9	1	5		
第三部	3位		3	6	2	8	2	
第三部	4位		2		2	1	10	1
第三部	5位		2		8	4	1	3
第三部	6位		3	2	3	3	5	
第三部	7位		2				4	10

1905（明治38）年

部類	順位	五高志望者							部類	順位	一高志望者						
		一高	二高	三高	四高	五高	六高	七高			一高	二高	三高	四高	五高	六高	七高
第一部甲類	1位					47			第一部甲類	1位	33						
	2位	9	1	12	3		13	9		2位		6	15		12		
	3位	8	2	12	7		7	11		3位	1	9	1	16	4	2	
	4位	7	8	7	6		10	7		4位	8	3	9	2	7	2	
	5位	5	10	5	11		3	8		5位	4		8	2	9	4	
	6位	4	7	8	12		8	1		6位	2	3	4	1	6	7	
	7位	9	12	2	3		3	10		7位	7	1	4		1	7	
第一部乙類	1位					14			第一部乙類	1位	24						
	2位	3	1	2	1		2	3		2位	1	12		11			
	3位	1	1	2	2		3	3		3位	4	4	3	9	1	3	
	4位	1	2	2	1		4	1		4位	6	4	2	3	5	2	
	5位		2	2	5		1	1		5位	3	1	8	1	5	3	
	6位	1	3	3	1		1	1		6位	5	1	3		9	3	
	7位	4	1		1			3		7位	2	1	6		1	9	
第二部甲類	1位					33			第二部甲類	1位	5						
	2位	4		8			11	7		2位			2		3		
	3位	6	2	9	1		6	5		3位	1	2	2				
	4位	6	5	2	5		4	5		4位	1	1			3		
	5位	1	6	4	7		1	5		5位	3				1		
	6位	3	3	1	8		4	2		6位			2			2	
	7位	3	5	1	3		3	4		7位			2				1
第二部乙類	1位					9			第二部乙類	1位	21						
	2位	3		3	1			2		2位		5	4		10	2	
	3位	1	1	2	1		1	2		3位	4	9		2	1	4	
	4位			3	1		4			4位	1	4	9	3	3		
	5位	2	2		2			1		5位	1		6	6	3	3	
	6位	2	1		2		2			6位	8	1	2		4	4	
	7位		3	1			1	2		7位		2	2		6	9	
第三部	1位					18			第三部	1位	15						
	2位	2	1	3	2		4	6		2位		2	9		4		
	3位		1	2			6	8		3位	2	2			9	1	
	4位	2	3	1	5		2	2		4位	4	2	2	2	2	1	
	5位	2	4	4	1		1	2		5位	1	1	5		3	3	
	6位	3	1	4	4		2			6位	2		2		6	2	
	7位	5	5		3		1			7位	1		3		1	6	

1906（明治39）年

部類	順位	五高志望者 一高	二高	三高	四高	五高	六高	七高	部類	順位	一高志望者 一高	二高	三高	四高	五高	六高	七高
第一部甲類	1位					44			第一部甲類	1位	29						
	2位	9	1	11	6		2	10		2位			5		24		
	3位	4	3	11	2		8	7		3位		5	7	2	5	3	6
	4位	8	3	5	4		8	2		4位		4	8	3		4	6
	5位	5	9	3	4		4	4		5位		8	2	7		5	3
	6位	2	7	3	5		4	6		6位		8	1	7		6	1
	7位	3	5		9		5	5		7位		1	2	6		5	8
第一部乙類	1位					15			第一部乙類	1位	23						
	2位	1		2	2		2	8		2位		5	13		5		
	3位	1		7	2		1	3		3位		5	1		15	2	
	4位	3	3	1			4	2		4位		3	1	3	3	10	2
	5位	2	1	2	5		2			5位		5		10		3	1
	6位	3	3		2		2			6位		4		3		7	2
	7位	2	4	1	1		1	1		7位		1	1	2		1	11
第二部甲類	1位					28			第二部甲類	1位	12						
	2位	6	1	6			6	7		2位					12		
	3位	5	2	5			8	5		3位		2	5	1		3	1
	4位	2	3	6	8		5			4位		2	2	1		3	1
	5位	1	3	5	5		3	3		5位		3	3	4		1	
	6位	2	7	2	4		1	4		6位		2		2		4	2
	7位	6	5		3		2	4		7位		1	1	3			5
第二部乙類	1位					10			第二部乙類	1位	25						
	2位	2		3			2	2		2位		7	11	1	6		
	3位	2		2			3	2		3位		4	10		10	1	
	4位	3	2	1			2	1		4位		5	1	5	7	6	1
	5位	1	2		3			2		5位		2	2	7	2	7	4
	6位		4	2			1			6位		3	1	7		8	5
	7位	1			5			1		7位		4		4		2	14
第三部	1位〜7位	データなし							第三部	1位〜7位	データなし						

表6 入学者の出身中学校

年度	部類	五高志望者			一高志望者		
		総入学者	熊本県	設置地域	総入学者	東京府	設置地域
1902 (明治35)	第一部甲類	47	13	15	25	15	0
	第一部乙類	27	9	10	9	4	0
	第二部甲類	16	1	10	20	9	2
	第二部乙類	16	2	7	9	4	0
	第三部	11	0	7	16	3	2
1903 (明治36)	第一部甲類	56	15	22	22	6	1
	第一部乙類*	17	5	7	20	12	0
	第二部甲類	19	4	11	14	5	1
	第二部乙類	19	2	12	14	4	1
	第三部	18	1	15	20	7	1
1904 (明治37)	第一部甲類	48	13	24	27	7	2
	第一部乙類	12	4	6	24	9	1
	第二部甲類	27	4	15	11	4	2
	第二部乙類	30	5	7	8	5	0
	第三部	15	2	7	22	3	1
1905 (明治38)	第一部甲類	47	10	18	33	9	1
	第一部乙類	14	7	4	24	7	0
	第二部甲類	33	6	12	5	2	0
	第二部乙類	9	3	5	19	3	3
	第三部	18	6	7	15	3	0
1906 (明治39)	第一部甲類	44	16	15	29	3	0
	第一部乙類	15	4	7	23	10	1
	第二部甲類	28	8	12	12	4	0
	第二部乙類	9	4	5	25	5	2
	第三部	データなし					

注）1903（明治36）年の第一部乙類は、入学願書が綴じもれているものと履歴書が綴じもれているものが
それぞれ1件あるため、その分の情報が欠けている。
設置地域はそれぞれ以下の県として計数した。ただし、当該期間に入学者がいなかった場合もある。
　五高：福岡、佐賀、長崎、大分、宮崎、鹿児島、沖縄
　一高：茨城、栃木、群馬、埼玉、千葉、神奈川

旧制高等学校入学者の志望動向に見る学校間格差の実相　163

表7　入学者の中学校卒業年度

年度	部類	五高志望者		一高志望者	
		新卒	既卒	新卒	既卒
1902 (明治35)	第一部甲類	38	9	17	8
	第一部乙類	16	11	4	5
	第二部甲類	16	0	14	6
	第二部乙類	13	3	6	3
	第三部	10	1	13	3
1903 (明治36)	第一部甲類	39	17	19	3
	第一部乙類*	12	5	12	8
	第二部甲類	16	3	6	8
	第二部乙類	10	9	8	6
	第三部	14	4	11	9
1904 (明治37)	第一部甲類	31	17	18	9
	第一部乙類	9	3	17	7
	第二部甲類	23	4	7	4
	第二部乙類	24	6	7	1
	第三部	10	5	10	12
1905 (明治38)	第一部甲類	36	11	24	9
	第一部乙類	9	5	14	10
	第二部甲類	26	7	2	3
	第二部乙類	7	2	11	8
	第三部	6	12	9	6
1906 (明治39)	第一部甲類	32	12	16	13
	第一部乙類	12	3	9	14
	第二部甲類	21	7	5	7
	第二部乙類	6	3	14	11
	第三部	データなし			

注）1903（明治36）年の第一部乙類は、入学願書が綴じもれているものと履歴書が綴じもれているものが
　　それぞれ1件あるため、その分の情報が欠けている。

表8　入学者の志望部類

年度	部類	総入学者	志望順位			志望しない部類に配当された者
			1	2	3	
1902（明治35）	第一部甲類	80	80			
	第一部乙類	40	39	1		
	第二部甲類	40	40			
	第二部乙類	30	30			
	第三部	37	37			
1903（明治36）	第一部甲類	79	79			
	第一部乙類	41*	26	14		
	第二部甲類	36	32	4		1
	第二部乙類	35	6	29		4
1904（明治37）	第一部甲類	80	80			
	第一部乙類	40	15	19	6	
	第二部甲類	40	33	7		4
	第二部乙類	40	11	29		8
1905（明治38）	第一部甲類	80	80			
	第一部乙類	40	24	16		
	第二部甲類	38	38			
	第二部乙類	37	14	23		
1906（明治39）	第一部甲類	80	80			
	第一部乙類	38	23	15		
	第二部甲類	40	40			
	第二部乙類	35	9	26		

注）1902（明治35）年度は第6志望まで記入可能だったが、第3志望以下の部類に入った者はなかった。
　　1903（明治36）年の第一部乙類は、入学願書が綴じもれているものと履歴書が綴じもれているものがそれぞれ1件あるため、総入学者と志望順位ごとの合計数は一致しない。

※採択日：2018年10月12日

■研究ノート　　　　　　　　　　　　　　大学史研究 27号 2019年8月

大学学年暦の歴史的考察
—— 入学時期と学年開始期をめぐって ——

羽田　貴史
（広島大学・東北大学名誉教授）

1．学年暦・学事暦とは何か

　「学年暦」ないし「学事暦」という言葉は、あまり聞きなれない。手元にある『現代教育史事典』(久保義三ほか、東京書籍、2001年)、『教育思想事典　増補改訂版』(教育思想学会、勁草書房、2017年)、『教育社会学事典』(日本教育社会学会編、丸善出版、2018年) には採録されず、『広辞苑　第7版』(岩波書店、2018年) にすらない。ネットでは、「学事暦」(71.3万件)、「学年暦」(69.2万件) がヒットする。また、密接な用語として、世間では東京大学での「秋季入学」検討をきっかけに、2012年から2013年にかけて入学時期の問題に特化して注目を集めた[1]。「秋季入学」という言葉も上記文献には採録されていない（ネットでは682万件のヒットがある）。入学時期の問題は、年間の学習サイクルの一つであるから、概念的には「学事暦」「学年暦」の一部として捉えるべきであろう[2]。本稿は、近代日本の大学における入学時期の変化を追い、「学年暦」問題の素描を試みるものである[3]。

2．江戸時代の学校と「学年暦」

(1) 寺子屋の場合

　学校制度の普及と体系化は、近代国民国家の形成の一部であるにしても、学校そのものは、古代から存続し、日本においては身分制に組み込まれていたけれど、江戸時代から寺子屋、郷学、藩校、昌平黌など多様な学校が発展

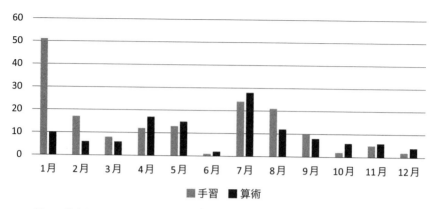

図1　幕末伊勢国答志郡鳥羽栗原寺子屋（安政元年［1854］－明治21年［1888］）
月別入門時期（旧暦）
『安政二乙卯年　算筆針寺子仕置帳　正月ヨリ　栗原』

していた[4]。学校も社会のサブシステムであり、生育、就業など生活世界の時間軸に対応しながら1年を通じた学習サイクルを形成する。入学時期の意味を問うために、生活世界のサイクルに対応した学習サイクルが、学校制度が拡大し、独自な領域となることで、どのような変化を遂げていくのかという視点が、重要であろう。

　近世教育史研究で学年暦を扱ったものは、あまり見当たらないし、そもそも学年暦というものがあいまいではなかったかと思われる。庶民教育機関の典型である寺子屋の場合、入門時期は多様であり、学習者の都合でいつ入門してもいつやめてもよかった。梅村佳代による研究で伊勢鳥羽栗原寺子屋の事例（歌手の鳥羽一郎の出身地である）では、1月に手習いの入門者が多い[5]。そういえば、かつては正月に書き初めをするのが日本の習慣であった。新たな年の始まりを学びのきっかけにしたのではないか（**図1**）。

(2) 藩校

　武士の学校であった藩校は、資料の精度を欠く『日本教育史資料』[6]でも280を超え、その規程は一様ではないが、寺子屋よりは制度的に整っている。しかし、そこで定められているものも多くは、入校して就学する生徒の年齢

と始業の時期であり、年間の学習サイクルが成文化されているものはすぐに見つからない。文部省『日本教育史資料』(復刻版、富山房、1903年) 第1巻、第2巻から年間の学習サイクルについて記載したものを下に掲げる。鯖江藩進徳館は、始業・終業日は明記されているが、入学時期は明記されず、小浜藩信尚館のように、生徒の年齢によって入学していたと思われる。

- 鯖江藩進徳館 「正月十七日始業　二月八日丁祭　十二月十六日終業」
  (弘化三年規則)
- 小浜藩信尚館 「生徒学習ノ期限ナシ大約八九歳ヨリ十五六歳ニ至ル成童以上ノ者ハ毎月六七回経書ヲ講究セシム‥‥試験法ナシ生徒賞与法モ別ニ設ナシト雖トモ毎歳末ニ於テ其優劣ニ拘ハラス生徒毎ニ筆墨等ヲ与ヘ奨励ノ一助トス」
- 勝山藩成器堂 「生徒学修ノ期限ハ八歳ニシテ入学セシメ十五歳ヲ限トスト雖トモ講会日等ニハ二十歳以下ノ男子ハ必ス出席セシム」
- 福山藩誠之館 「家中ノ子弟八歳ニテ入学文学ヲ修メ十歳ヨリ漸々武術ヲ修メ十五歳ニシテ所好ノ芸ヲ定メ主トシテ之ヲ修メシム　退学期ハ一定ノ則ナシ」「八歳ニシテ孝経復読卒業セシム……九歳ニシテ学庸復読卒業セシム……」「十歳ニシテ論語復読卒業セシム……」

(3) 私塾

私塾は一層多様であり、海原徹の次の記述は、私塾だけでなく近世学校全般に通じるものである。

　……私塾はまったく出入り自由の、文字どおり学習者中心の学校であった。何を、どう学ぶかということ自体がもともと学習者の意思にかかっていたわけであり、したがって入学や卒業の時期は各人各様である。学期や学年などという概念そのものがはじめから存在しなかったといっ

てもよい。(海原徹『近世私塾の研究』思文閣出版、1983年、p.37)

(4) 学年暦不在の理由

　学年暦がないということは、入学と卒業が固定化されていないということであり、学習内容が系統化されていないということでもあった。これらは、前近代の学校の特徴として克服されるべきものであったと評価することも可能である。

　しかし、別な見方をすれば、就学の時期が固定化されず、学習者の自然年齢に基づいて学習が始まり、必要に応じて修学が終了するという仕組みは、最近はやりの学習者中心の学習社会であったとも言える。現に、4月入学が固定化されているため、3月早生まれで、場合によってはおむつも取りきれていない子どもと、ほぼ1年発達の違う子どもが、同じ1年生として学習させられているが、近世社会ではありえなかった[7]。

　寺子屋の学習は、同一教材を用いた一斉教授ではなく、各自の学習状況に対応して師匠が手ほどきをする個別指導が主であった[8]。言いかえれば、学年暦は組織化された近代教育の産物であり、学習者中心社会である近世においては不要であったのであるともいえる。

　学年暦がもたらす学習順序構造に代わるしかけはあった。それは、近世的成果主義とでもいうべきものであり、試験による学習成果を確認し、それによって学習を積みあげていく方式である。学年暦が時間による管理から派生するものであれば、これは、到達度による管理であった。

3．学校制度の普及と「学年暦」の成立

(1) 高等教育機関の学年暦

　大政奉還・王政復古以後、明治政府は各種の学校を設けたが、それらの入学時期は月単位であり、毎月1回ないし2回行われていた。明治元年9月16日[9]、京都に開校された皇学所と漢学所は、「入学之儀毎月初五日ニ被定候尤入学当日正服着用之事」(規則)と定められ[10]、昌平学校は「入学之儀毎月

二七ニ相限候事」（明治元年12月25日布告）[11]、医学校規則（明治2年11月）は、「入学ハ二七ノ日ヲ限リ候事」[12]と月単位の入学としていた。

　月単位の入学が年単位に変更される早い例として寺﨑昌男は、大学廃止後の「南校規則」（明治4年10月18日、陰暦）第1条「入学ハ毎年二度トシ正月開校ノ時ト暑中休業ノ後ニ於テ許スベキ事」を挙げている[13]。それ以前、明治3年2月に定められた「大学規則」の「生徒心得」に入学時期はなく、『東京帝国大学五十年史　上』(1932年)は、「生徒の入学に関しては志願者の学力に応じ仮に之を編入し、後定期試験の成績により改めて一定の学級に編入したり。蓋し入学希望者も少なかりし当時なれば、斯かる方法を執りしものなるべし。又、入学の時期も限定せざりしものゝに如し」(p.130)と述べている。

　明治4年の「南校規則」は、年4回の試験（第16条）、卒業（第17条）、休日（第19条）を定めており、始業や終業という言葉は登場しないが、試験と休日によって区切られることで、事実上、学年暦が成立していたといえる。

　もうひとつの高等教育機関である東校は、明治5年7月文部省布達第12号で学則改正を行い、「生徒入学毎年九月一度ト相定候事」[14]とした。この学則改正は、冬・夏の学期を定め、7年間を14期に分けた学期制も引いていた。現在でも東京大学は、夏学期・冬学期と呼称するが、淵源はここかもしれない。この改正は、明治3年からドイツ医学の移入方針が具体化され、招聘したドイツ陸軍医ミュルレル、海軍医ホフマンの意見もふまえたもので、系統的な医学教育カリキュラム導入の一環であった。

　明治5年8月の学制頒布後、東校は第一大学区医学校を経て東京医学校となり、南校は第一大学区第一番中学を経て、開成学校となる。生徒集めに苦労した南校は、明治5年4月の学則改正で年2回の入学を定め、翌年4月に開成学校と改称し、9月には、「学歳ハ九月一日ニ始リ翌年七月十五日ニ終ル　第一半歳ハ九月一日ヨリ翌年二月二十八日（閏年ハ二十九日）ニ至リ　第二半歳ハ三月一日ヨリ七月十五日ニ至ル」とする[15]。東校が先行したのは西洋医学修得の専門教育機関であり、系統的学習が求められる最たるものであり、他方、開成学校は生徒集めのために年2回の募集を行ったと思われる。

　ところで東校は東京医学校となり、明治7年5月には、「第一　学歳ハ総テ

九月一日ニ始リ翌年七月十五日ニ終ル　第二　学歳ヲ二期ニ分ツ即第一期ハ九月一日ヨリ二月十四日ニ至リ第二期ハ二月十五日ヨリ七月十五日ニ至ル」との規定があったらしい。あったらしいというのは、『東京帝国大学五十年史　上』(p.392) はおおむねその趣旨の記述であるが、『東京大学百年史　通史一』(東京大学百年史編集委員会、1984年) は、新史料から11月開始であったとの解釈をしているからである[16]。

　明治10年10月には、東京開成学校と東京医学校の統合により、東京大学が発足するが、法理文三学部と医学部が併存し、法理文三学部は、東京大学法理文学部規則改正 (明治12年11月18日) により、9月入学の3学期制を取った。第1学期は9月11日から12月24日まで、第2学期は1月8日から3月31日まで、第3学期は4月8日から7月10日までであり、学期の間は、それぞれ冬季休業、春季休業、夏季休業とされた[17]。また、日曜日のほか、秋季皇霊祭 (9月23日)、神嘗祭 (10月17日)、天長節 (11月3日)、新嘗祭 (11月23日),孝明天皇祭 (1月30日)、紀元節 (2月11日)、春季皇霊祭 (3月21日) の大祭日を休業日としたのもこの規則に始まる[18]。それまでの休業日は、日曜のほか、紀元節、天長節であったが、明治6年10月太政官布告によって、元始祭 (1月3日、大祭)、新年宴会 (1月5日)、孝明天皇祭 (1月30日、先帝祭、大祭)、紀元節 (2月11日、小祭、のち大祭)、神武天皇祭 (4月3日、大祭)、神嘗祭 (9月17日、のち10月17日、大祭)、天長節 (11月3日、小祭)、新嘗祭 (11月23日、大祭) を祝祭日と定めた。さらに、明治11年に、民間における祖先崇拝を組み込み、春季皇霊祭 (春分の日)、秋季皇霊祭 (秋分の日) を加え、官庁と学校での休業日としたことを反映している。

　他方、医学部は12月1日から翌年11月30日までを1学年として、12月1日から5月31日までの冬学期、6月1日から11月30日までを夏学期とし、7月11日から9月10日までを夏季休業、12月25日から1月7日までを冬季休業とした[19]。日曜日や祝祭日は法理文三学部と同じである。学部ごとで学期は異なっていた。

　学期の統一が行われたのは、帝国大学になり、帝国大学分科大学通則 (明治19年10月) が、「第一　学年ハ九月十一日ニ始リ翌年七月十日ニ終ル　第二　学年ヲ分チテ左ノ三学期トス　第一学期ハ九月十一日ヨリ十二月二十四

日ニ至ル百五日間トシ　第二学期ハ一月八日ヨリ三月三十一日ニ至ル八十三日間トシ　第三学期ハ四月八日ヨリ七月十日ニ至ル九十四日間トス」[20]と定めた。明治初期からのジグザグはあったが、9月入学に収斂したのは、寺﨑昌男が指摘するように、多数の外国人教師を雇い、外国大学に範をとった帰結であろう[21]。

4．4月入学学年暦とその普及

(1) 師範学校の4月入学

　高等教育機関以外の学校においても、学年暦は多様であったが、今日につながる4月入学は、佐藤秀夫は、高等師範学校において明治20年から4月入学が実施されたことが大きなきっかけと指摘している[22]。また、翌21年には文部省通知により、尋常師範学校も4月入学に移行している。佐藤は、千葉県尋常師範学校による知事への上申書を引用し、会計年度と合わせた方が管理上の都合が良かったこと、徴兵検査の届け日が変更になったことで、優秀な青年を徴兵されるのを恐れ、入学が先行するようにしたことをあげ、これが4月入学開始の定説となっている。

(2) 初等・中等教育の入学時期

　初等・中等教育の場合は、第2次小学校令でも学年暦の定めはなく、佐藤論文が引用する奈良県文書では、4月入学が多いとはいえ、1月から12月まで広く分散していた。明治25年に普通学務局長通牒で4月への統一を求め、明治33年第3次小学校制定に伴う規則制定で4月に一体化された。

・明治33年8月21日　文部省令第14号　小学校令施行規則第25条「小学

表1　学年始期の府県別状況（明治24年）

学年始期	1月6日	1月8日	4月1日	5月1日	8月21日	9月1日	9月11日	11月11日	未詳	計
府県数	1	1	28	1	2	5	1	1	7	47

出典）奈良県庁文書『明治十九年明治三十三年教育例規』より、佐藤論文から重引。

校ノ学年ハ四月一日ニ始リ翌年三月三十一日ニ終ル　小学校ノ学期ハ府県知事之ヲ定ムヘシ」
- 明治34年3月5日　文部省令第3号　中学校令施行規則第16条「学年ハ四月一日ニ始リ翌年三月三十一日ニ終ル学年ヲ分チテ三学期トシ第一学期ハ四月一日ヨリ八月三十一日マテトシ　第二学期ハ九月一日ヨリ十二月三十一日マテトシ　第三学期ハ翌年一月一日ヨリ三月三十一日マデテトス」
- 明治34年3月22日　文部省令第4号、高等女学校令施行規則第23条「高等女学校ノ学年……ニ関シテハ、中学校令施行規則第16条……ノ規定ヲ準用ス」

　小学校令施行規則により、全国一律に4月入学へ移行したのである。また、翌34年に中学校、高等女学校も4月入学となった。

(3) 高等学校・専門学校

　しかし、高等教育レベルでは、依然として9月入学のため、中学校卒業と半年の断絶があった。明治38年には、文部次官通牒で新設直轄学校の学年を4月に定めた。この断絶を埋めた最大の要因は、高等教育終了まで時間がかかることから叫ばれた年限短縮＝学制改革論の勃興である[23]。

- 明治38年7月　文部次官通牒中学校等トノ聯絡上直轄学校ノ学年ノ始終ニ関シ、左ノ通リ省議決定相成度相伺候。
    一　将来新設ノ直轄学校ニテハ、学年ハ四月一日ニ始リ翌年三月三十一日ニ終ルヲ常例トスルコト。
    二　既設ノ直轄学校ニシテ四月ヲ学年ノ始トセサルモノニ就キテハ、差支ナキモノニ限リ漸次学年ハ四月一日ニ始三月三十一日ニ終ルコトニ改ムルコト

　また、明治43年には高等中学校令を制定して高等学校を廃止し、第1学年

は4月から開始し、第2学年は8月31日で終わる2年半という変則的な学年を引いた。いうまでもなく、9月入学を堅持していた帝国大学との接続を図るためである。しかし、この高等中学校令は、明治46年（大正2年4月1日）施行を予定していたが、奥田文相によって無期延期となり、臨時教育会議答申によって高等学校令が制定されたことで廃止になってしまった。高等学校の学年暦は依然として9月入学であった。

・明治44年7月31日　勅令217号　高等中学校令　第3条「高等中学校ノ修業年限ハ二年五月乃至二年六月トス」（第1学年は4月1日から翌年8月31日、第2学年は9月1日から翌年8月31日とする）

5．大学の学年暦の変更問題

(1) 臨時教育会議と学年暦の変更

　大学の4月入学は、臨時教育会議答申（大正7年6月22日「大学教育及専門教育ニ関スル件」）において、「学年ノ始ヲ四月トスルコト　大学ヲ卒ヘルニ至ルマテノ教育年限ヲ短縮シ且ツ高等学校ト大学トノ聯絡ヲ密接ナラシムルカ為大学ニ於ケル学年ノ始ハ之ヲ四月ニ改メ互ニ学年ヲ連続セシメムコトヲ要ス　然レトモ之カ実行ハ高等学校学年開始ノ時期ノ変更ニ伴フヘキハ勿論ナリトス」[24]とされたことによる。法令的には大学準備教育に特化した高等学校を創設し、高等学校規程（大正8年3月、文部省令第8号）で4月入学とすることにした結果、大学が入学時期を変更したのである。公私立大学の制度化を行った大学令（大正7年12月6日　勅令第388号）自体には、入学時期を定める条文はなく、各大学の学則で定めることとされ（大学令第16条「大学及大学予科ノ学則ハ法令ノ範囲内ニ於テ当該大学之ヲ定メ文部大臣ノ認可ヲ受クヘシ」、大学規程、文部省令第11号、第11条「学則中ニ規定スヘキ事項凡左ノ如シ……六　学年、学期及休業日ニ関スル事項」、大正8年3月29日）、大学の自治の範囲であった。

　当初は、9月入学も併存し、完全に4月入学3月卒業となるのは大正10年

からであり、大学での実施には時間を要した。以下に、いくつかの大学を取り上げ、大学での対応を紹介する。

(2) 4月学年暦への移行
1) 東京帝国大学の場合

　寺﨑昌男は、臨時教育会議答申前に、4月入学への動きが大正期にあったことを紹介し、その後の経緯も説明している。大正2年11月10日の評議会は、学年を4月1日～翌年3月31日と可決した。しかし、実施方法で全分科大学の一致が得られず延期した[25]。その後、大正7年3月に設置された総長の諮問機関である帝国大学制度調査委員会の決議に基づいて評議会は、「大学以外ノ諸学校凡テ四月ヲ学年始トスルコトハ止ヲ得ス同意スルコト」を可決する（大正7年5月14日）。大学以外の諸学校についての4月始期をなぜ東京帝国大学評議会が議決するかと思うだろうが、国レベルで教育改革の審議会が設置されると東京帝国大学総長はその構成員になるのが当然となっており、総長に対するブレーン的な役割を果たす組織を東京帝国大学内部に設置するのが、戦後の教育刷新委員会に至るまでの慣例となっていたからである。臨時教育会議答申後、大正8年11月4日から東京帝国大学では協議を開始し、大正9年2月3日の評議会は、「改正スルモ支障ナキモノト認ムル教授会アリ、又高等学校ノ学年開始期ヲ四月ニ改ムル以上ハ已ヲ得ス同意スルノ外ナシトイフ教授会アルモ、改正ヲ絶対拒否スルト云フ意見之ナク、結局来ル大正十年ヨリ改正ノ見込ヲ以テ夫々調査ヲ為スコトニ決ス」[26]とし、大正10年からの実施に向け準備を進めた。しかし、大正9年2月17日に大学令を具体化するために、分科大学通則に変えて制定した学部通則は、「学年ハ毎年九月十一日ニ始マリ翌年七月十日ニ終ル　七月十一日ヨリ九月十日ニ至ルマテヲ夏期休業トス」（第1条）と9月入学を維持した。なお、学部通則は、「学年ヲ学期ニ分ツハ各学部規則ノ定ムル所ニ依ル」（第3条）とした。従前は分科大学通則で学期を定めていたが、学部への委任が拡大したのである。この結果、学部による学期の違いが容認されることになった。学部通則はわずか3か月で改正し、大正9年5月11日に、「第1条　学年ハ四月一日ニ始マリ翌年三月

三十一日ニ終ル」「附則　本規則ハ大正十年四月一日ヨリ之ヲ施行ス　学部ニ依リ同日ヨリ施行シ難キトキハ其ノ各学部ニ於テ別段ノ定ヲ為スコトヲ得」「理由　大正十年四月ヨリ本学ヘ進入スヘキ学生ヲ収容センカ為メナリ」[27]とし、翌年から4月入学をすることにした。

2）京都帝国大学の場合

　創設時の京都帝国大学分科大学通則（達示第3号　明治30年9月3日）は、7月11日学年開始7月10日終了としていた（表2）。7月11日開始の理由は年史では記載がない。推測するに先発東京帝国大学に先駆けて学生確保の方策とも思われる。2学期制ではあるが、夏季休業が7月11日から始まり、秋季学期の授業は9月11日からなので、新学年は夏休みから始まることになる。通則には入学手続きがないが、東北帝国大学の事例から見て、7月から8月は学生の選抜や、合格した学生が移動し、下宿探しなどで費やすためにこうした学年暦になったのではないかと思われる。

　もっとも学期は定められていても、具体化する分科大学レベルになると、理工科大学土木工学科及機械工学科は、授業時数を学期ごとに配分し、学期単位で完結しているものもあるから実質化していたが（理工科大学土木工学科及機械工学科規程、1897年9月3日、達示第4号）、法科大学は、学期は休みで区切られるだけで実質通年であったと思われる（法科大学学科課程、1899年12月14日、達示第24号）。

　明治37年、京都帝国大学は通則を改正し（達示第9号、明治37年9月1日）、9月11日開始翌年9月10日終了に変更する。入学してからの休みはなくなったが、最終学年の最後2か月は休みになることになり、その違いの持つ意味が興味深い。学期の定めを置かず、休業期間を共通にするほか、授業に関する規程は各分科大学で定めることにした（第12条）。

　この通則では、従来の記念日が卒業試問・学科試問の時期にあたるため、4月1日に変更している。最初の通則では、「京都帝国大学創立紀念祝日」とあるのみで具体的な日は記載されず、翌年6月14日の創立紀念祝日規程で、勅令公布日の6月18日を紀念日と定めていた。また、高等学校の追試験を受

表2　帝国大学・京都帝国大学学年暦

		帝国大学学年暦 (明治19年)		京都帝国大学学年暦 (明治30年)		京都帝国大学学年暦 (明治37年)
1月	1日 7日 8日 20日 21日 30日	冬季休業終了 第2学期開始 休業日（孝明天皇祭）	1日 7日 8日 20日 21日 30日	 秋季学期終了 春季学期開始・春季授業開始 休業日（孝明天皇祭）	1日 10日 11日 30日	 秋季学期終了・冬季休業終了 春季学期開始 休業日（孝明天皇祭）
2月	11日	休業日（紀元節）	11日	休業日（紀元節）	11日	休業日（紀元節）
3月	1日 20日 31日	休業日（帝国大学令公布紀念日） 休業日（春季皇霊祭） 第2学期終了	1日 20日 31日	 休業日（春季皇霊祭） 		休業日（春季皇霊祭）
4月	1日 7日 8日	春季休業開始 春季休業終了 第3学期開始	1日 7日 8日		1日 2日 10日	京都帝国大学祝日 春季休業開始 春季休業終了
5月						
6月					15日	高等学校予科卒業者等の志望者願書提出期限
7月	10日 11日	学年終了・第3学期終了 夏季休業開始	10日 11日	学年終了・春季学期終了 学年開始・秋季学期開始・夏季休業開始	10日 11日	春季授業終了 夏季休業開始
8月						
9月	10日 11日	夏季休業終了 学年開始・第1学期開始 休業日（秋季皇霊祭）	10日 11日	夏季休業終了 秋季授業開始 休業日（秋季皇霊祭）	10日 11日 25日	学年終了・夏季休業終了・春季学期終了 学年開始・秋季学期開始 休業日（秋季皇霊祭） 高等学校追試験者の志望者願書提出期限
10月	17日	休業日（神嘗祭）	17日	休業日（神嘗祭）	17日	休業日（神嘗祭）
11月	3日 23日	休業日（天長節） 休業日（新嘗祭）	3日 23日	休業日（天長節） 休業日（新嘗祭）	3日 23日	休業日（天長節） 休業日（新嘗祭）
12月	24日 25日	第1学期終了 冬季休業開始	24日 25日	秋季授業終了 冬季休業開始	24日 25日	秋季授業終了 冬季休業開始

けて卒業する学生への救済措置として、9月25日までに願書提出を認める規定が置かれた（第8条）。東京帝国大学にはこうした規定はなく、学生集めに苦慮していることもうかがえる。

　大学令への対応としては、大正8年4月1日に分科大学を単に学部と変更するだけの通則改正を行い（達示第5号）、大正10年1月20日の通則改正（達示第2号）で、4月1日学年開始3月31日終了を定めた。学期その他は、「学生ノ授業ニ関スル規程ハ各分科大学ニ於テ之ヲ定ム」（第12条）として、東京帝国大学と同様、学部に委任された。学年暦は休業期間を除いては、学部ごとで異なってもよくなった。

　この時、記念祝日を3月1日に変更している。学年開始日が祝日というのもいただけないからだろう。しかし、1か月後の2月15日（達示第5号）には再度通則を改正し、6月18日に変更している。そもそも3月1日という根拠もないのだから、4月入学に改めた時に6月18日にしておけばよかった。これほど創立記念日が事情で変わる大学も珍しい。

3) 東北帝国大学の場合

　東北帝国大学には、分科大学通則のような統一規程はなく、分科大学単位で入学時期を定めていた。理科大学は、7月21日開始7月20日終了であり、3学期制を引いていた[28]。大正4年に発足した医科大学は7月11日開始7月10日終了であり、同じ大学内で違っていたが、理科大学は、大学令公布による学部制へ移行する際、7月11日開始に変更した。ただし、2学期制になり、医学部は3学期制であった[29]。このずれは、大正10年に4月入学となる際に、理学部も3学期制に移行し、ようやく統一された[30]。

(3) 4月入学の効果

　すべての帝国大学の事例を調べたわけではないが、東京帝国大学と京都帝国大学の事例が示すように、入学・卒業時期と休業期間、祝日は一致していても、学期その他は同じ大学の中でも異なるようになった。この多様性は、学部を超えた学習の促進には、長いこと制約要因になった。

178　研究ノート

　4月入学が進められた大きな理由は、年限短縮であった。では、4月入学の採用により、入学者の平均年齢は下がっただろうか。『文部省年報』は、大正から昭和にかけて、大学入学者の平均年齢・最低年齢・最高年齢を調査し、掲載している。大正7年の高等学校令で、中学校4年修了で高等学校進学を認めているから、最短で、小学校6年、中学校4年、高等学校3年の13年間の初等・中等教育を経て進学し、若くても満19歳を超える。それ以前は、20歳ということになる。大正初期には、**図2**に示すように、東京帝国大学が平均23歳以上、京都・東北帝国大学は24歳以上であった。大正10年ごろから東京帝国大学入学者の平均年齢は低下し、昭和期には21歳代にな

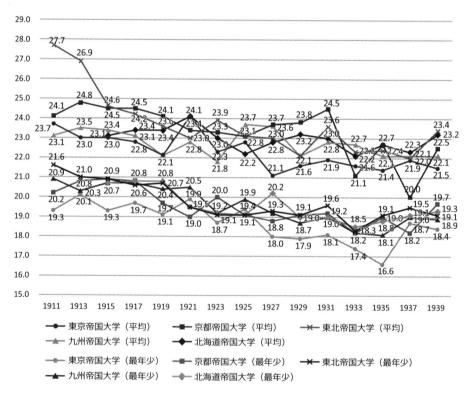

図2　帝国大学入学者年齢推移
出典)『文部省年報』より作成。

る。4月入学も幾分寄与しているかもしれないが、明確な効果があったかどうかは何とも言えない。

6. 東京帝国大学での学年暦見直し論議

　4月入学に一致したからといってこれで万歳ということはなく、見直しの論議もたびたびあったことは、佐藤秀夫が、末弘厳太郎の批判を紹介していることでも知られる[31]。末広「学年改定の提唱」(『帝国大学新聞』昭和6年5月18日号)は、「現在の学年制は三個の点において非常な弊害をもってゐる」といい、その理由として、①3月学年試験の直後、4月早々講義開始、②夏休みによる中断、③学年試験準備期としての冬季の不適切さをあげ、改善策として、①中学小学を含めて9月乃至6月に、②中学小学をそのままにして高等諸学校だけ9月乃至6月にすると述べている。

　個人の意見でなく、東京帝国大学が昭和8年6月に設けた大学制度調査委員会(昭和8年6月～12月)でも、学年暦の再見直しが論議となった。第4回委員会(昭和8年10月3日)で、小野塚総長は、学年開始9月を取り上げるが、4月入学は、夏休みが教育に使えること、会計年度とのずれが生じることへの懸念で、現状維持の結論になった。

　「田中、松原、河合、吉田氏ノ各委員会間ニ質疑応答アリ、大多数ノ委員ハ講義ノ聯絡教授ノ便宜コウギノ準備等カラ学年九月開始ニ賛成セラレシモ、河合委員ヨリ学年ノ途中ニアル夏休ミノ利用トイフ点ヨリ九月開始ニ反対意見カ提出サレ、吉田委員ヨリ九月開始ニテハ会計年度ト一致セサル不便ナキヤ等ノ質問モ出テ、結局コノ問題ハ学年九月開始説多数ナレトモ現状維持説モアリトノコトニテ打切」[32]

　ところが、数年経た大学制度臨時審査委員会(昭和14年6月～15年7月)では、やや異なった反応となる。4月入学にはいろいろ問題があるが、3回の夏休みがあることが、研究上有効であるという農学部・工学部の反対意見が

出る。実験や調査などは、授業時間の中では実施できず、休みを使ってやるものである。4月に入学による学習サイクルが定着したことを物語る。「学年開始時期ニ関スル件」『大学制度臨時審査委員会審議決定事項』(昭和15年5月20日)は、次のような結論になっている。

　(4月開始は)「……入学后僅カ三カ月余ニシテ夏季休業ニヨル講義ノ中断ヲ来シ種々ナル支障ヲ生ジツヽアリトセラレル、特ニ文科系統ノ諸学部ニ於テコノ不便多ク又理学部ニ於テモ学年ノ途中ニ夏季休業ノ介在スルコトヲ不便トナス学科アリ、然レドモ学年開始時期ヲ九月トスルトキハ、高等学校以下ノ諸学校トノ連絡困難ニシテ修業年限ノ延長ヲ来スコト、試験時期カ七月ノ酷暑ノ候ニ当ルコト、兵役トノ関係等ノ点ニツキ考慮ヲ要スルモノアルベシ、工学部農学部ニ於テハ研究上有効ニ利用シウル夏季休業回数ノ減少ヲ来スヲ以テ却ツテ現行制度ニヨルヲ便宜トナス事情ニアリ　以上ノ事情ニヨリ結局決議ニ至ラザリシモノナリ」[33]

　戦前において学年暦が問題になった最後の事例は、戦時体制構築の中で、大学の在学年限を短縮し、各種の動員に役立てようという圧力であり、昭和16年9月6日発専177号「学生生徒卒業期繰上ニ関スル件」によって、高等教育機関には年限短縮と繰上卒業が求められた。軍部の圧力を受けた文部省は、高校・大学とも半年繰り上げた9月卒業の方針を示し、高等学校の卒業時期と連動し、10月入学も実施することになった。臨時的措置とはいえ、昭和16年11月4日評議会は、昭和17年度から4月及び10月入学とすることを決定し、実施された。学年暦の決定は、教育の都合だけでなく、外部からの圧力によっても行われるという極端な事例である[34]。

7. 戦後改革と学年暦——教育刷新委員会と学年暦論議——

(1) 教育刷新審議会での問題提起

　戦後教育改革においても学年暦は論点になった。昭和24年2月2日、教育

課長オーアは、新制大学の発足時期に関し、CIEに大学設置委員会委員長和田小六、日高第四郎学校教育局長、教育刷新委員会副委員長山崎匡輔を呼び出し、4月1日に国立新制大学が発足することは難しいという状況から、1年間発足を伸ばすか、もしくは9月1日に開始することを提案した[35]。日本側は、すでに4月1日発足の予定で予算が編成され、9月だと減額されること、4月発足で準備が進み、延期は「精神的打撃が大きい」こと、教員人事も進み発令を待っており延期すると俸給を払えない、延期のための政令を出さなければならない、地方でも寄付金等を出しており、「社会的の衝撃というようなことも考え得る」といった理由で反対を述べ、教育刷新委員会で協議することになった[36]。

発足問題は、イールズも日本側を擁護していたといった観測がなされた。南原委員長は、現実にどう発足させるかは文部省で実行し、教育刷新委員会としては、かつて9月から大学は始めていたということもあり、恒久的なあり方について検討することを提案した。

具体的な検討は、教育刷新審議会第2回総会（昭和24年6月24日）から始まった[37]。総会では、「ラディカルにお話を進めたいと思うのであります」（矢野貫城）、「卒業した生徒を出し、新しく生徒を迎えるというその事務の多端なことと教師達の疲労いたしますことで……4月からやるということは大変なことであります」（河井道、恵泉女子農芸専門学校長）、「三月、四月という非常に気候のよくて勉強もできますときに、三月の半ばから四月の殆ど半ばまで逃してしまいますということは、小学校や中学校の子供に取ましても非常に惜しいこと」（高嶺信子、私立双葉高等女学校長）といった賛成、南原と同様9月入学の経験を持つ山崎は、「（入学して）二、三ケ月で直ぐ休みに入りますと、これは休みに入りますと、これは遊びより他にないのであります」（山崎）といった賛成意見が相次ぎ、第3回総会（7月8日）で引き続き議論をし、7月22日には第17特別委員会（主査関口鯉吉、菊池龍道、山極武利、佐野利器、淡路円治郎、川本宇之介）が発足した。

(2) 第17特別委員会の発足と議論

　委員会が発足したものの、総会で積極的な発言をした委員は含まれていない。早期の結論の必要はあまり感じなかったらしく、さまざまな検討が必要でもあり、主査の関口自身が、「どうもこうした暑い時に馬力をかけても成績は却ってあがらんのじゃないかと思う」[38]といい、早々の休会を示唆し、「（9月が良いという意見も）論理に導かれてただ実験的の方法を以て生れたかどうかということもちょっとこれも分からん」、釘本調査課長は研究があるかどうか聞かれ、「実際の教育者は余り感じていないのであります」、淡路は心理学会に諮問してくれたら調査研究すると積極性を示す。

　第2回（9月16日）[39]は、初等中等保健課長代理から健康問題と月の関係の調査結果を聞き、夏休みの位置づけについて議論したものの、関口は委員会の審議を公表するかどうかもためらい、淡路から「先程の主査の御意見のように保留して置いても仕様がないのですから」とくぎを刺されている。その後、第3回（9月30日）[40]牛島義友（お茶の水女子大学）、横山松三郎（慶應義塾大学教授）、山下俊郎（東京家政大学）、興梠忠夫（母子愛育会）の意見を聞いたが、牛島は4月が良いとは言えず3月頃に入学した方が良い、山下は季節感が重要で4月が良い、横山はアメリカの例を引いて半年ごとの入学が良い、といった意見で収斂しない。牛山栄治は、小学校や中学校は4月入学とし、専門学校や大学は9月学期が適当で、半年間は過去を振り返ったりする期間のブランクとして意味があり、職業指導の期間にもなるとする。他方、牛島は単に受験準備になって生活指導の面から教育上好ましくないと指摘する。川本や淡路は賛成するが、牛島と関口は指導機関のない状態への懸念を表明する。

　この頃から学年暦の変更について新聞報道がなされ、委員はその影響に敏感になる。第4回（10月14日）の冒頭、関口は「この頃新聞や何かに結論の方向や何とかということを余り前から言わない方いいと思いますね」[41]と述べ、集まりが悪いから「雑談的にやりますか」、委員会の論議も「四月とか九月ということがポイントとなっておるわけではないのであります」とし、やる気がない。それでも議論になり、牛山は小中学校は4月入学で良いが、

大学や高等学校、専門学校は9月が良く、制度的にどう連絡するかが課題だと意見を述べ、菊池は賛成するが山極は疑問を呈し、関口は「四月に卒業した者を九月まで遊ばせるということは……何かいい訓練学習の……、どうですか三月遊んでしまうということは非常な何があると思いますが」と述べ、牛山は「小学校から汽車に乗り放しで大学に行くというより一応高等学校を卒業したならばその間に将来を展望するだけのゆとりを与えて、その間基礎学科をやるというような……」とギャップの価値を主張する。中学校・高等学校・帝国大学という学校体系の正系ルートをたどった関口はスムーズな接続を絶対視し、青年学校長を務める牛山が負の側面を指摘し、ギャップの意義を提起する。

特別委員会では、淡路・牛山の9月入学積極派と関口に代表される現状維持派という構図が成立している。牛山は、小学校教師の時に日本大学商学部（夜間）を卒業し、高等師範部の講師、青年訓練所主事など青年教育に従事。若い時から山岡鉄舟の高弟小倉鉄樹に傾倒するなど学歴によるエスタブリッシュ層とは違った経歴と人生観を持っていた[42]。

一方の関口鯉吉は、徳川家康の正室築山の家系に連なり、父関口隆吉は、元老院議官、静岡県知事を歴任し、長兄壮吉は浜松高等工業学校初代校長、二男は言語学者・京都大学教授新村出（新村家に養子）、養子が旅順工科大学教授隆正という学者一家で、鯉吉自身、東京帝国大学卒、東京帝国大学教授、天文台長を歴任して刷新委員会委員となる。関口と牛山の議論は、複線型学校体系のもとで、いわゆる正系ルートでのキャリアと傍系ルートでのキャリアがもたらした学校観・人間観の対立とも言える[43]。

第5回（10月21日）[44]は、東京都中央保健所宮崎叶により子供の疾病と季節の関係の報告を受け、小学校において4月が良いか9月が良いかという議論をするが、当然に結論は出ない。

ここまでの議論をもとに、関口は第9回総会（10月28日）で中間報告を行い、小中学校は4月が圧倒的で、「高等学校、大学方面につきましては圧倒的とは申し兼ねますが、大体において九月から始めた方が教育上効果があるという考えに傾いております。まだどちらがいいという結論は見いだし得

ないのであります」、夏休みの問題に絞って議論をしているが、これがいいという結論はなく、「要するに時期を待つより仕方がない」ので一応の結論を得たいと述べた[45]。南原もトーンダウンしており、「昔から四月だから四月がいいということもあるが、ゆっくりしてもいいと思います」とまとめている。

第6回（11月18日）[46]は、まとめに向けての議論になる。淡路委員からは調査をしようという意見がでて共通になるが、実施時期も曖昧で、要するに先延ばしということであろう。関口から「社会人の要求というものがあるので、今の会計年度は明年度と余り食い違って貰っちゃ困るというようなこともありますね」と出ると、牛山も「公共事業の関係のこともありますね」と相槌を打ち、淡路「採用する場合の意見を考える必要がありますね」、牛山「外国のやはり学年始めといったようなものと連関を特に取らなければ不便だということはありませんか」、関口「全体に不必要だとは限らんけれどもちょっと思いつきませんね」といったやり取りの後、9月を強く主張していた牛山も「四月がいい、九月がいいという二つの意見はありますけれども、九月にしちゃどうも仕様がない、現状はこのまま行かなければいけないだろうというところはすべて一致している」[47]と述べ、関口は「まあ一つの諦めですかね。非常に強い主張はないのです」と受けている。

学校等への調査を行うことは、第11回総会（11月25日）で報告され、実施時期は1月頃になるような意見交換で終わっている[48]。調査は、第13回総会（昭和25年1月13日）で釘本調査課長から国公私立の小中高360校に実施し、回収したことが報告されている。ただし、大学は除外されており、始めから4月入学の回答が予想されるものであった[49]。

特別委員会は、以降事実上閉会し、その調査結果も報告されなかった。第7回は半年後の昭和25年5月26日、中間報告を議論した[50]。理由は、第2次米国対日教育使節団の来日に対し、教育刷新審議会が教育改革報告書を作成するためらしい。懇談ということにし、2時間近い会合なのに、速記中止で論議の内容や出席者も不明である（速記中止にしなければならない事情は不明）。第8回（昭和25年6月30日）は、「学年始期の改正に関する第十七特別委員会

の審議経過」を審議し[51]、学年暦論議は終わりを告げた。

8．学年暦と2つのサイクル——年間と人生——

　学年暦をめぐる論議はこれで終わったわけではなく、1987年の臨時教育審議会第4次答申は秋季入学についても提言をしており、さまざまな理由から周期的に繰り返される命題の1つである。概観してきた学年暦の歴史から、特定の結論が得られるわけではない。前出佐藤秀夫論文が指摘するように、小学校から大学までの4月入学3月卒業の学年暦は、教育上の必要性ではなく、会計制度上の必要性からスタートしたものである。現に会計年度と学年暦がずれている国の方が多いことからも、変更可能であるとも主張できる。

　他方、教育上の合理性だけが決定要因ではないことは、昭和期の東京帝国大学での議論が示す。いったん成立した制度は、その枠組みでの合理性を獲得する。さらに、初等中等教育との強固なアーテキュレーションが成立し、これに新規学卒一括採用慣行が補強する「合理的かつ妥当な制度」となっている。

　この合理性に対する異議申し立てが、教育刷新委員会における議論での牛山主張である。人間の成長にとって、接続関係を重視した「合理的かつ妥当な制度」がよいのかという問題提起である。スムーズな接続を重視してきた結果、日本の大学生は世界で最も均質化し、大学新入生の80％が19歳以下という集団になっている。スムーズな接続がもたらす日本の学生集団の特異性はあまり注目されない。OECDの教育統計が、近年大学1年生の年齢動向を比較するデータを掲載しているが、諸外国の大学生と比べて圧倒的に若く、*Education at Glance 2017*[52]は、学部・修士・博士の平均入学年齢は世界で最も若い（**図3**）。人間の成長にとって多様な仲間集団の意義は極めて大きいが、均質的な年齢集団は、最適なものかどうか、一見合理的なものが、より大きな不合理を生み出していないか。あるべき学年暦論は、大学教育とは何かという問題に通底する意味がある。

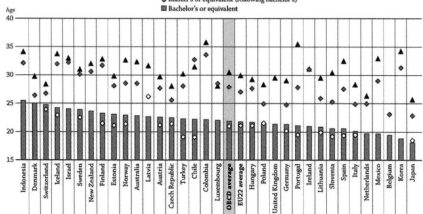

図3　大学の教育レベルにおける入学者の平均年齢

注

1　2011年4月、東京大学濱田純一総長は、海外留学を促進し、タフな東大生を育成するために、入学時期を変更することにし、「入学時期の在り方に関する懇談会」を設置した。懇談会は12月に中間報告を提出し、学部の入学時期を秋に変更し、ギャップタームを設けることで海外留学をはじめ、多様な経験の機会を与える提案をした（東京大学「入学時期の在り方に関する懇談会将来の入学時期の在り方について－よりグローバルに、よりタフに－（中間まとめ）」2011年12月8日）。世間に「秋季入学」という用語が流布し、論争が起きたきっかけである。東北大学でも、高等教育開発推進センター主催シンポジウム「秋季入学を考える」（2012年6月20日）を開催し、大学院教育学研究科秋入学検討WG『大学の秋入学に関する東北大生の意識調査報告書』(2013年3月29日) が公表された。

2　なお、日本近代教育史事典編集委員会『日本近代教育史事典』(平凡社、1971年) には、「学校暦」（執筆は宮田丈夫）の項目がある。教育史恐るべし！と思うが、今は、あまり使われない。「学歴」の下位概念の「学校歴」と混同されるからかもしれない。

3 本稿は、シンポジウム「秋季入学を考える」での報告をもとに、大学史研究会第39回研究セミナー（2016年11月6日）で行った自由研究発表を文章化したものである。学年暦に関する教育史研究として、佐藤秀夫「学年はなぜ四月から始まるのか」『月刊百科』第229号（1978年4月、平凡社、佐藤秀夫『教育の文化史』第2巻、阿吽社、2005年に再録）、寺﨑昌男『プロムナード東京大学史』（東大出版会、1992年）があり、両氏の成果に依拠するものであり、優れた先達の仕事に心から感謝する。

4 これらの学校の説明は省くが、詳細を知りたい読者は、仲新「日本の大学の歴史―明治以降―」『東京大学公開講座12　日本の大学』（東京大学出版会、1968年）、中山茂『帝国大学の誕生』（中央公論社、1978年）、海原徹『日本史小百科15　学校』（近藤出版社、1979年）、大久保利謙『日本の大学』（復刻版、玉川大学出版部、1997年、初出1943年）などを参照されたい。

5 梅村佳代『日本近世民衆教育史研究』（梓出版社、1991年）。

6 『日本教育史資料』（全25巻、1890－1892年）は、1883年に文部省が各府県と旧藩主家に命じ、教育の史実について調査させ、資料としてまとめたもので、近世教育を知る上での一級史料だが、編集の過程で原史料を部分的に削除するなどの修正が加えられていることが1980年代に明らかになっている。詳しくは、日本教育史資料研究会『「日本教育史資料」の研究』（玉川大学出版部、1986年）、同『「日本教育史資料」の研究　2　藩校編』（玉川大学出版部、1993年）を参照されたい。

7 なお、遅生まれのこどもの教育達成が相対的に高く、早生まれが低い相対年齢効果は、TIMSSなどのデータを用いて主張されている（川口大司「ESRI Discussion Paper Series No.162　小学校入学時の月齢が教育・所得に与える影響」、2006年6月）。

8 江森一郎『「勉強」時代の幕あけ』（平凡社、1990年）。

9 太陽暦の採用は、明治6年1月1日（旧暦の明治5年12月3日）からであり、それまでは太陰暦で表示する。

10 東京帝国大学『東京帝国大学五十年史　上』（1932年）、29頁。

11 前掲書、11頁。

12 前掲書、360頁。

13 寺﨑・前掲書、4頁。寺﨑引用の「南校規則」は、東京大学図書館蔵の木版によるが、『東京帝国大学五十年史　上』（1932年）引用の「南校規則」は、「生徒ノ入学ハ毎年二回必ス暑中休業ノ後ト孟春〔筆者注：陰暦1月〕開校ノ時ニ於テスベシ但校ノ都合ニ依リ不時ニ入学ヲ許ストキハ臨時決議ノ上校長之ヲ公告スヘキ事」（190頁）とかなり異なる。大学南校の規則類については、『東京帝国大学五十年史　上』は異本が存在することを紹介しており、何が正本かは、にわかに

確定しがたい。

14 東京帝国大学『東京帝国大学五十年史　上』(1932年)、384頁。
15 前掲書、271-275頁。
16 『東京大学百年史　通史一』(357頁)。明治8年4月に文部省が官立学校学歳日割制定過程で東京医学校に示した原案に対し、東京医学校の回答「東京医学校学歳」では、「学歳ハ十一月十六ニ始リ翌年十一月十五日ニ畢ル」(『学事願伺届達回答　明治八年中』)と記載されていることから、実際には11月開始であったと推測している。寺﨑昌男も同様の見解を取っている。
17 『東京帝国大学五十年史　上』、1932年、552-553頁。
18 村上重良編『皇室事典』東京堂出版、1980年。
19 『東京帝国大学五十年史　上』、1932年、759頁。
20 前掲書、1003-1004頁。寺﨑・前掲書、5-7頁。
21 付け加えておくと、後に学年始期を規定する会計年度も、旧暦1月－12月（明治元年度）、旧暦10月－9月（明治2年度）、新暦1月－12月（明治6年度）、7月－6月（明治8年度）、4月－3月（明治19年度）と度重なる変更を行っており、この時期に学年暦を会計年度に合わせる発想が生まれたとは思えない。
22 佐藤秀夫『教育の文化史』第2巻、阿吽社、2005年、108-109頁。
23 寺﨑・前掲書、11頁。
24 文部省編『資料　臨時教育会議』第1集、1979年。
25 寺﨑・前掲書、9頁。法科大学は、大正4年は6月、5年は5月、6年から4月という段階的進行であり、医科大学・理科大学は一気に4月移行で一致しなかった。
26 東京大学百年史編集委員会『東京大学百年史』通史2、1985年、257-259頁。
27 東京大学百年史編集委員会『東京大学百年史』資料1、1984年、669頁以下。
28 「東北大学理学部規程『東北帝国大学一覧　自大正七年至大正八年』。
29 大正8年7月11日施行「東北大学理学部規程」『東北帝国大学一覧　自大正八年至大正九年』。
30 大正10年4月1日施行「東北帝国大学理学部規程」『東北帝国大学一覧　自大正九年至大正十一年』。
31 佐藤・前掲書、114頁。
32 東京大学百年史編集委員会『東京大学百年史』通史2、1985年、600-601頁。
33 東京大学百年史編集委員会・前掲書、259頁。
34 東京大学百年史編集委員会・前掲書、636-648頁。
35 教育刷新委員会第89回総会（1949年2月4日）における山崎報告。CIE側は、ほかに課長補佐トレーナー、顧問イールズが同席した。日本近代教育史料研究会『教育刷新委員会教育刷新審議会会議録』第4巻、岩波書店、2006年、399-400頁。
36 日本近代教育史料研究会・前掲書、401頁。

37 日本近代教育史料研究会『教育刷新委員会教育刷新審議会会議録』第5巻、岩波書店、2006年、20頁。
38 「第十七特別委員会　第一回議事速記録」(昭和24年7月22日)『教育刷新委員会教育刷新審議会会議録』第12巻、岩波書店、2006年、4頁。
39 「第十七特別委員会　第二回議事速記録」(昭和24年9月16日) 前掲書。
40 「第十七特別委員会　第三回議事速記録」(昭和24年9月30日) 前掲書。
41 「第十七特別委員会　第四回議事速記録」(昭和24年10月14日) 前掲書、35頁。
42 牛山の自伝として、『修行物語』(春風館、1977年) がある。
43 戦後教育は、正系・傍系の区別を廃止して一元化することに価値を見出してきた。その結果だけとは言えないが、現在、政策決定に関する審議会等の議論の中にこのような多様性を見出すことができない。審議会委員や行政官僚、企業人は均質化された価値観と画一的なキャリアでアイデンティティを確立し、「多様性」を語るという皮肉がある。
44 「第十七特別委員会　第五回議事速記録」(昭和24年10月21日)『教育刷新委員会教育刷新審議会会議録』第12巻、2006年。
45 「第九回総会議事速記録」(昭和24年10月28日)『教育刷新委員会教育刷新審議会会議録』第5巻、2006年、142-143頁。
46 「第十七特別委員会　第六回議事速記録」(昭和24年11月18日)『教育刷新委員会教育刷新審議会会議録』第12巻、2006年。
47 前掲書、53頁。
48 「第十一回総会議事速記録」(昭和24年11月25日)『教育刷新委員会教育刷新審議会会議録』第5巻、2006年、151頁。
49 この調査結果は未見だが、文部省調査局調査課調査資料152『本邦の学年開始に関する調査』(昭和24年) ではないかと思われる。
50 「第十七特別委員会　第七回議事速記録」(昭和25年5月26日)『教育刷新委員会教育刷新審議会会議録』第12巻、2006年。
51 「第十七特別委員会　第八回議事速記録」(昭和25年6月30日)『教育刷新委員会教育刷新審議会会議録』第12巻、2006年、57頁。
52 https://read.oecd-ilibrary.org/education/education-at-a-glance-2017_eag-2017-en#page278.　2018年8月3日アクセス。

※採択日：2018年10月12日

セミナーの記録

第40回大学史研究セミナー
「近代日本の学校システムによる学生の包摂と排除」

日時：2017年11月18日
会場：香川大学幸町キャンパス　生涯学習教育研究センター

ピラミッド型学校階梯の機能　　　　　　　　　　　　和崎光太郎
　——包摂が生み出す「排除」、排除が生み出す「包摂」——

雄弁青年と右傾学生　　　　　　　　　　　　　　　　井上　義和
　——順応と逸脱の逆説から考える——

■セミナーの記録　　　　　　　　　　　　　大学史研究 27号 2019年8月

第40回大学史研究セミナー
「近代日本の学校システムによる学生の包摂と排除」

日時：2017年11月18日 13：30〜17：00
会場：香川大学・幸町キャンパス 生涯学習教育研究センター
報告者：
　和崎光太郎氏（京都市学校歴史博物館）
　　「ピラミッド型学校階梯の機能——包摂が生み出す「排除」、排除が生み出す「包摂」」
　井上義和氏（帝京大学）
　　「雄弁青年と右傾学生——順応と逸脱の逆説から考える」

〔趣　旨〕

　異質な隣人と矛盾や対立をかかえながら、公共空間を共有し関係を構築していくことは、どのように試みられてきたのでしょうか。エリートになろうとする少数の男子が中心であった近代日本の学生は、〈青年〉ともよばれ、異質な存在ともみられました。そして、その存在は学校階梯システムへの順応を求められ、一方では能動的に活動し逸脱した存在ともなりました。

　〈青年〉概念に込められた規範に着目することや、国家や社会に働きかける者が登場し、かつ排除された事例をみることは、包摂と排除という観点から公共空間を考察することでもあります。たとえば、大学人を批判して排除された日本主義者の学生の主張に立ち入ってみることも、近代日本の大学の特質を考察することに貢献するでしょう。

　セミナーでは、かかる問題意識をもとに、和崎光大郎氏と井上義和氏にご登壇いただきました。すでに、近代日本における青年という存在については、内田義彦氏と塩田庄兵衛氏による古典的な研究（『近代日本思想史講座4 知識

人の生成と役割』筑摩書房、1959年）があります。
　明治期の〈青年〉概念の研究をされてきた和崎氏には、研究者自身の立場を相対化させることに注意を促しながら、分析する前提について予備的考察を論じていただきました。また、大正期から昭和期における学生思想運動を対象にされてきた井上氏には、雄弁青年や右傾学生が後に衰退や逸脱することとなってしまう逆説的なプロセスについて論じてもらいました。井上氏には、質疑応答の中で、ご自身の研究に対するスタンスについても詳しく論じていただきましたので、お二人のご論考を掛け合わせてご味読いただければ幸いです。

　　　　　　　　　　　　　　　　　　　　　　　（船勢　肇）

〔報告者の経歴〕

井上義和氏　帝京大学学修・研究支援センター准教授
　1997年3月　　京都大学教育学部卒業
　1999年3月　　京都大学大学院教育学研究科修士課程修了　修士（教育学）
　2000年3月　　京都大学大学院教育学研究科博士後期課程退学
　2000年4月　　京都大学大学院教育学研究科助手
　2002年4月　　関西国際大学メディアセンター専任講師
　2007年4月　　関西国際大学人間科学部准教授
　2012年4月　　帝京大学総合教育センター准教授
　2017年4月　　現職（所属先の名称変更による）

和崎光太郎氏　浜松学院大学短期大学部講師
　2001年3月　　神戸大学発達科学部人間環境科学科卒業
　2003年3月　　神戸大学大学院総合人間科学研究科博士前期課程修了
　2008年3月　　京都大学大学院人間・環境学研究科修士課程修了
　2011年4月　　京都市学校歴史博物館学芸員
　2012年9月　　京都大学大学院人間・環境学研究科博士後期課程研究指導認定退学
　2016年3月　　京都大学博士（人間・環境学）
　2019年4月　　現職

ピラミッド型学校階梯の機能
——包摂が生み出す「排除」、排除が生み出す「包摂」——

和崎　光太郎
（浜松学院大学短期大学部）

はじめに

　本稿では、第40回大学史研究セミナーシンポジウムのテーマ「近代日本の学校システムによる学生の包摂と排除」を考えるにあたっての予備的考察を行い、いくつかの問題を提起したい。

　このシンポジウムのテーマは、非常に挑戦的である。というのも、少なくとも2000年代以来の包摂・排除（社会的包摂／排除）論では、主にマイノリティや貧困を鍵概念として不当な差異（非対称性など）が問われてきたのだが[1]、シンポジウムの趣旨[2]には、それとはまったく異なった文脈で包摂／排除という分析概念が用いられているからである。そもそも管見では、これまでの大学史研究において包摂／排除という視角から何かが論じられたことはなかったように思われる[3]。

　本稿で提起する問題は、既往の大学史研究の中に「まだ実証されていない何か」を見つけ、その重要性を提起する、といった類のものではない。この類の研究が重要であることは言うまでもないが、本稿で提起する問題は、大学史研究を、外野から相対化するものとなるだろう。言うなれば、大学史というレンガ造りの建物に新しいレンガを加えたり、レンガを補修したりするのではなく、レンガの作成や積み重ねのプロセス自体を問題の俎上に載せる試みである。その試みにあたっては、まずシンポジウムの趣旨にある「順応」と「逸脱」、「学校階梯システム」、「学生」という概念がそれぞれ一体何者なのか考察し、問題を提起する。その上で、包摂が生み出す「排除」、排

除が生み出す「包摂」という視座からピラミッド型学校階梯[4]の機能について考え、問題を提起する。

1. 順応と逸脱

シンポジウムの趣旨にはこうある。

> その存在（エリート予備軍——引用者）は学校階梯システムへの順応を求められ、一方では能動的に活動し逸脱した存在ともなりました[5]。

ここには、シンポジウムテーマ（タイトル）における「学校システム」が「学校階梯システム」とより詳述され、エリート予備軍である学生をそこに「順応」し、そこから「逸脱」する存在としている。では、「学校階梯システムへの順応」とは、どのような行為を指すのだろうか。

まず、「順応」と「逸脱」から考えよう。そもそも、対象が何であれ完全に順応していると自己認識している人は、おそらく皆無であろう。我々は常に何らかの集団・組織に属しており、ある程度順応してはいるが、同時に何らかの点において逸脱してもいる。

例えば、学校のテストをサボるという行為は、一見学校システムからの逸脱に見えるが、学校のテストをサボったことを逸脱だと自己認識すること自体が、学校システムに順応している結果でもある。テストをサボった者の内面に学校システムが組み込まれているからこそ、「サボった」という認識が生まれるのである。明治中後期の生徒・学生が学校をより良いものにしていくために学校紛擾[6]を引き起こすことも、また然りである。上から与えられた状況を否定する行為は、学校内システムからの逸脱ではあろうが、それはあくまで教員、校則、課程やテストなどがつくる学校システムからの逸脱であり、学校階梯システムからの逸脱ではない。むしろ逆に、学校階梯システムへのより強い順応から発した、「学校のあるべき姿」を求めての行為だとも考えられる。模範的な生徒・学生像からの逸脱と、学校階梯システムから

の逸脱は、どちらにも該当するケースもあろうが、解釈・分析するにあたっては完全に分けて考えなければならない。つまり、どのような行為が逸脱または順応なのかは、どのような視点から、どのような枠組みにおいて評価するか次第で決定される。評価者の視点や枠組みによって、逸脱と順応は容易に転換し得るのである。

さらに事態を複雑にするのは、「する」ことである順応／逸脱は、シンポジウムテーマにある「される」ことである包摂／排除には単純に置き換えられない、ということである。ゆえに、本章で提示した問題を慎重に吟味したとしても、包摂／排除という認識枠組み、「学校（階梯）システムによる学生の包摂と排除」とはそもそも何であるのかという問いに到達するためには、さらなる考察が要求される。

このように、本シンポジウムで投げかけられたテーマ・趣旨は、研究者による「学生の行為を解釈し論じる」という行為の相対化を誘発する非常に重要な問題群を、我々に提示してくれるのである。

2．学校階梯システム

次に、シンポジウム趣旨にある「学校階梯システム」とは何なのかを考えてみたい。学校階梯は、近代日本の大学史を語る上で避けて通れないシステムであることは言うまでもない。大学を知るためには学生を知らなければならず、学生を知るには学生がどこから・どうやって入学してきたのかを知らなければならないからである。

学校階梯については、これまで主に中等教育史・教育社会学の分野で、おおよそ以下のような文脈で論じられてきた。

まず、中等教育とは何かを問う文脈である。中等教育は完成教育なのか、準備教育なのか、両者がどのようなダイナミズムで中等教育を構成しているのか、などを問う文脈である。この問いは、学校階梯を論じる最も古典的な文脈ではなかろうか。次に、中等教育を受けなかった、または半途退学した一群の実像を明らかにする文脈である。半途退学者たちは、竹内洋[7]や田嶋

一[8]、武石典史[9]によってその実像が探究されてきた。中等教育機関に入学しなかった一群については、青年会・青年団の研究はこれまで比較的厚い研究が蓄積されてきた。また、両者について、近年、菅原亮芳[10]が別のアプローチを試みている。これらの研究において、学校階梯は直接問われるテーマではないにしろ、学校階梯について言及せざるを得ず、結果として学校階梯の一側面が炙り出される作業が行われている。最後に、選抜がどのように機能していたのかという研究であり、教育社会学においては比較的古くから研究が積み重ねられてきたテーマである。

　以上の３つのテーマを問詰めれば、学校階梯の何たるかがわかったことになるかと言えば、そうではない。ここでは残る問題のうち３点を指摘しておきたい。

　まず、学校間接続（アーティキュレーション）の実態はどうなのか、という問題である。この問題を課題とするにあたっては、接続回路[11]に加えて、その回路をとりまいている者や社会制度（慣習）などを含めて考えなければならない。次に、学校階梯に回収される可能性を持っていたあらゆる者がどう影響を受けたのか、という問題である。学校階梯を歩んだ者だけではなく、そこから降りた者、一見学校階梯とは無関係に見えるが同年代が階梯を歩むようになったせいでその影響を受けた者（この点については本稿の主題に大きくかかわるので後述する）、すなわち地方改良運動期以降の青年団で活動したような者たちに注目し、学校階梯の影響を問わなければならない。最後に、学校階梯を支えた思想的基盤の解明である。つまり、学校階梯を社会的に許容し、支え、持続させていった思想的基盤は、どのような思想で成り立ち、その思想はいつ・どのように立ち上がり、広まったのか、という問題である。

3．学生

　次に、そもそも包摂／排除される「学生」とは誰なのか、という問題を考えたい。

　もちろん、学生とは学校に籍がある者、狭義には大学生である。しかしこ

こに提示する問いは、辞書的な意味を歴史的にさかのぼって吟味するのではなく、「学生」にはどのようなイメージが組み込まれているのか、といった考察を要求する「学生とは誰なのか」、である。拙著『明治の〈青年〉——立志・修養・煩悶——』の序章における下記引用文の〈青年〉を、「学生」に置き換えると、この問題はより明快になるだろう。

〈青年〉を歴史的・社会的構築物としてとらえ、解体しなければならない。つまり、〈青年〉を分析の俎上に載せ、〈青年〉に内在している他者認識の眼差しを解明する[12]

〈青年〉の概念史は、単に概念の意味変容をなぞるだけの作業から、実態史のダイナミズム（力学関係）を支えた思想的基盤を解明するための必要不可欠な研究となる[13]

かつて筆者は、「青年」概念と「学生」概念との相克を、おおよそ以下のように論じた[14]。明治20（1887）年は、「書生」イメージの転換（悪化）期であり、翌明治21（1888）年になると、「書生」に代わって「学生」の使用が急速に広がり、帝国大学生以外にも「学生」が適用されるようになる。その背景には、諸学校令による学校階梯の制度上[15]での誕生、つまり各種の学校が無接続状態から階梯へとまとめられるプロセスがあった。それは私立学校も例外ではなく、「私立学校が帝国大学を頂点とするピラミッド型学校階梯の中で、たとえ帝国大学に『進学』できない傍流であろうとも、階梯の中等教育部分に接続され、立身出世のための有力なルートとして位置づけられたのである」[16]。このような学校階梯の制度上での誕生は、東京では、明治20年代初頭にはすでに実態をともなっていた。その結果、「学生」には中等教育学校に学ぶ生徒も含まれるようになる。「『学生』概念の急速な普及は、ピラミッド型学校階梯の最高位に置かれた帝大生＝公式の『学生』が、その階梯において同年齢層にあたる私立学校で学ぶ者や、下の階梯に位置づけられる第一高等中学校生、さらには尋常中学校や東京英語学校・共立学校・成立

学舎といった一高合格のための登竜門の生徒のモデルになったことを意味している」[17]。明治24（1891）年からの私立学校撲滅策が、上級学校への無試験入学資格の有無をめぐって展開されたことは、「進学こそが立身出世の正統なルートであるという認識が社会的に定着」[18]したことを物語っている。

つまり、「学生」とは「急速に整備された立身出世のレール、すなわち上級学校への進学から逸脱しないよう、自己を規律する存在」[19]であり、「立志なき立身出世主義を体現」[20]する者を表象した概念であった。このように「学生」が構築されたことを前提に、改めて学生の逸脱とは何かを考えると、その逸脱は、「学生」であることの範囲内での逸脱と、「学生」であることからの逸脱に分けられる。その境界線は明確であり、前者は学校内の規律から逸脱しているものの学校階梯システムには順応しているのであり、後者は場合によっては、学校階梯システムからの逸脱となり得るのである。

4．包摂が生み出す「排除」、排除が生み出す「包摂」

以上、近代日本の学校階梯システムへの学生の順応と、そこからの逸脱について考察し、いくつかの問題を提示してきた。これらの問題は、学生を客体として表現すれば、シンポジウムのテーマ「近代日本の学校システムによる学生の包摂と排除」（傍点引用者）に関連して提示されたことでもあり、「順応と逸脱」を「包摂と排除」におきかえても、「と」で結ばれる概念同士の関係性は複雑であることに変わりはない。すなわち、ある場への包摂は同時に別の場からの排除となり、ある場からの排除は同時に別の場への包摂ともなる。以下、包摂が生み出す「排除」について、「学生」を軸に考えてみたい。

「学生」は、当然ながら、「学生ではない者」、すなわち学校階梯から排除された者たちの存在を前提としてしか成り立たない。このことと表裏一体で、「学生ではない者」である学校に通っていない10代後半の男子は、「学生」とは無関係ではいられない。例えば今日でも、17歳の若者は、たとえ高校に在籍していなくても、「高校2・3年生に該当する年齢」「高校に進学してい

れば2・3年生にあたる」という眼差しで把握される。つまり、「学生ではない者」も、「学生」の存在から少なからず影響を受けるのである。学校階梯が成立することによって、学校に通っていない者までをも学齢によって把握することが横行するのであり、「学生」とは学生以外にも影響を与える概念なのである。

そしてこのような把握は、中等・高等教育機関への進学者として包摂される者が増えれば増えるほど、今日的に言うところの「学校文化」なるものが充実・拡大されていくこともあいまって、強化される。その結果、中等・高等教育機関への包摂は、進学しなかった・できなかった者たちが抱く「学校や学校文化から排除されている」という自己認識を、一層強める結果となるだろう。つまり、進学機会を広げ進学者数が増加するということは、一部の男子を学校階梯に包摂することになるのだが、一方でその包摂は、残された男子を、少なくとも自己認識レベルで排除する（「自分は学校階梯から降りた」と認識させる）ことになるのである[21]。

このように、包摂が排除を生み出すことは多々あろうが、もう一つ事例を挙げておきたい。1918（大正7）年の大学令は、男子専門学校の大学昇格を可能にして大学生の数を急増させた。つまり、男子の「学生」への包摂を一層進めたと言える。しかしこのことは、「大学にはなることができない」ことがより明確化された女子専門学校に通う女子[22]は、大学からより明確に排除されたことになり、だからこそごく少数の女子大学生が注目を浴びることになる。

では、この大学令によって、「学生」概念はどのような揺れを経験したのか、もしくはしなかったのか。この問題を考えるためには、まずは「学生」をあたかもジェンダーニュートラルな概念として語ることから脱却し、そこに潜むマスキュリニティ（特に、特権的エリート男性のみが持つ覇権的マスキュリニティ）に着目することが必要であろう。そうすることで、初めて「学生」という概念の正体を知り得るのであろうし、大学への男子の包摂と女子の排除が制度的に確定された時期に「大正教養主義」[23]が最盛期を迎えたことの歴史的意味の追求[24]や、女性の教養が「学生」とは非対称的な「女学生」（主

に高等女学校生）の時代に培われるというイメージが定着するプロセスの解明などが、可能となるだろう。

次に、「学生ではない者」を軸に、排除が生み出す「包摂」について考えたい。

学校階梯に包摂される可能性がありながら排除された男子たちは、村落的な価値観を啓蒙するための近代的価値観を醸成・伝達する部隊としての青年会・青年団を構成するが、修養[25]を重視することや夜学を組織することなどに見られるように、啓蒙する側の価値観は学校的な規範に基づいている。つまり、学校階梯から排除された者たちは、学校的価値観に包摂されたまま、他者を学校外の組織に包摂するように動いたのである。また、1930年代以降に地域ファッショの担い手となっていった青年団のリーダーたちは、学校階梯からの排除をメンタル面であたかも自己認識レベルで無効化するように「同じ日本国民（臣民）」としての同一性を強めて、より大きな創造の共同体への包摂と「必要とされた排除の対象」[26]である異民族の立ち上げを、自分たちの力で成し遂げようとしたのではなかろうか。

むすびにかえて

以上の内容を、最後にまとめておきたい。第１章では、評価者（研究者）の視点や枠組みによって逸脱と順応は容易に転換し得ることを確認した。第２章では、包摂と排除という視角からの学校階梯についてはまだ未解明なことが多く、その実態をつかみきれていないことを指摘した上で、解明のために必要な課題を３点挙げた。第３章では、学生の逸脱は、「学生であることの範囲内での逸脱」と「学生であることからの逸脱」とに分けて考えることの有効性を提起し、後者のみが、場合によっては学校階梯システムからの逸脱となり得ることを指摘した。第４章では、「学生」概念を軸として、学校階梯への包摂が生み出す「排除」と、学校階梯からの排除が生み出す「包摂」がどのような事象なのか、いくつかの例を提示した。

学校階梯とは何かを考えるにあたっては、教育機会の拡大という、誰が何

をどれだけ学べるようになったのかという問題枠組みを超えて、学校階梯が成立したことが当時の学生と「学生ではない者」に向けられる眼差しをどのように変えたのかを考える必要がある。この考察にあたっては、そもそも「学生」とは誰なのかという問いは避けては通れないのであり、むしろ「学生」とは誰なのかという問いにこそ、学校階梯の姿を炙り出す手がかりがあると考える。

その過程での包摂／排除という分析概念の有効性については、包摂されると同時に排除が立ち上がることと、包摂は単なる包摂／排除の線引きの位置をずらしただけにすぎないということを前提とした上でさらに個人内の「学生」である部分と「学生」ではない部分に着目することで[27]、社会的構築物としての「学生」の概念史が可能になるであろう。

本稿は、シンポジウムテーマ「近代日本の学校システムによる学生の包摂と排除」を考えるにあたっての予備的考察と、いくつかの問題提起を行ったにすぎないが、従来の大学史研究を相対化し、より発展させるための一助となるのではなかろうか。

注

1 そのレビューと限界、今後に向けての課題については、倉石一郎「「貧困」『ケア』という主題の学問への内部化―教育社会学における排除／包摂論の生成と残された課題―」日本教育社会学会編『教育社会学のフロンティア1 学問としての展開と課題』(岩波書店、2017年、189-209頁) を参照。
2 大学史研究会『大学史研究通信』第90号、2017年9月30日、1頁。
3 ただし、筆者は大学史研究の門外漢であり、先行研究を把握しきれている自信はない。
4 趣旨における「学校階梯」とは、和崎光太郎『明治の〈青年〉―立志・修養・煩悶―』(ミネルヴァ書房、2017年3月) 19-22頁でその確立を概観したピラミッド型学校階梯を指すと思われる。ここに言うピラミッドとは、分岐型の学校階梯のうち帝国大学に通じるルートの部分を指す。以下、本稿では「ピラミッド型」を省略して表記するが、現代について言及する文脈においては単線型の学校階梯を指す。
5 前掲『大学史研究通信』1頁。

6 学校紛擾については、堀尾石峯「学校騒動論（上）」『教育時論』（第754号、1906年3月、7-9頁）、堀尾石峰「学校騒動論（中）」『教育時論』（第756号、1906年4月、8-10頁）、堀尾石峰「学校騒動論（下の一）」『教育時論』（第758号、1906年5月、6-8頁）、堀尾石峰「学校騒動論（下ノ二）」『教育時論』（第759号、1906年5月、8-9頁）、寺﨑昌男「明治学校史の一断面―学校紛擾をめぐって―」教育史学会機関誌編集委員会『日本の教育史学』（第14集、1971年10月、24-43頁）、宮坂広作『宮坂広作著作集3　近代日本の青年期教育』（明石書店、1995年）150-169頁、佐藤秀夫『教育の文化史2　学校の文化』（阿吽社、2005年）229-276頁などを参照。

7 竹内洋「成功ブームの台頭と変容」『ソシオロジ』第22巻第2号、1977年。

8 田嶋一『〈少年〉と〈青年〉の近代日本―人間形成と教育の社会史―』東京大学出版会、2016年。

9 武石典史『近代東京の私立中学校―上京と立身出世の社会史―』ミネルヴァ書房、2012年。

10 菅原亮芳『近代日本における学校選択情報―雑誌メディアは何を伝えたか―』学文社、2013年。

11 接続回路についての考察は、吉野剛弘「明治後期における中等教育と高等教育とのアーティキュレーション」『近代日本研究』（第31巻、2015年2月、109-129頁）、新谷恭明「明治期の中等教育に於ける二つの接続」前掲『近代日本研究』（第31巻、2015年2月、45-71頁）を参照されたい。

12 前掲『明治の〈青年〉―立志・修養・煩悶―』11頁。

13 前掲『明治の〈青年〉―立志・修養・煩悶―』14頁。

14 前掲『明治の〈青年〉―立志・修養・煩悶―』47-68頁。

15 あくまで制度上。東京以外ではまだ「絵に描いた餅」だった。

16 前掲『明治の〈青年〉―立志・修養・煩悶―』78頁。「これらの私立学校」とは、東京の法律系私立専門学校7校。入口（入学者）は尋常中学校卒業者、出口（卒業者）は高等文官試験受験資格（各高等中学校および東京商業学校と同様の資格）。

17 前掲『明治の〈青年〉―立志・修養・煩悶―』79頁。

18 前掲『明治の〈青年〉―立志・修養・煩悶―』79頁。

19 前掲『明治の〈青年〉―立志・修養・煩悶―』87頁。

20 前掲『明治の〈青年〉―立志・修養・煩悶―』88頁。

21 ただしこの包摂／排除は、あくまで学校階梯への／からのそれである。規範レベルでは、「明治末期から大正期にかけて台頭してきた地方の『青年』たちは、確かに中等教育の学校から排除された者ではあるが、一方では規範レベルで学校的価値観に包摂された男性でもあったのではなかろうか」（和崎光太郎「歴史学の方法論―学校の「威力」を論じることを通して―」歴史書懇話会『歴史書通信』

第237号、2018年5月、3頁)。

22 ただし、女子専門学校及び女子専門学校生が増加するのは、1920年代以降である。大学令施行後の女子専門学校及び女子専門学校生については、天野正子「第一次大戦後における女子高等教育の社会的機能」日本教育社会学会『教育社会学研究』(第33集、1978年9月、118-131頁) を参照。

23 その内容及び昭和戦前期における「大正教養主義」批判については、渡辺かよ子『近現代日本の教養論— 1930年代を中心に—』(行路社、1997年) を参照されたい。

24 この問題の提示にあたっては、高田里惠子『グロテスクな教養』(筑摩書房、2005年) から多くの示唆を得た。「教養 (とその崩壊) は、学歴エリートと呼ばれる男性たち、そしてそうした男性たちの近傍にいる女性たちの『生き方』と関係している」(前掲『グロテスクな教養』8頁)。

25 すべての概念がそうであるように、「修養」概念も時代によって姿を変えるが、さしあたりここでは明治後期から大正期にかけてを念頭に置いている。明治後期の「修養」については、前掲『明治の〈青年〉—立志・修養・煩悶—』99-269頁を参照されたい。

26 倉石一郎『包摂と排除の教育学—戦後日本社会とマイノリティへの視座—』生活書院、2009年、83頁。

27 学生である、学生ではないといった包摂/排除は、人物間だけではなく、同一の人物内にも起こる。つまり「誰かと誰かのあいだでなくある人物の内部に、一つの線引きを持ち込むこと」(前掲『包摂と排除の教育学—戦後日本社会とマイノリティへの視座—』49頁) が起こる。例えば、学生風紀問題によって「学生とは風紀を乱すものである」という認識が市民権を得ることは、「学生」概念変えるとともに、個人内の学生/非学生の境界線を移動させるのである。これは、煩悶青年の登場についても同様のことが言えるであろう。

雄弁青年と右傾学生
——順応と逸脱の逆説から考える——

井上　義和
(帝京大学)

はじめに——自己紹介と報告の目的

　帝京大学の井上義和と申します[1]。大学史研究会では初めてお話させていただきます。これまで、日本主義や右傾学生というテーマで講演するのは保守系の団体で、弁論文化や雄弁青年というテーマで講演するのはコミュニケーション研究の団体でした。今回事務局の船勢さんから、その2つを「エリート学生文化を包摂／排除という観点から捉え直す」という大きな文脈のうえで論じてほしいと打診をいただきました。すぐに喜んでお引き受けしたのは、それぞれを個別に研究していたときには考えもしなかった問いに挑戦する絶好の機会であり、しかもそれについて高等教育の歴史研究に取り組んでおられる方がたとともに議論できる貴重な機会だと思ったからです。

　私の大学院時代の指導教官は教育社会学の竹内洋先生です。私が修士課程にいたころ、竹内先生がちょうど『学歴貴族の栄光と挫折』(中央公論新社、1999年) を執筆中だったこともあり、修士論文では旧制高等学校の弁論部を取り上げました[2]。それから数年後に就職してから、竹内先生とメディア史の佐藤卓己先生が主宰する蓑田胸喜共同研究プロジェクトに参加しました[3]。これがきっかけで右翼／日本主義の研究にも取り組むようになり、その成果としてまとめた『日本主義と東京大学——昭和期学生思想運動の系譜』(柏書房、2008年) が私の初めての単著です[4]。

　雄弁青年と右傾学生は、研究対象としてはまったくの別物ですが、それらの対象に私が強い研究関心を抱いた理由は共通しています。それはどちらも

逆説的な運命を辿ったという点です。前者については、「雄弁は、近代化過程にエリートの必須科目として欧米から輸入されたはずなのに、文化として定着することなく衰退してしまった」、後者については、「戦前の当局公認思想だった日本主義であるにもかかわらず——あるいは日本主義だからこそ——戦時体制下で最もラディカルな批判勢力となる思想運動が存在した」、という逆説の歴史があるのです。

　本報告の目的は、近代日本のエリート学生文化を、学校システムとの関係において捉え直すことにあります。私のアプローチは、思想史や概念史とは異なり、エリート養成機関のなかでの学生団体の活動に着目して、特定の活動が流行したり衰退したりする変化の過程を分析するものです。ただし、エリート学生文化の類型や流行をただ紹介・追認するのではなく、そうした類型（の振れ幅）や流行（の変わりやすさ）を説明するための汎用性の高い仮説を提示してみます。

　シンポジウムのキーワードは「包摂と排除」です。その主語は学校システムですね。本報告ではこれを、学生が主語の「順応と逸脱」と読み替えて、上に述べた逆説を検討していきます。それは、学校システムが主語の「包摂と排除」という問題設定からは見えにくい論点を提示する意味もあります。

　結論をやや先取りしていえば、メリトクラシーによる選抜社会ゆえの、身分文化の「穴」を、意識高いエリート学生たちがどう埋めるか——というのが基本的な構図になります。私が研究してきた雄弁青年と右傾学生の例を中心に、説明を試みます。どちらも、いったんは学校システムのなかに正統な居場所を獲得しながら、いつのまにか衰退（雄弁青年）／逸脱（右傾学生）してしまうという逆説的な歴史を辿ります。そのうえで、過剰さをはらむ学生を中庸に導く機能が、本来エリート養成機関には必要なはずで、治者の身分文化というものをそうした観点から再評価すべきではないか、という問題提起をしたいと思います。

　キーワードは、エリート、身分文化、意識高い学生です。本論に入る前に少し用語の整理をしておきます。エリートには「選良」と「治者」という2つの意味があります[5]（図1）。選良は優れた能力を認められ選ばれた人たち、

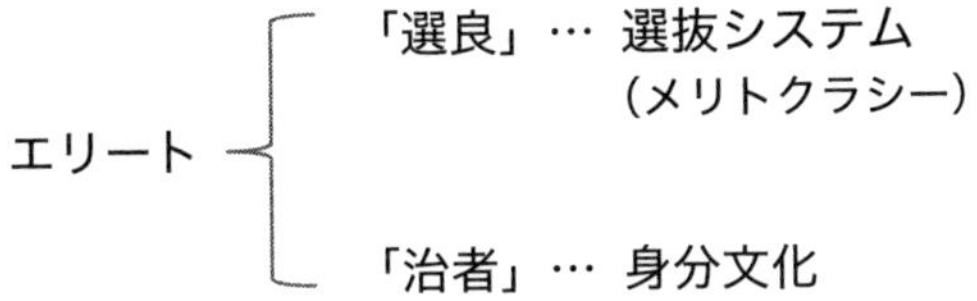

```
                ┌─ 「選良」 … 選抜システム
                │           （メリトクラシー）
        エリート ┤
                │
                └─ 「治者」 … 身分文化
```

図1　エリートの２つの意味

治者は実際に統治の役割を担い果たす人たちです。

　本報告で身分文化という場合、それは実証的な裏付けをもった経験概念というよりは「も̇し̇そ̇れ̇が̇あ̇れ̇ば̇、過剰・徹底・行き過ぎを中庸化されたのではないか、過剰さが増幅したのはそ̇れ̇が̇欠̇け̇て̇い̇た̇か̇ら̇ではないか」という「穴」の仮説にもとづく、フィクショナルな概念です。直接実証することはできなくても、前近代との比較、外国との比較を重ね合わせることで、間接的に示すことはできるのではないか、と考えます。

　この意味での身分文化は、治者の側に属します。選良の側でそれに対応するのは、選抜システムです。明治維新後に、社会的秩序の編成原理は、世襲身分を前提とした属性主義から、学歴と試験にもとづく業績主義へと移行していきます。業績主義にもとづく選抜・配分の原理をここではメリトクラシー（meritocracy）と呼びます[6]。選良－選抜システム（メリトクラシー）の系は教育社会学を中心に研究蓄積がありますが、治者－身分文化の系については研究が手薄です。

　3つ目のキーワード、意識高い学生ですが、これは現代の若者論に出てくる「意識高い系」を意識して使っています[7]。「意識が高い」ではなく「意識高い」と縮めていう場合、本来の意味に、自己主張が強く、その過剰ゆえに中身が伴わずに空回りしている――という批評的なニュアンスが加わります。本報告に登場する雄弁青年や右傾学生には、「選良に飽き足らず治者たらんと試行錯誤する」という意味で、意識高い学生と共通点があります。彼らを中庸に導く抑制機能の不在（穴）を示すために、この現代的な用語をあえて採用しています。

1. 身分文化の「穴」がもたらす、エリート学生文化のダイナミズム

文学青年史観の死角

　シンポジウムの趣旨文に内田義彦・塩田庄兵衛の「知識青年の諸類型」（『近代日本思想史講座4　知識人の生成と役割』筑摩書房、1959年）が取り上げられていますので、ここから話を始めます。これは実証研究としてはいろいろ突っ込み所があるでしょうが、知識人を語る人たち——たいてい知識人自身やその予備軍です——のあいだで共有された世代論を図式的に整理したものとして読めば、たいへん興味深いテキストです。内田・塩田より前に刊行された唐沢富太郎の名著『学生の歴史——学生生活の社会史的考察』（創文社、1955年）でも、明治から昭和にかけて政治青年や文学青年などさまざまな類型が、概念史的な注意を払わずにサラッと出てきます。現代でも、全共闘世代からシラケ世代、新人類世代などと世代を一括りにして論じますが、例えば全共闘世代といっても、当時の大学進学率と学生の運動参加率を掛け合わせると数パーセントになってしまいます。そんな少数派で世代を代表させるのは乱暴な話ですが、「学生かくあるべし」という規範を生み出してメディアに影響を与え、その他大勢の学生や若者がそこからの距離によって自分を位置づけるような座標空間を作り出す存在だったことは確かです。世代類型には、そうした知識社会学的な力学が含意されています。

　内田・塩田は、4つの類型を取り上げています。政治青年は「明治初年の動乱から自由民権をへて二十年のナショナリズムに至る時代に、モーラル・バックボーンを形成された」世代、文学青年は「日露戦争前後に物心がつき……軍国主義の雰囲気の中で自我の覚醒を与えられた」世代、社会青年は「大正中期以降の社会的動乱に思想的影響をうけた」世代、市民社会青年[8]は「『講座派』理論の圧倒的影響をうけながら政治的窒息の時代にそれぞれの専門領域で独自な知的活動を開始した」世代です。

　4つのうち、エリート学生文化を考えるうえで重要なのは、文学青年と社会青年です。「文学青年から社会青年へ」は知識人論のメインヒストリーで

す。戦後の論壇で活躍する市民青年世代以降、個体発生（人文書を読むことを通じて社会的使命感を強める）と系統発生（文学青年から社会青年へ）を重ね合わせて理解されるようになります。私はこれを文学青年史観と呼びます[9]。雄弁青年は文学青年と同時代に同等の存在感を示した世代類型であり、雄弁青年こそが政治青年の正統な後継者であり、また雄弁青年のなかから社会青年が生まれるのですが、文学青年史観ではこうした史実は隠蔽されます。

　本報告のタイトル「雄弁青年と右傾学生」というのは、したがって、知識人論のなかで語られてこなかった類型であり、「文学青年と社会青年」というメインヒストリーにとっては裏面史になります。

ポスト身分制社会における新しいエリート像の模索

　さて、旧制高等学校のようなエリート養成機関においては、指導理念を「上」から押し付けることが困難であり、歴史的社会的な諸条件のもと、教師と学生、学生同士の相互作用のなかで、さまざまな類型が出てきては競合・共存しながら、規範文化が生成されていく、というダイナミズム──悪くいえば不安定さ──を特徴としています。なぜでしょうか。

　明治以前の身分制社会におけるエリート養成機関（藩校など）は、治者である武士階級の再生産装置でしたが、そこでは治者の身分文化への予期的社会化がおこなわれたはずです。若い武士たちは血気盛んなところや逸脱行動があったとしても、最終的にはひとつの身分文化の枠内に落ち着きました。

　明治維新で身分制は解体され、メリトクラシー（能力＋努力）による選抜社会へと転換するなかで、以前の武士階級に代わる新しいエリート像が模索されます。これはポスト身分制社会における最重要課題のひとつです[10]。「上」から理念を教え導くことは、国民統合や近代化対応の教育機関ならまだしも、エリート養成機関としては難しかったのではないか、というのが私の考えです。指導的な理念や規範が最初からあるわけではない。ならば、どういう方向に学生を導いていけばいいのか。教師も学生もともに手探りで模索していきます。「学生いかにあるべきか」を校友会雑誌や弁論大会で議論しています。たいへん活発で良いことのように見えますけれども、それは指

導理念や身分文化がないことによる不安定の裏返しでもあります。煩悶して自殺したり、宗教に救いを求めたり、というのも背景は共通しています。

実際、高等学校受験に際して身分は考慮されないのが原則でした。学校システム（厳密には選抜システム）が、新しい選良階級（「学歴貴族」[11]）を作ります。家柄ではなく学歴を獲得したものが、指導層を形成します。学歴をテコに、近代的セクターに職を得る新中間層が誕生します。新中間層とは、家産や家業の相続によってではなく、教育（学歴）を媒介にして継承される不安定な社会階層です。

エリート養成機関においても、世襲身分から相対的に独立しており、歴史の厚みをもった身分文化が脆弱（むしろ積極的に切断）でした。世襲身分から影響を受けないという意味ではありません。平民より士族のほうが進学に有利（輩出率が高い）ということはあったけれども、それは士族を直接的に優遇したということではなく、士族家庭のほうが教育熱心だったとか伝統的に学問との親和性が高かったなどの間接的な影響にとどまります。

身分文化の「穴」を何で埋めるか

高等学校の文化も世襲身分からは切断されていました。西洋の人文書の読書を通じて人格向上を図る、教養主義が生まれる（文学青年）。政治や社会の矛盾に真摯に向き合うことへの、使命感も生まれる（社会青年）。「教養主義の上級バージョン」としてのマルクス主義受容も生まれる（市民社会青年）。しかし、文学青年や社会青年が出てきたのは、「上」から理念が降ってきたからでも、押し付けられたからでもありません。人格を磨かなければならない、そのために本を読まねばならない。社会に向き合わなければならない、と自ら考えて試行錯誤していきます。こうした先輩たちの試行錯誤が、次第に学生のあるべき姿として内部で再生産され、規範文化として定着していきます。市民社会青年（1905〜1915年生）以降の世代では、規範が内部で受け継がれてきました。戦後の知識人論のベースには彼らの経験が反映されています。

つまり、こうしたエリート学生文化は、「上」から理念が降ってきた結果ではなく、学校システムの「外」に意識高く理念を求めた結果なのです。す

なわち、人文書の読書や、社会的使命感は、身分文化の「穴」を埋める、機能的代替物だったと考えられないでしょうか。明治以前、武士階級には治者として読むべき本や、身に着けるべき考え方や振る舞い方、取り組むべき問題が用意されていたけれど、そうしたリストを埋め込んだ身分文化がなくなった、つまり「穴」があいたのです。

2．雄弁青年──急すぎた様式化と大衆化（ゆえの陳腐化）

意識高い学生集団としての弁論部

　文学青年とほぼ同じ時期に、雄弁青年という類型が析出されます。雄弁（eloquence／演説speech）は、近代化のお手本である欧米では、指導者＝治者たるものの必須科目と考えられており、弁論部は、そうした技術の習得を期待して、意識高い学生が入るところでした。しかし、学校弁論部を通じた技術の洗練＝様式化と、学校以外にも、地方や勤労青年への普及＝大衆化が進み、それが雄弁の陳腐化をもたらし、昭和初期には「時代遅れ」になってしまいます。この逆説について、以下で説明します。

　演説は明治初めに福澤諭吉らの知識人によって西洋近代の標準仕様として輸入されました。自由民権運動で流行すると（第１次弁論ブーム）、雄弁家には野蛮な壮士のイメージが着いたりもしましたが、明治30年代以降多くの旧制高校や大学、専門学校に弁論部が作られ[12]、明治43（1910）年創刊の雑誌『雄弁』（大日本雄弁会＝後の講談社）などメディアの後押しもあって、正統な学生文化として定着していきます（第２次弁論ブーム）[13]。

　学校のなかで弁論部が正式な部として認められ、演説会が学校の公式行事として定着し、雄弁の様子が『中学世界』などでカッコよく紹介されると、彼らに憧れて「高等学校に入ったら弁論部」という中学生も出てきます。こうして弁論部は、文芸部などよりも、よほど真面目で真摯な優等生──意識高い学生──の集まりになっていきます。学校システムへの順応、学校システムによる包摂です。他方、政治史では、東京帝国大学弁論部や早稲田大学雄弁会から最初の学生社会運動が始まったことが知られています[14]。つまり、

初期の社会青年は、雄弁青年から生まれているのですが、最も意識高い学生たちが弁論部に集まっていたことを考えれば、何の不思議もありません。

雄弁青年がカッコ悪くなったのはなぜか

　弁論部に入るそもそもの動機が「何を演説するか」よりも「如何に演説するか」にあるので、内容のオリジナリティは重視されません。雑誌などの論説記事を自分なりにアレンジしてもいいわけです。それで様式化が進み、「諸君！」と聴衆に呼びかけるといった、いわゆる雄弁調が生まれる。他校と交流は競技化をもたらし、エリートの素養・嗜みというレベルからますますかけ離れていきます。

　また、雑誌『雄弁』はもともと都市部の知識青年向けの専門誌でしたが、大正期後半から地方巡回演説会の企画や青年団を中心とした地方青年の弁論活動を取り上げる記事が多くなってきます。想定される読者層がエリートから大衆になり、その啓蒙普及の過程で、田舎くさい、大時代的な、野暮ったいイメージが着いていきます。その結果、昭和初期にはエリート学生文化のなかでも弁論部的なものは敬遠されはじめます。

　いまでも弁論部のある大学はありますが、なぜか一般学生には近寄りがたい雰囲気がありますよね。たいてい明治・大正期まで遡る歴史をもっていますが、一般学生に敬遠される理由はもちろん伝統の重みではありません。時代錯誤で、野暮ったい、要するにカッコ悪いイメージがあるからです。

　結局、雄弁はエリート学生文化としては根付きませんでした。東京大学や名門進学校などには弁論部やディベート部はありますが、特殊な趣味嗜好をもった人たちとみなされ、それがエリートの素養・嗜みにつながるとは誰も思っていない。エリート文化への定着という点で、文学青年のほうが長持ちしたのは、彼らの意識が高すぎることがなく、様式化と大衆化が進みにくく、ゆえに陳腐化しにくかったからでしょう。だからこそ、穏やかに定着したと考えられます。

3．右傾学生——国策を突き抜ける政治的正しさ（ゆえに教育的な制御がきかず政治弾圧）

「頭の悪い反動」から「頭の良い優等生」へ

　左傾学生（社会青年〜市民社会青年）より遅れて、右傾学生という類型も析出されます。大正末から昭和初までの左翼全盛時代には、彼らは「頭の悪い反動」とみなされていましたが、満州事変（1931）や日中戦争（1937）を機に、左翼運動と入れ替わるように、学内で国家主義団体の設立が相次ぎます。文部省教学局『学内団体一覧』(1940) を分析してみると、官立大・専門学校グループは「上から」の指導で組織された実践系が多いのに対して、帝大・官立高グループは「下から」自発的に結集した思想系が多いことがわかります[15]。右傾学生のイメージも、テロやクーデターなど非合法の直接行動を結びついた野蛮なものから、真面目で穏健な（頭の良い）ものに修正されていきます。先ほどみた弁論部＝雄弁青年の場合と同じように、学校システムへの順応、学校システムによる包摂です。

　右傾学生にとって追い風となったのは、戦争だけではありません。天皇機関説事件（1935）を契機とする国体明徴の政府声明、文部省『国体の本義』(1937) などの、国体論をベースとした政治的正しさ（political correctness）の浸透です。「日本主義的に正しくない」言動を検知するセンサーが張り巡らされ、人びとの思考と行動が統制されていきました。

身分文化の「穴」を埋める日本主義が、批判原理となる

　日本主義は、当初、戦時体制の構築を加速させたアクセルとして機能しますが、昭和15年頃からは、それに歯止めをかけるブレーキの機能をも果たす[16]。どういうことでしょうか。総力戦に耐えうる高度国防国家とは、国家権力を一元化することで、政治の混乱をなくし、経済を統制することで実現されます。つまり政党や企業が私益のために勝手気ままに活動するよりも、一国一党の強力な指導原理のもと企業も一致協力して国家経済を回していくべきである、と。しかしこれは「日本主義的に正しくない」。なぜか。一国

一党は天皇大権を犯す幕府的存在であり、国務大臣の輔弼と帝国議会による協賛を定めた帝国憲法に違反します。統制経済は偽装された共産主義思想であり、私的所有権を否定する治安維持法違反である──という理屈です。

この時期に右翼陣営内部で、革新右翼と観念右翼の対立が顕在化していくことは、政治史ではよく知られています。近衛新体制運動の足を引っ張り、大政翼賛会を骨抜きにしたのは、「観念右翼」と呼ばれた日本主義者たちでした。国家主義系の学内団体も、国策の評価において分かれていきます。国策に追随する団体や、距離をとる団体がある一方で、ブレーキ機能を果たす団体を糾合していくのが、小田村寅二郎と田所廣泰を中心とする日本主義者たちでした。

彼らは、左翼こそがエリート学生の規範文化だった昭和初期の一高・東京帝大で、日本主義の思想団体を設立しました。彼らはまさに身分文化の「穴」に危機感を抱き、それを埋めるのに、前近代的な武士的なものではなく（それは封建制の限界がある）、国民国家における治者の身分文化として、天皇を仰ぐ「臣道」を再発見した人たちなのです。ここで身分文化の「穴」と国体論がつながります。小田村寅二郎は、吉田松陰の実妹の曾孫（曽祖父は2015年NHK大河ドラマ『花燃ゆ』の準主役だった小田村伊之助＝楫取素彦男爵）で、皇室に近い家柄でした。高等教育や文部行政、ひいては政府の新体制運動や戦争指導を「日本主義的に正しくない」という観点から公然と徹底批判したので、当局にとっては非常にやっかいで、最後は東条英機内閣のもとで弾圧・検挙されます（1943年）。つまり、学校システムからの排除にめげず、学外で言論活動を展開したあげく、強制終了（検挙・解散）となります。

4．まとめと結論

雄弁青年と右傾学生を並べることで見えてきたものは何か。

メリトクラシーによる選抜社会ゆえの、身分文化の「穴」を、意識高い学生たちがどのように埋めていくか。この基本的な構図のもとで、「知識青年の諸類型」を捉え直すと、類型の振れ幅や流行の変わりやすさも理解しやす

くなります。この構図をより体現しているのは、ある意味「知識青年の諸類型」以上に治者たらんとするエリート意識の高い、雄弁青年や右傾学生でした。「人前で演説したい」雄弁青年は「本を読んで考える」文学青年以上に、意識が高い。右傾学生の思想や行動は学校や政府を突き抜けていきました。

どちらも、学校システムのなかに正統な居場所を獲得しながら——つまり公認団体として学校システムに包摂され、彼ら自身も学校が求めるものに順応しながら——いつのまにか衰退（雄弁青年）、もしくは逸脱（右傾学生）してしまいました。なぜか。どちらも、過剰であること・徹底的であること・行き過ぎたことが仇となったのではないでしょうか。

もちろん、若さとは過剰なことである、という側面もあるでしょう。しかし、過剰さをはらむ学生を中庸（moderation）に導く機能が、本来エリート養成機関には必要なのではないでしょうか。中庸とは過激化・極端化しようとする動きを諌めて穏健化する保守的な作用です。これが身分制社会であれば、治者階級の身分文化がそうした機能を果たしていたのでしょうが、明治以降そこに「穴」が開いた状態で、意識高い学生はどうしていたか。雄弁青年や右傾学生の辿った運命は、どちらも治者たらんとする意識が、緩衝装置（身分文化）抜きに発動した結果といえます。

教養主義がこの中庸化の機能にもっとも近いといえるかもしれません。たしかに、本来の教養には、独りよがりな過激思想を先人の思想と突き合わせて宥める、抑制する機能があったはずですが、少なくとも学生時代にはそのようには機能していなかったのではないかと思います。

5．質疑応答から

いただいた質問とそれに対する応答から、報告の趣旨や論点が明確になるものを選んで、以下に編集しました。すべてを取り上げることはできませんでしたが、議論に参加してくださったみなさまに心より御礼申し上げます。

【質問1】 濮良－非選良、治者－被治者の二軸を組み合わせた四象限のマト

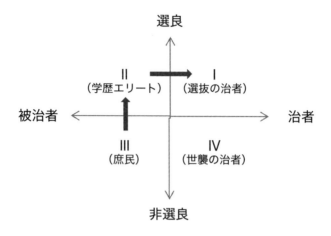

図2　選良と治者の四象

リクスを描いてみると（**図2**）、身分文化の「穴」はどの部分で発現すると考えられるか。第Ⅲ象限から第Ⅱ象限へ移行するとき——庶民が受験勉強して学歴エリートになるときか、それとも第Ⅱ象限から第Ⅰ象限へ移行するとき——学歴エリートが治者たろうとしたときか。雄弁青年や右傾学生はこのマトリクス上にどのように位置づけられるか。

【応答】　前近代の身分制社会では、被治者の身分文化と治者の身分文化が確固としてあり、被治者から治者への移動は原則としてありません。**図2**でいえば、左側と右側の二つの世界が独立して存在していました。同じ身分のなかで能力の高い者が抜擢・登用されることはありましたが、それぞれの内部で再生産するのが大前提です。近代のポスト身分制社会では、ここに選良という縦方向の軸を導入することで、出自に関わらず、選抜システム（Ⅲ→Ⅱ）を経ないと正統化されなくなり、治者の身分文化は徹底的に無効化されます。庶民的な身分文化は、庶民のままとどまる場合には何も問題ありません。それが、Ⅲから選抜されてⅡにいくと、庶民的な身分文化から離脱しますが、にもかかわらず、かつての治者の身分文化の代替物は用意されていません。この時点で「穴」は開いています。本を読めとかの規範はあっても（教養主義）、国家や社会や人民に対してどのように向

き合うべきなのかは誰も教えてくれません。立派な職業に就いたり大きな手柄を立てたりして故郷に錦を飾るとか、要するに立身出世するだけなら「穴」の存在は問題にはならないでしょう。「穴」の影響が致命的になるのは、仰るように、ⅡからⅠにいくときです。つまり立身出世に飽き足らない意識高い人たちがⅠに行こうとします。文学青年や左傾学生の中にもそういう志向の人はいたと思いますが、しかし身分文化の「穴」がより致命的に作用するのは、中庸なき正統である雄弁青年や右傾学生のほうだったと考えられます。

【質問2】　レジュメの2頁目に「身分社会を解体し、メリトクラシー（能力＋努力）による選抜社会に転換」とあるが、そもそも戦前の日本がメリトクラシー化した選抜社会であったかのような認識には違和感がある。もうひとつ同頁に「文学青年も、社会青年も、「上」から理念が押し付けられたわけではない」とあるが、戦前の国体神話の浸透や教育勅語体制の貫徹を考えると、やはり違和感がある。

【応答】　1点目は実態としてメリトクラシーが社会の隅々まで貫徹していた、ということではなく、エリートの選抜・配分の原理として明治維新後の制度設計の方向性を規定した、人びとのあいだでもメリトクラシーの夢は広く共有されていた、ということです。もちろん、社会全体を見渡せばメリトクラシーの恩恵にあずかれない人たちが大勢いたことは事実ですが、それが問題として認識され、改善の努力がされていくのも、メリトクラシーが理想の社会像として共有されているからです。2点目は、天皇は確かに強力な理念としてあったと思いますが、学生の文化・規範を導く理念としての影響力はなかったと考えています。少なくとも初等中等教育段階で教えられるものは、せいぜい「政治的に正しい」振る舞い方にすぎず、治者の指導理念としてはまったく物足りない。国体を治者の倫理にまで洗練させようとしたのが、『日本主義と東京大学』で取り上げた若き日本主義者たちなのです。

【質問3】 身分文化の「穴」について「封建的桎梏から解放された人が根無し草になる」「神を否定した近代の自己喪失」という理解はあっているか。

【応答】 前近代にはあった治者の身分文化が、近代化の過程では公式の継承手段を失った、ということです。明治以前なら、武士は、治者階級としての身分文化をもっていました。それは「教え」のように言語化されたものだけでなく、振る舞い方や思考方法にも及ぶものです。近代的な価値観からは「封建的桎梏」とみえますが、機能という面では、青年にありがちな過剰さを補正する「治者たるものの拘束具」、とみることもできます。ただ、幕末はこれが青年の過剰さに対して両義的（統制／助長）に作用しました。そして明治以降に作られた学校システムは、前近代的な身分文化を意識的に切り離しました。国民国家を建設したのは、前近代の身分文化に支えられた世代ですが、その後、国民国家を運営していくのは、身分文化の底が抜けた、「穴」の世代です。その意味では、近代の自己喪失（根なし草）が深刻なのは、被治者（庶民）よりも、治者（指導層）でした。治者を支える身分文化が消滅していくのだから。何を拠り所にしたらよいのか。キリスト教か。西洋の人文書か。治者予備軍としての自覚のある旧制高校ではいっそう深刻です。単純な武士道回帰にならなかったのは、新しい時代に相応しい新しい身分文化が求められていたからでしょう。治者を支える共通文化がなければ、出身校や所属組織を超える、長期的な国家・国民の利益を見据えた、公共的なコミュニケーションが難しくなります。

【質問4】 身分文化と、「学校システムによる包摂と排除」は、どのような関係にあるのか？

【応答】 シンポジウムのテーマ「近代日本の・学校システムによる・学生の・包摂と排除」には、国家－帝国大学を頂点とするツリー状の学校階梯システムがあって、そこに入れる者と入れない者が分断される、そんなイメージがあります。それは往々にして「下から目線」のイメージであり、下から上を仰ぐと、頂点に近い部分は雲の中に隠れてよく見えません。見えないがゆえに「国家のイデオロギー装置」「支配階級の再生産装置」など

と過大評価してしまいがちです。身分文化の概念は、そこに「上から目線」を導入します。日本の近代化は、初等中等教育の普及によって、国民の教育には成功したといえるかもしれないけれど、国家の指導層（治者）を養成するはずの高等教育（や将校教育）はどうであったか。学校システムは、能力あるものを選抜できても、選抜されたものを治者として育てる仕組みになっていない——という「上から目線」を可能にするのは、学校システムとは相対的に独立した水準に、身分文化を想定するからです。

　包摂と排除についても、学校システムと身分文化という２つの水準で考える必要があります。庶民の場合、貴重な労働力である子供をわざわざ学校に通わせるというのは、受け入れがたい身分文化をもっていました。学校は最低限でよし、その先は、はやく丁稚奉公（徒弟制度）にやるのが本人のため。だからこの階層はもっとも変化が遅い。それでも戦後には、就職のお世話含め、学校システムに全面的に依存するようになります（システムからみれば包摂。面倒見切れませんと突き放すと排除）。学校階梯を登っていくほど、身分文化は払拭されていきます（入学者における社会階層的な偏りは大きくなるにもかかわらず！）。入学試験も授業内容も、前近代的な身分文化とは無縁だからです。その条件のもとで、治者予備軍としての自覚が高まっていくと本報告でお話しした事態が起こるわけです。しかし、本来、治者というものは、学校システムや官僚システムに全面的に包摂されてはいけないのではないかという気もします。つまり包摂／排除という概念セットは、本来、エリートには当てはまらない。学校システムを無視することはできませんが、その外の、身分文化に通じる回路を確保しておくことが重要だと考えます。

【質問５】　1920年代から、現存する国家（ステイト）に社会概念を対置させることがおこなわれたと概説的にいわれる（国体論もその系譜に位置づけが可能）。つまり国民国家内にいながらも国家批判がおこなわれる。統合の側面が強調される国民国家の内部から、異質性・多様性が生み出される。これは、近代の国民国家それ自体が不安定性を免れず、多様性が生成され続

けるという側面にあるということか。

【応答】 国民国家を安定性（回収論）からみるか、不安定性（逸脱論）からみるかでいえば、私は後者の立場です。統合された国民国家の内部から、異質性・多様性が生み出される——というよりは、もともと異質性と多様性をはらんでいるのが人間社会なのであり、それを統合するというのは、そもそも困難な事業なのだ、という捉え方です。統合されたように見えても、ほころびを繕いながらの自転車操業でした。統治機構の内部でさえ、統合は困難だったわけです（文官と武官、陸軍と海軍）。天皇の名のもとに、辛うじて統合を保っていたのではないでしょうか。それでも不安定極まりない。国家の安定的な運営というのは、とても大変な仕事です。システムや制度だけ作ってもダメで、それを動かす人を作らなければならない。動かし方も臨機応変さが求められるので、最後は人なのだと思います。ただ、それを個人の才能や努力だけに期待するのは危うい。学校卒業後もその人の拠り所として支え、暴走や過剰を制御するものは、国家という抽象物ではなく、やはり身分文化のようなものではないでしょうか。私の最大の関心事は、放っておくとバラバラに勝手な振る舞いをする人間——とくに崇高な使命感に駆られやすいエリート予備軍——を、どうやって制御して、共同体の健全な運営の担い手に就かせることができるか。また然るべき地位に就いたあとも、健全な運営を維持し続けさせることができるか、という点にあります。

注

1　1973年長野県生まれ。2000年京都大学大学院教育学研究科博士後期課程退学。同研究科助手から関西国際大学を経て、2012年より帝京大学。現在、学修・研究支援センター准教授。専門は教育社会学・歴史社会学。最近は戦争社会学（現代の特攻受容、戦死観）も。

2　雄弁青年をテーマに書いた論文は以下の3編がある。「研究ノート　第2次弁論ブームの展開と雄弁青年の析出—1900-1930年を中心として」京都大学大学院教育学研究科教育社会学研究室紀要『教育・社会・文化』6号、1999年、53-61頁。「文学青年と雄弁青年—「明治四〇年代」からの知識青年論再検討」『ソシオロジ』

140号、2001年、85-101頁。「英雄主義の系譜─「雄弁」と「冒険」の明治四十年代」稲垣恭子・竹内洋編『不良・ヒーロー・左傾─教育と逸脱の社会学』人文書院、2002年所収。
3　成果として竹内洋・佐藤卓己・植村和秀・福間良明・井上義和・今田絵里香編『蓑田胸喜全集』全7巻、柏書房、2004年、および竹内洋・佐藤卓己編『日本主義的教養の時代』柏書房、2006年、など。
4　このテーマに関連する論文としては、「戦時体制下の保守主義的思想運動─日本学生協会と精神科学研究所を中心に」『日本史研究』580号、2010年、31-55頁、「エリート・国体・保守主義─戦時体制下の学生思想運動から考える」広島大学高等教育研究センター編『高等教育研究の未来を考える〜RIHEへの期待と今後のあり方〜　第40回（2012年度）研究員集会の記録』高等教育研究叢書124、2013年、97-106頁、も参照のこと。また、並行して資料集の編集も行った。井上義和・打越孝明・占部賢志編『日本主義的学生思想運動資料集成Ⅰ　雑誌篇〈国民文化研究会所蔵日本学生協会・精神科学研究所刊行物復刻版〉』全9巻、柏書房、2007年。および、打越孝明・井上義和・占部賢志編『日本主義的学生思想運動資料集成Ⅱ　書籍・パンフレット篇〈国民文化研究会所蔵日本学生協会・精神科学研究所刊行物復刻版〉』全10巻、柏書房、2008年。
5　エリートの二つの意味の区別については、拙稿「解説　選良から治者へ─保守的転回の転轍機」竹内洋『日本のメリトクラシー　構造と心性［増補版］』東京大学出版会、2016年、301-311頁、も参照のこと。前近代の武士階級や町村自治の指導層は選良ならぬ治者の再生産を、世襲身分を前提におこなってきた。その治者の身分文化は、世襲制度が解体された後も、家庭教育や親族ネットワークのなかで私的に継承されてきた。あるいは、都市と農村に象徴される経済的・文化的な落差が大きいとき、メリトクラシーの階梯を上昇してきた選良は、おのずと「自分（の能力と業績）を超えたなにものか」への負い目を抱える。この落差への負い目が、高等教育を受ける学生の多くを左傾化させ、選良から治者へと脱皮させた。教養主義も、落差ゆえの輝きで人びとを惹きつけた一方で、こうした治者の再生産を支えるメリトクラシーの外部条件を補完するものとして機能したといえる。
6　業績・能力（merit）による支配・統治（cracy）。竹内洋『日本のメリトクラシー　構造と心性［増補版］』東京大学出版会、2016年も参照。
7　常見陽平『「意識高い系」という病─ソーシャル時代にはびこるバカヤロー』ベスト新書、2012年、古谷経衡『「意識高い系」の研究』文春新書、2017年を参照。
8　市民社会青年のほとんどは敗戦時の30代すなわち1905〜1915年生まれで、この世代が戦後の知識人集団の中核を担う。内田義彦（1913年生）はここに入る。塩田庄兵衛（1921年生）は日米開戦の年に二十歳を迎える戦中派世代。この論

文が収録された『近代日本思想史講座4：知識人の生成と役割』(1959)の執筆陣もこの講座の編集責任者たちも、ほとんどが市民社会青年と同じかそれより下の世代になる（井上前掲「文学青年と雄弁青年」、99頁）。

9 同上。
10 ポスト身分制社会については、松沢裕作『自由民権運動―〈デモクラシー〉の夢と挫折』岩波新書、2016年を参照。
11 竹内洋『学歴貴族の栄光と挫折』中央公論新社、1999年。
12 文部省教学局『学内団体一覧』(1940年) 巻末の「学内団体ノ学校種別及内容ニヨル統計」から計算すると、弁論部は大学の78％、高等学校の97％、専門学校の43％にあった（井上前掲「英雄主義の系譜」、83頁）。戦前の高等教育機関では不可欠の存在といえる。
13 その中心は明治40年代から大正初めに高等学校や大学予科に進学した世代。1890年代生まれ。河合栄治郎（1891年生）、河上丈太郎（1889年生）から林達夫（1896年生）、三木清（1897年生）の少し後の世代を含む。
14 明治40（1907）年に首都圏の大学専門学校の弁論部をつなぐ親睦団体として発足した「丁未倶楽部」は、政治史上は、大正初年の第一次護憲運動などいわゆる「国民主義的対外硬派」の一翼を担った学生団体として知られる。東京帝国大学法科大学緑会弁論部（明治42年発足）は「日本学生運動の源流」となる東京帝大新人会結成の、また、早稲田大学雄弁会（明治35年）は新人会に続く民人同盟会結成の、中核的な母体としてそれぞれ知られている。第一次護憲運動で初陣を飾った丁未倶楽部は、第12回総選挙（大正4年）では大隈伯後援会遊説部の実働部隊として全国展開し、少数与党の立憲同志会に予想外の大勝をもたらす立役者となった。新人会や建設者同盟は、その後も大学公認の弁論部・雄弁会を合法的な活動拠点としながら、学内演説会や地方遊説を通して運動の基盤を固めていく。
15 拙著『日本主義と東京大学』柏書房、2008年、36頁。学内団体の指導責任者が、校長や生徒主事、配属将校などの場合を「上からの指導で組織」、一般教員の場合を「下から自発的に結集」とみなした。
16 拙稿「日本主義とは何だったのか」野上元・福間良明編『戦争社会学ブックガイド』創元社、2012年、148-150頁。

『大学史研究』の投稿・編集の基本方針

＊投稿ジャンルは、原則として、論文、研究ノート、書評の三種類とする。
＊投稿原稿に関する論文と研究ノートの区別、書評と図書紹介の区別は、投稿者の意向を考慮した上で、編集委員会が決定する。
＊このうち、図書紹介は『大学史研究通信』、書評は『大学史研究』に掲載するものとする。
＊従来慣行化していた会員著書の書評は、編集委員会で選択して依頼する。
＊投稿期日は固定せず、常時投稿可能とする。
＊投稿原稿は、論文、研究ノート、書評を問わず、すべて査読する。
＊査読は、関連研究分野の編集委員二名程度によっておこなう。
＊査読評価は、「掲載可」、「条件付き掲載」、「掲載不可」の三通りとする。
＊このうち、「掲載可」は無条件掲載、「掲載不可」は掲載拒否とし、「条件付き掲載」にはその詳細な意見を付して査読評価を提出する。
＊提出された査読評価と意見は、編集委員会で取り纏めた後、執筆者に連絡する。
＊査読は、概ね以下の点を基準に評価する。
(1) 先行研究の掌握
(2) 独自の知見や解釈などの提示
(3) 論文構成の論理性、整合性
(4) 結論の客観的正当性
(5) 註などの論文形式
(6) 文章表現や叙述の明解さ

(2006年12月の編集委員会で決定)

『大学史研究』投稿・執筆要領

1. 『大学史研究』への会員の投稿を歓迎します。
2. 和文原稿は40－50枚（400字詰換算）の分量を標準とし、英文題名と英文著者名を記した別紙を添付するものとします。
 和文でない原稿も同様の分量（刷上り6－9頁）を標準とし、和文題名と和文著者名を記した別紙を添付するものとします。また、読者の便宜のため、充実した和文要旨を添付することをお勧めします。
3. パソコン、ワープロを利用できる方は下記要領で原稿を作成して、記録媒体（フロッピー、CDなど）と印刷出力を5部お送りください。事務局で一括して印刷しなおして版下を作成します。
 手書きの方も、できるだけパソコン、ワープロ原稿に変換してお送りいただければ、編集委員会としては大変助かります。不可能な場合には、ご相談ください。
 (1) ワードまたは一太郎で作成したファイルの記録媒体を希望します。それが難しい場合は、適宜な形式で保存した記録媒体をお送りくだされば事務局で変換をこころみます。
 (2) 用紙はA4を縦に使用して横書き、字詰めは自由ですが、おおむね40字35行とします（刷り上がりがそうなるとは限りません）。
 (3) 第1頁の最初の5行ほどに表題と著者名（カッコ内に所属機関と部局名）を書き、1頁にかぎり本文は6行目から書きます。
 (4) 図表は別紙とし、本文の挿入個所に図表をレイアウトする空白をあけます。図表はそのまま製版します。
 (5) 章、節の番号は大きい方から順に、
   1. 2. 3. ……
   (1) (2) (3) ……
   1) 2) 3) ……とします。
 (6) 使用する文字種は、全角の漢字かな英数字、半角の英数字、注番号に使

う上付き数字などとします。英数字は、1文字 (1桁) の場合は全角文字、2文字 (2桁) 以上連続する場合は半角文字を原則とします。外字の使用は控えてください。

(7)注と文献表は論文の末尾につけます。注番号は上付き数字の1 2 3……とします。

邦語文献は、書名、雑誌名を『　』、論文名を「　」でくくります。

外国語文献の書名、雑誌名は、斜字にしてください。

斜字にできないときは、印刷出力にイタリックの指示をしてください。

4. 原稿は常時受け付けています。
5. 原稿の送付先は以下の通りです。お問い合わせはできるだけ電子メールでお願いします。

〒591-8531　大阪府堺市中区学園町1－1
大阪府立大学　高等教育推進機構
深野政之研究室　気付
Tel. & Fax. 072-254-9548

大学史研究会 HP：http://daigakushi.jp/
編集委員会 E-mail：toko@daigakshi.jp

大学史研究会への入会のお勧め

　大学史研究会は、大学の歴史的研究に限らず、大学史に関心を持つ研究者と現代の大学問題に関心を持つ研究者を統合したユニークな研究会です。1968年に第1回のセミナー（研究発表会）を開催して以来、これまでは教育史や教育社会学、科学史や科学社会学などを主専攻とする研究者を主たる構成メンバーとしてきましたが、最近ではさらに、経済学や経済学説史を専攻とされる研究者も会員に迎え、大学をそれぞれの学問的方法と観点から研究しようとする多種多様なメンバーによって構成されています。

　大学史研究会は、他の既存の学会ではともすれば失われがちな、会員間の忌憚のない学問的な対話と平等な人間的つながりを維持しております。

　大学史研究会では、年次大会（大学史研究セミナー）の開催、機関誌『大学史研究』、ニューズレター「大学史研究通信」の発行のほか、地区例会などを行っています。私たちの研究会に新しい要素・エネルギーを注いでくださる様々な学問分野の研究者のみなさまの入会を心よりお待ちしております。詳しい情報は下記のホームページに掲載しています。

　年会費は5,000円、入会金は1,000円です。関心をお持ちの方は以下の事務局までご照会ください。より詳しい情報をお送り致します。

〒591-8531　大阪府堺市中区学園町1－1
大阪府立大学　高等教育推進機構
深野政之研究室　気付
Tel. & Fax. 072-254-9548

大学史研究会HP：http://daigakushi.jp/
大学史研究会事務局：jshshe@daigakshi.jp

『大学史研究』バックナンバー販売のご案内

『大学史研究』バックナンバー購入ご希望の方は、以下の通りお問い合わせください。
・第22号までは、研究会HP（http://daigakushi.jp）をご覧いただき、事務局（E-mail: jshshe@daigakushi.jp）へご連絡ください。
・第23号以降は、東信堂（03-3818-5521、tk203444@fsinet.or.jp）で販売しております。税込み定価2100円＋送料（300円）で申し受けます。

『大学史研究』バックナンバー一覧

号数	内容（特集など）	備考
第1号	論文、書評	購入不可
第2号	特集〈大学間格差と大学の個性をめぐって〉、論文、研究ノート、書評	購入不可
第3号	論文、研究ノート、書評	購入不可
第4号	特集〈大学危機の歴史的検証〉	
第5号	論文、研究ノート、書評、セミナー報告	
第6号	論文、ノート、第12回セミナー報告	
第7号	1990年度シンポジウムの記録〈経済学の制度化〉、論文、書評	
第8号	1991年度シンポジウムの記録〈高等教育の大衆化〉、論文	購入不可
第9号	25周年記念シンポジウムの記録〈大学史研究の回顧と展望〉、論文	
第10号	論文、書評、報告	購入不可
第11号	セミナー特別講演、論文、紹介、書評	
第12号	論文、書評	
第13号	論文、研究ノート、書評、報告	
第14号	論文、講演記録、紹介、書評	
第15号	セミナー課題研究〈技師・技術者・工科大学—エンジニアの誕生〉、論文、翻訳、研究ノート	
第16号	セミナー課題研究〈大学史と地方史—夢みる明治青年を求めて〉、論文、国際会議参加報告、資料紹介、書評、会員による著作一覧	
第17号	論文、研究ノート、書評	
第18号	—横尾壮英会員追悼号—	
第19号	論文、書評	
第20号	論文、書評	
第21号	特別講演〈大学史の新傾向—大学史の国際会議〉、シンポジウム〈留学の大学史〉	
第22号	論文、研究ノート	
第23号	蘭学・英学・仏蘭西学・独逸学・露西亜学・漢語学事始	
第24号	世界の大学改革	
第25号	教養教育の国際比較	
第26号	大学と地域社会	

編 集 後 記

◆ここ2〜3年（2017〜19）が、所謂'新制大学'発足から70年、また、我が大学史研究会の発足の契機ともなった所謂'大学紛争（あるいは闘争）'の季節から半世紀、という日本の高等教育史にとっての節目を意識せざるを得ないこともあり、直近の「大学史研究セミナー」(2018年11月、國學院大学) のシンポジウムテーマも「大学史・高等教育史研究のこれまでとこれから」であった。
　今号の二つの特集も、この流れに沿うものとなり、研究領域としての「大学史」の可能性の開拓に奮闘された（これからも奮闘していただきたい）個人に焦点を当てた構成となっている。

◆ただ、今号の刊行に関しては、当初、前号からキチンと1年後の、2018年内を目指しながら、諸般の事情により、実際の刊行が半年ほど遅延したことは誠に残念であり、編集委員会として、強く反省し、読者諸氏にお詫びしたい。
　特に「特集・1」については、執筆者個人の研究論稿ではなく、物故会員の研究に関する論究となるため、これはと思う会員への執筆依頼にも時間がかかり、引き受けていただいた執筆者としても、ご自身の個人研究ではないため、当然のことながら、論究の対象とする研究業績等についての、事実関係や遺漏の有無の精査に神経を使われるための時間を要したこともあり、本誌全体の入稿の遅延にもつながった。
　しかし、これらは、企画段階で予想され余裕をもった編集工程を組むことが求められたことであるといえ、ひとえに編集委員会としての対応の不行き届きとして、猛省したい。

◆色々と反省点の多かった今期編集委員会であったが、次号（28号）からは、メンバーも一新しての新・編集委員会の担当となる。読者諸氏におかれては、より充実した内容構成とスピーディーな刊行を期待されたい。

『大学史研究』編集委員会
　編集委員長　古屋野素材（元・明治大学）
　副委員長　　木戸　　裕（元・国会図書館）　　委　員　赤羽　良一（元・長崎大学）
　委　員　　　阪田　蓉子（元・明治大学）　　　委　員　吉村日出東（埼玉学園大学）

大学史研究　第27号

ISSN 0918-5445

2019（令和元年）8月25日発行
編集者　『大学史研究』編集委員会
発行者　大学史研究会
発行所　株式会社東信堂

『大学史研究』編集委員会
〒591-8531　大阪府堺市中区学園町1-1
大阪府立大学　高等教育推進機構
深野政之研究室　気付
Tel & Fax: 072-254-9548
E-mail: fukano@daigakushi.jp

株式会社東信堂
〒113-0023　東京都文京区向丘1-20-6
TEL: 03-3818-5521
FAX: 03-3818-5714
E-mail: tk203444@fsinet.or.jp
http://www.toshindo-pub.com/

ISBN978-4-7989-1580-7　C3037

東信堂

書名	副題	著者	価格
東京帝国大学の真実	―日本近代大学形成の検証と洞察	舘 昭	四六〇〇円
大学史をつくる	―沿革史編纂必携	寺﨑昌男 中野実 編著 別府昭郎	五〇〇〇円
国立大学・法人化の行方	―自立と格差のはざまで	天野郁夫	三六〇〇円
転換期を読み解く	―潮木守一時評・書評集	潮木守一	二六〇〇円
大学再生への具体像〔第2版〕		潮木守一	二四〇〇円
フンボルト理念の終焉？	―現代大学の新次元	潮木守一	二五〇〇円
新版 昭和教育史	―天皇制と教育の史的展開	久保義三	一八〇〇〇円
近代日本の英語科教育史	―職業系諸学校による英語教育の大衆化過程	江利川春雄	三八〇〇円
文字と音声の比較教育文化史研究		添田晴雄	四八〇〇円
空間と時間の教育史	―アメリカの学校建築と授業時間割からみる教育における個性尊重は何を意味してきたか	宮本健市郎 編著	三九〇〇円
アメリカ進歩主義教授理論の形成過程		宮本健市郎	七〇〇〇円
大正新教育の受容史		橋本美保 編著	三七〇〇円
大正新教育の思想	―生命の躍動	橋本美保 編著 田中智志	四八〇〇円
人格形成概念の誕生	―近代アメリカの教育概念史	田中智志	三六〇〇円
社会性概念の構築	―アメリカ進歩主義教育の概念史	田中智志	三八〇〇円
グローバルな学びへ	―協同と刷新の教育	田中智志 編著	二〇〇〇円
学びを支える活動へ	―存在論の深みから	田中智志 編著	三八〇〇円
アメリカ 間違いがまかり通っている時代		D.ラヴィッチ著 末藤美津子訳	五六〇〇円
教育による社会的正義の実現	―アメリカの挑戦（1945-1980）	D.ラヴィッチ著 末藤美津子訳	六四〇〇円
学校改革抗争の100年	―20世紀アメリカ教育史	D.ラヴィッチ著 末藤・宮本・佐藤訳	六四〇〇円
日本の教育史を学ぶ		末藤・宮本・佐藤監修	二六〇〇円
子どもが生きられる空間	―生・経験・意味生成	高橋勝 編著 田中卓也	二四〇〇円
流動する生の自己生成	―教育人間学の視界	高橋勝	二四〇〇円
子ども・若者の自己形成空間	―教育人間学の視線から	高橋勝 編著	二七〇〇円
文化変容のなかの子ども	―経験・他者・関係性	高橋勝	二三〇〇円

〒113-0023 東京都文京区向丘1-20-6
TEL 03-3818-5521 FAX 03-3818-5514 振替 00110-6-37828
Email tk203444@fsinet.or.jp URL:http://www.toshindo-pub.com/
※定価：表示価格（本体）＋税